HEYNE
BÜCHER

Shakti Gawain
Laurel King

Leben im Licht

Aus dem Amerikanischen
von Ursula Fassbender

WILHELM HEYNE VERLAG
MÜNCHEN

HEYNE ESOTERISCHES WISSEN
Herausgegeben von Michael Görden
13/9876

Titel der Originalausgabe
LIVING IN THE LIGHT
Erschienen bei Nataraj Publishing, A Division
of New World Library, Novato, Kalifornien

Umwelthinweis:
Dieses Buch wurde auf
chlor- und säurefreiem Papier gedruckt.

3. Auflage

Taschenbuchausgabe 05/2001

Printed in Germany 2002
http://www.heyne.de
Umschlaggestaltung: FranklDesign, München
Umschlagillustration: Ulrike M. Bürger, München
Druck und Bindung: Ebner & Spiegel, Ulm

ISBN: 3-453-19275-3

Inhalt

Danksagung ... 10

Vorwort ... 11

Einführung ... 15

Der Beginn meiner Reise 15
Neue Erfahrungen 18
Bewusstwerdung 19
Mein Name 21
Kreativ visualisieren 23
Hingabe ans Universum 27
Mir selbst vertrauen 29
Leben im Licht 29
Die Reise geht weiter 32

TEIL 1 **Die Prinzipien**

1 Ein neuer Lebensstil ... 39
Meditation 43

2 Die höhere Kraft in uns ... 44
Meditation 46

3 Intuition ... 48
Meditation 53

4 Wie man ein Kanal des Schöpferischen wird ... 56
Wie man sein Verbundensein
mit dem Kosmos bewahrt 62
Wie man als ›Kanal‹ lebt 63

Die Gruppe als ›Kanal‹ 64
Meditation 66

5 Du bist viele ... 67
Den Schatten annehmen 72
Meditation 73

6 Die Welt ist dein Spiegel ... 75
Probleme sind Botschaften 77
Wie man das Spiegelbild deutet 78
Wie man alte Verhaltensmuster ändert 82
Anwendung der Spiegel-Technik 82
Meditation 86
Übung 87

7 Geist und Materie ... 88
Wie man das höhere Selbst und die
physische Persönlichkeit zusammenbringt 93
Meditation 98
Übung 99

8 Das Männliche und das Weibliche in uns ... 100
Männlich und weiblich 101
Das Männliche und das Weibliche bisher 105
Das Männliche und das Weibliche ab jetzt 108
Ein Vorstellungsbild 109
Meditation 110
Übung 111

9 Mann und Frau ... 113
Wie man das Gleichgewicht findet 115
Beziehung in der neuen Welt 119
Homosexuelle Beziehungen 121
Übung 122
Meditation 123

10 Ost und West: eine neue Herausforderung ... 124
Meditation 127

TEIL 2 **Wie man die Prinzipien lebt**

11 Vertrauen in die Intuition 131
Ein neuer Lebensweg beginnt 134
Beispiele 139
Menschen mit einer starken Intuition 142
Übung 145

12 Gefühle 147
Übung 154

13 Aktivität und Passivität 155
Meditation 159
Übung 159

14 Tyrann und Rebell 160
Übung 164

15 Partnerschaft 166
Wie man gut zu sich selbst ist 168
Wie man seiner Energie folgt 172
Verpflichtung und Intimität 175
Monogame und polygame Beziehungen 180
Verliebtheit 181
Eine Liebesaffäre 183
Übung 184

16 Unsere Kinder 185
Kinder sind unser Spiegel 189
Meditation 196
Übung 196

17 Arbeit und Spiel 197
Meditation 204
Übung 205

18 Geld 206
Geld in der alten Welt 207
Geld in der neuen Welt 210

Aktiv und rezeptiv 211
Harmonie 214
Schwerpunkte setzen 216
Meine ›Geld-Geschichte‹ 218
Meditation 223
Übung 224

19 Gesundheit 225
Sucht 231
Meditation I 233
Meditation II 234

20 Dein vollkommener Körper 235
Selbstbehauptung 239
Warten bedeutet Übergewicht 240
Essen reduziert die Energie 243
Liebe und achte deinen Körper 243
Ein Ritual, bei dem du
deinen Körper lieben lernst 244
Übung 246

21 Leben und Tod 247
Meditation 249
Übung 250

22 Die Veränderung unserer Welt 251
Wie wir die Veränderung herbeiführen können 254
Die Heilung der Welt 258
Soziales und politisches Engagement 259
Die Massenmedien 262
Meditation 264

23 Eine Vision 266

Literatur 267
Adressen 269

Dieses Buch ist der Weisheit
in uns allen gewidmet

Danksagung

Ich danke Laurel King für ihre Hilfe bei der ersten Ausgabe dieses Buches und Lora O'Connor für die vielen wertvollen Vorschläge bei der Überarbeitung. Der Lektorin Becky Benenate danke ich für ihre Unterstützung und vor allem für ihre Bereitschaft zu einer intensiven Zusammenarbeit innerhalb meines engen Zeitrahmens, sodass die überarbeitete Ausgabe innerhalb kürzester Zeit erscheinen konnte. Danke auch an Katherine Dieter und Marc Allen für ihre laufende Unterstützung. Kathy Altman hat wie immer ihre Ideen und Energien in dieses Projekt eingebracht. Bei Jim Burns bedanke ich mich für seine Liebe und Ermutigung. Vor allem aber danke ich meinen Lesern, deren Liebe und Anerkennung für mich immer Inspiration und Belohnung waren.

Vorwort

›Leben im Licht‹ wurde 1986 zum ersten Mal veröffentlicht. Seitdem wurden über 1 Million Exemplare verkauft und das Buch wurde in viele Sprachen übersetzt. Bis heute ist es ein Dauerseller und immer noch erhalte ich Rückmeldungen, die zeigen, dass es Menschen auf einer tiefen Ebene berührt hat.

Vor nicht allzu langer Zeit habe ich mein erstes Buch (›Gesund denken. Kreativ visualisieren‹) überarbeitet. Seither wollte ich dasselbe auch mit ›Leben im Licht‹ tun. Die grundlegende Botschaft des Buches scheint mir immer noch absolut zeitgemäß und relevant zu sein. Doch seit ich es schrieb, hat sich mein Verständnis durch meine eigenen Lebenserfahrungen und meine Arbeit mit anderen Menschen entwickelt und (hoffentlich) vertieft. Vieles würde ich inzwischen anders ausdrücken. Außerdem wollte ich den Lesern die Möglichkeit geben, von meinem weiteren Weg zu erfahren und meine ›ältere und weisere‹ Perspektive kennen zu lernen.

Nach der Überarbeitung dieser beiden Bücher ist mir klargeworden, dass die Aktualisierung eines Klassikers eine schwierige Kunst ist, die sich vom Schreiben eines Buches sehr unterscheidet. Die Herausforderung bestand darin, den Text auf den neuesten Stand und auf die Ebene meines derzeitigen Verständnisses zu bringen und dabei gleichzeitig die Integrität und Kraft des ursprünglichen

Werkes zu achten, das in gewissem Sinn ein lebendiges Wesen ist.

Als ich mich daran machte, ›Leben im Licht‹ zu überarbeiten, hatte ich einige Jahre lang keinen Blick hineingeworfen. Beim Durchblättern tauchten zwei ganz unterschiedliche Reaktionen in mir auf. Die eine war: »Wow! Das ist wirklich gut! Mir war gar nicht klar, dass ich das alles damals schon so klar ausgedrückt habe.« Und die andere war ein peinliches Gefühl, wenn mir etwas zu vereinfacht oder zu grandios erschien oder ich etwas las, was ich heute anders sehe.

Ich habe das Buch nicht grundlegend verändert, sondern nur meine Lebensgeschichte in der Einführung erweitert und aktualisiert und einige Umstellungen vorgenommen, ein Kapitel eingefügt und zwei herausgenommen, die mir nicht mehr passend erschienen. Davon abgesehen habe ich nur hier und da kleine Veränderungen vorgenommen, um den Text stärker an meine aktuellen Überzeugungen anzupassen. Ich habe im Großen und Ganzen nur dort etwas verändert, wo es zur Verbesserung oder Klärung beitrug.

Manchmal musste ich mich gegen die Versuchung wehren, zum selben Thema einfach ein ganz neues Buch zu schreiben. Dann habe ich mich aber mit dem Gedanken getröstet, dass Leser, die an der Entwicklung meiner Ideen interessiert sind, diese ja in meinen neueren Veröffentlichungen wie ›Wege der Wandlung‹ oder ›Das Geheimnis wahren Reichtums‹ finden können.

Diejenigen unter Ihnen, die ›Leben im Licht‹ in der ursprünglichen Version gelesen haben, werden vielleicht in dieser Überarbeitung einen leicht veränderten Tonfall feststellen. Damals war ich voller jugendlichem Enthusiasmus und erfüllt von der Kraft dieser neuen Ideen und Methoden. Heute, zwölf Jahre später, fühle ich mich diesen Ideen immer noch genauso verpflichtet wie damals, doch inzwischen weiß ich, wie schwierig es tatsächlich ist, sie in den Alltag zu integrieren. Dadurch ist meine Einstellung etwas bescheidener geworden und ich habe mehr Respekt gegenüber der Komplexität unseres menschlichen Lebens.

Der größte Unterschied zwischen damals und heute liegt vermutlich in meiner Einsicht, wie wichtig es ist, mit unseren verdrängten Energien, unserer ›Schattenseite‹, zu arbeiten und sie zu integrieren. Dadurch hat der Ausdruck ›Leben im Licht‹ für mich heute eine tiefere und subtilere Bedeutung bekommen. Er bezieht sich auf die Bewusstheit und Harmonie, die entstehen, wenn wir die vielen unterschiedlichen Aspekte in uns bewusst wahrnehmen, akzeptieren und ausdrücken, auch die Teile, die wir fürchten und ablehnen.

Als ich dieses Buch schrieb, war der Jahrtausendwechsel noch weit entfernt. Nun befinden wir uns mitten darin und die Vorstellung, dass wir uns eine neue Welt erschaffen, scheint mir relevanter denn je.

Ob Sie nun ›Leben im Licht‹ bereits gelesen haben und neugierig sind auf die überarbeitete Version oder ob Sie das Buch zum ersten Mal lesen – ich grüße Sie ganz herzlich und hoffe, dass es Ihnen auf Ihrem Weg der Selbstentdeckung Freude und Inspiration schenkt.

Einführung

Der Beginn meiner Reise

Schon immer hatte ich den brennenden Wunsch zu verstehen, worin der Sinn des Lebens besteht und warum ich eigentlich hier bin. Rückblickend wird mir klar, dass mein ganzes bisheriges Leben der Suche nach Wahrheit und Erkenntnis gewidmet war.

Ich wuchs in einer sehr intellektuellen, gebildeten und nichtreligiösen Familie auf. Meine Eltern waren im Grund Atheisten und ich kann mich erinnern, dass ich schon sehr früh die Einstellung vermittelt bekam, der Glaube an Gott sei eine menschliche Erfindung, eine Fantasievorstellung und ein Aberglaube, der den Menschen helfen soll, mit dem absolut Unerklärlichen und Unerklärbaren des Lebens besser zurechtzukommen. Die menschliche Existenz sowie alles sonst Bestehende war ganz einfach ein Zufall der Natur und hatte keine besondere ergründbare Bedeutung. Ich gab lieber zu, dass ich nicht wusste, wie und warum wir hier auf der Erde sind, als irgendeiner simplen Erklärung zuzustimmen, nur um ein Gefühl von Sicherheit zu haben. Ich glaubte, dass Wahrheit etwas Rationales ist, und alles, was nicht wissenschaftlich beweisbar ist, nicht existiert. Auch fühlte ich fast so etwas wie Verachtung gegenüber Menschen, die so schwach waren, sich einen Gott zu schaffen, an den sie glauben konnten.

Die positive Seite solchen Aufwachsens war, dass ich nicht die vielen starren Dogmen und negativen Vorstellung von richtig und falsch, Himmel und Hölle, Sünde und Fegefeuer mitbekam, wie sie in der religiösen Erziehung oft üblich sind. Andererseits hatte ich auch kein bewusstes Konzept und keine Erfahrungen mit der spirituellen Dimension des Lebens und erhielt keine Antworten auf die vielen Fragen über Sinn und Zweck des Lebens.

Für meine Eltern war ich ein Wunschkind und ich erhielt sehr viel Liebe von ihnen. Doch leider kamen sie mit ihrer Beziehung nicht klar und trennten sich, als ich zwei Jahre alt war. Auch wenn ich mich nicht mehr genau daran erinnern kann, ist mir doch bewusst, dass dieses Ereignis für mein Leben sehr wichtig war und meine späteren Beziehungsmuster stark beeinflusst hat. Nach der Scheidung lebte ich bei meiner Mutter, die mich allein aufzog. Mein Vater heiratete erneut und ich habe ihn und seine zweite Familie häufig besucht.

Meine Mutter war eine erfolgreiche Stadtplanerin zu einer Zeit, als noch sehr wenig Frauen in diesem Bereich arbeiteten. Sie war mit den üblichen Herausforderungen einer alleinerziehenden Mutter konfrontiert die Bedürfnisse ihres Kindes und die Anforderungen ihrer Arbeit miteinander zu verbinden. Als einziges Kind einer berufstätigen Mutter entwickelte ich sehr früh viel Selbstständigkeit und Verantwortungsgefühl.

Meine Mutter ist ein sehr aufgeschlossener und abenteuerlustiger Mensch. Sie probiert gern neue Dinge aus und war für mich immer ein großartiges Vorbild an Unerschrockenheit und Pioniergeist. Sie war eine der ersten gebildeten Amerikanerinnen ihrer Generation, die sich für eine ›sanfte Geburt‹ entschied, und ich war das erste

Kind, das ihr Arzt ohne Narkose entband. Dadurch hatte ich eine wunderbare Geburt (am 30. September 1948 um 21.10 Uhr in Trenton, New Jersey für alle, die sich für Astrologie interessieren!).

Meine Mutter lernt gern neue Gegenden kennen und so reisten wir viel durch ganz Nord- und Mittelamerika, nach Hawaii und Europa. Wir zogen auch jedes Mal um, wenn meine Mutter die Arbeitsstelle wechselte. Bis ich fünfzehn wurde, hatten wir nirgendwo länger als zwei oder drei Jahre gewohnt.

Meine Mutter stammt aus einer Quäker-Familie und im Umgang mit meiner Großmutter benutzten wir immer deren besondere Sprache (die Quäker verwenden die Anrede ›thee‹ statt ›you‹ in Anerkennung des Göttlichen in jedem Menschen). Dadurch entwickelten sich in mir der Respekt für das Geistige und die Liebe zur Menschheit, die Bestandteil dieser Religion sind und die mich stark beeinflussten.

Mit vierzehn Jahren durchlebte ich eine emotionale Krise, die zunächst durch das Ende meiner ersten Liebesaffäre mit einem ›älteren‹ Mann von neunzehn Jahren ausgelöst wurde. Ich war überzeugt, dass sich kein anderer Mann jemals mit ihm würde vergleichen können. Diese Krise steigerte sich zu einer tiefen existentiellen Verzweiflung, die lange dauerte. Auf schmerzliche Weise erkannte ich, dass es wirklich keinen Sinn des Lebens gibt. Damals sah ich bereits, dass all die Dinge, die dem Leben Bedeutung geben sollen – Ausbildung, Erfolg, Beziehungen, Geld –, in Wirklichkeit vergänglich und ohne Sinn und Inhalt sind. Es schien nichts mehr zu geben, das diese Leere füllen konnte. Ich war zutiefst desillusioniert und niedergeschlagen. In diesem Zustand lebte ich einige Jahre.

Rückblickend erkenne ich, dass ich eine Phase durchlebte, die jeder von uns zu irgendeinem Zeitpunkt in seinem Leben durchmachen muss und die die Mystiker ›das Durchdringen der Schleier der Illusion‹ nennen. Es ist der Punkt, an dem wir wahrhaft erkennen, dass unsere physische Welt nicht die einzige Realität ist, und an dem wir beginnen, uns nach innen zu wenden, um die wahre Natur des Daseins zu entdecken. In dieser Zeit fühlt man sich meist wie am Boden zerstört, aber wenn man dann tatsächlich völlig am Ende ist, stürzt man wie durch eine Falltür in eine helle neue Welt – das Reich der spirituellen Wahrheit. Nur dadurch, dass man sich voll und ganz in die Dunkelheit begibt, kann man durch sie hindurch ins Licht gelangen.

Neue Erfahrungen

In den darauffolgenden Jahren begann ich neue Erfahrungen zu machen und eine innere Öffnung und wachsende Bewusstheit zu erleben, die nicht in meine frühere rationale Denkstruktur passten. Ich studierte Psychologie und nahm an einigen Encounter-Gruppen und an Intuitions-Training teil, durch die es mir möglich wurde, leidvolle Emotionen aus der Vergangenheit aufzulösen und Gefühle der Liebe, der Freude und des Einsseins mit der ganzen Schöpfung zu empfinden. Ich lernte Tanzen und entdeckte, dass ich dabei oft ein ekstatisches Gefühl hatte, so als ob sich eine höhere Kraft meiner bemächtigt und mich in selbstvergessene und berauschte Bewegung versetzt hätte.

Schon immer hatte ich mich für östliche Philosophie interessiert und las Bücher über Buddhismus und Hinduismus. Ich machte Yoga und Meditation und stellte fest, dass mir diese Techniken halfen, mich entspannter, mehr in meiner Mitte und in Harmonie mit mir selbst zu fühlen. Nach meinem Studium reiste ich zwei Jahre lang in der Welt herum und verbrachte einige Monate in Indien, wo ich eine tiefe Einsicht in die mystische Tradition des Ostens erlangte. Meine Reisen waren eine sehr wichtige Erfahrung für mich, da ich mit wenig Geld und ohne konkrete Pläne lebte und nur meiner Intuition folgte. Ursprünglich war ich weggefahren, um in Italien Urlaub zu machen, und daraus wurde eine zwei Jahre dauernde Weltreise. Dabei lernte ich, auch ohne Besitz glücklich zu sein, und mich, ohne in Gefahr zu geraten, an unbekannte Orte zu begeben. Dies war meine erste Erfahrung mit den Synchronizitäten, die im Leben geschehen, wenn wir unserer inneren Führung vertrauen und dem Fluss unserer Energie folgen.

Bewusstwerdung

Als ich nach Amerika zurückkehrte, war ich von etwas gefesselt, das sich ›Bewusstsein‹ nannte. Ich konnte nicht genau definieren, was es war, aber ich wusste, dass ich mehr davon wollte und dass nichts von vergleichbarer Bedeutung war. Ich hatte das Gefühl, dass das Streben nach äußeren Dingen wie Karriere, Geld und Beziehungen mich nicht befriedigen würde. Doch wenn ich mich meiner eigenen Entwicklung widmete, würde ich schließlich alles bekommen, wonach mein Herz sich sehnte: liebevolle Beziehungen, erfüllende Arbeit und ein Gefühl von Wohlstand und zwar auf viel befriedigendere Art und Weise.

Mich bewegte dabei nicht nur die Sehnsucht nach mehr Erfüllung in meinem eigenen Leben, sondern auch ein starkes Verlangen danach, zu einer positiven Veränderung der Welt und zur Heilung und zum Glück anderer Menschen beizutragen.

Ich zog in die Gegend von San Francisco, die ich in puncto Suche nach Wahrheit und Streben nach Bewusstheit als vorderste Front betrachtete, und stürzte mich regelrecht auf diese Suche. Ich nahm Unterricht und besuchte Workshops, verschlang neue Bücher, meditierte und stand in fortwährender Kommunikation mit Menschen, die denselben Prozess durchlebten wie ich. Nachdem ich das ›Handbuch zu höherem Bewusstsein‹ von Ken Keyes gelesen hatte, begab ich mich für ein Jahr in sein Zentrum in Berkeley, wo wir Tag und Nacht intensiv an unserer Bewusstseinsentwicklung arbeiteten. Danach lebte ich noch einige Jahre mit verschiedenen Menschen zusammen, die in einem intensiven individuellen Wachstumsprozess begriffen waren. Ich nahm jede erdenkliche Arbeit an, zu der ich fähig war, um mir meinen Lebensunterhalt zu verdienen – Hausarbeit, Bürotätigkeiten und alle möglichen Gelegenheitsjobs, während ich mich auf meine ›wirkliche‹ Arbeit konzentrierte, meine innere Arbeit an mir selbst.

Seit dieser Zeit vor fünfundzwanzig Jahren habe ich mein Leben meinem inneren Wachstum als bewusstes Wesen gewidmet. Allmählich verstand ich, dass mehr Bewusstheit bedeutet, stärker wahrzunehmen, was in mir und um mich herum geschieht, wie meine innere Welt die äußere Welt beeinflusst und umgekehrt. Je bewusster ich bin, desto freier bin ich darin, wie ich mein Leben gestalte oder auf die Umstände meines Lebens reagiere. Wenn wir sehr unbewusst leben, handeln wir meist aus unseren Gewohnheiten heraus. Je bewusster wir werden, desto mehr erkennen wir, dass es auch andere Möglichkeiten gibt und dass wir uns frei entscheiden können, wie wir leben wollen.

Anfangs stellte ich mir vor, dass dieser Prozess wie eine gerade Linie von A nach B verläuft, wobei A für die Dunkelheit des Nichtwissens steht und B für die vollkommene ›Erleuchtung‹. Das Ziel bestand darin, so direkt wie möglich von A nach B zu kommen. Waren wir entschlossen genug, konnten wir diesen Weg möglicherweise abschließen und Erleuchtung erlangen. Dann wären wir strahlende Wesen, erfüllt von Licht, Liebe und Weisheit.

Schließlich erkannte ich, dass Bewusstheit ein andauernder, sich immer weiter vertiefender und entfaltender Prozess ist, der keinen Endpunkt hat. Wir sind ewige und komplexe Wesen und zu unserer menschlichen Reise gehört nicht nur das spirituelle Erwachen, sondern die Entwicklung aller Ebenen unseres Seins der spirituellen, mentalen, emotionalen und physischen und die Integration all dieser Aspekte in ein gesundes und ausgewogenes Alltagsleben.

Doch damit greife ich mir selbst schon etwas vor, deshalb nun zurück zu meiner Geschichte.

Mein Name

Ich werde immer wieder auf meinen Namen angesprochen und denke deshalb, ich sollte hier etwas über ihn erzählen.

Während meines Aufenthalts in Indien faszinierte mich der Hinduismus sehr stark und ich begann diese Religion zu studieren. Das Christentum hatte mich nie besonders interessiert, weil ich nicht im christlichen Glauben erzogen worden bin. Einige buddhistische Glaubensvorstellungen gefielen mir sehr, aber der Buddhismus an sich schien mir ein wenig intellektuell zu sein. Die Mythen, Symbole und Gottheiten der Hindu-Religion hingegen berührten mich auf einer tieferen seelischen Ebene. Der Hinduismus ist eine sehr komplexe Religion und ich will nicht so tun, als könnte ich ihn verstehen. Aber ein paar Dinge habe ich begriffen.

In der hinduistischen Religion gibt es drei Hauptgottheiten, die die drei Aspekte des Lebens symbolisieren. Brahma ist der Schöpfer, Vishnu der Hüter und Shiva der Zerstörer. Shiva stellt die ständige Veränderung des Universums dar, den Fluss des Lebens, die Tatsache, dass fortwährend alles zerstört werden muss, um wiedergeboren zu werden. Er erinnert uns daran, dass wir ständig damit konfrontiert sind, das, was wir festhalten, wieder loslassen zu müssen, um uns mit dem Fluss des Lebens weiterzuentwickeln. Viele seiner leidenschaftlichen Anhänger geben Haus und Besitz auf und gehen ohne Hab und Gut auf Wanderschaft. Sie geben sich Shiva hin, um der Energie des Kosmos zu folgen und zu vertrauen. Shiva ist auch der Gott des Tanzes und man sagt, dass sein Tanz das Universum in Bewegung hält. Er wird als ein wunderschöner starker Mann mit langem fließenden Haar dargestellt (man sagt, sein Haar sei der heilige Fluss Ganges). Ich fühlte mich unwiderstehlich zu ihm hingezogen.

Shakti ist der weibliche Aspekt von Shiva. Das Wort ›shakti‹ bedeutet ›Energie‹, die Energie, aus der alles im Universum besteht. Sie ist die Energie des Lebens – die Lebenskraft, die durch unseren Körper fließt. ›Shakti‹ bedeutet aber auch ›weibliche Energie‹. In hinduistischen Tantraübungen gibt es Techniken, bei denen man die Erleuchtung erlangt, indem man die Sexualenergie kanalisiert. Hierbei wird der Mann Shiva und die Frau Shakti zugeordnet.

Als ich aus Indien zurückgekehrt war, begegnete ich meinem Freund Marc Allen und lebte mit ihm einige Jahre zusammen. Er war der Meinung, dass mein früherer Name nicht zu mir passte. Da er von meiner ›Liebesaffäre‹ mit Shiva wusste, begann er, mich Shakti zu nennen. Mir gefiel dieser Name und ich fing an, ihn selbst zu gebrauchen.

Damals habe ich wohl nicht begriffen, welche Kraft dieser Name besitzt, aber inzwischen ist es mir klar. Die Schwingung dieses Namens hat mir geholfen, meine Kraft voll zum Ausdruck zu bringen.

›Gawain‹ ist mein Familienname. Denselben Namen trägt der ›Gawain‹ der Artussage. Laut Lexikon bedeutet er ›Jagdfalke‹, was, so meine ich, ein wunderbares Bild ist. Für mich repräsentiert Shakti meine weibliche, Gawain meine männliche Seite.

Kreativ visualisieren

Einer der ersten Workshops, die ich besuchte, war der ›Silva Mind Control‹-Kurs (Methode zur Erforschung und Entwicklung der Kreativität und des geistigen Potentials. *Anm. d. Übers.*). Zu diesem Zeitpunkt stand ich diesen Dingen immer noch ziemlich skeptisch gegenüber und wahrscheinlich wäre ich niemals in den Kurs gegangen, wenn meine Mutter ihn nicht mitgemacht und mir wärmstens empfohlen hätte. Ich werde niemals vergessen, wie sie eine Technik beschrieb, bei der man sich die Geschehnisse im Geist so vorstellt, wie man sie gern hätte, und dadurch bewirkt, dass sie auch wirklich so eintreten. Mein Verstand bezweifelte dies, aber mein Gefühl wagte den

Sprung und ich erinnere mich, dass ich dachte: »Von Kind an habe ich immer gewusst, dass es Magie gibt und dass sie irgendwie und irgendwo wirklich existiert. Und von allem, was ich je gehört habe, scheint das hier am meisten mit Magie zu tun zu haben.«

Ich besuchte den Kurs und war verblüfft! Wir begannen Schritt für Schritt in leicht verständlicher Weise mit einfachen Techniken, die für jeden nachvollziehbar waren, und allmählich arbeiteten wir uns in immer unerklärlichere, aber sehr intensive Bewusstseinsprozesse hinein. Nach fünf Tagen hatte ich ein sehr starkes Erlebnis, wobei mir einige Stunden lang ganz spezielle Informationen zuflossen, zu denen ich, außer durch meine Intuition, niemals hätte gelangen können. Durch diese Erfahrung begannen sich die Grenzen meiner bisherigen Vorstellung dessen, was möglich ist, teilweise aufzulösen.

Die wichtigste Technik, die ich in diesem Kurs erlernte, war die Grundübung des kreativen Visualisierens, wobei man sich in völliger Entspannung das gewünschte Ziel ausmalt, und zwar genau so, wie man es sich erträumt. Ich begann diese Technik anzuwenden und stellte fest, dass sie erstaunliche Wirkungen erzielte. Ziemlich oft wurden die Dinge, die ich mir im Geist vorgestellt hatte, sehr schnell und auf unerwartete Art und Weise wahr. Ich war fasziniert davon, was alles möglich ist, und besuchte noch einige andere Kurse und Workshops mit ähnlichen Themen. Ich fing an, die Techniken der bildhaften Vorstellung regelmäßig in meinem täglichen Leben anzuwenden, und brachte sie meinen Freunden bei. Ich las das Seth-Buch ›Die Natur der persönlichen Realität‹ von Jane Roberts und war von der Idee fasziniert, dass wir alle unsere eigene Wirklichkeit erschaffen. Bald darauf begann ich, Workshops zu leiten und Menschen zu beraten. Schließlich schrieb ich mein erstes Buch ›Gesund denken. Kreativ visualisieren‹.

Als ich die Idee hatte, dieses Buch zu schreiben, wollte ich eigentlich nur all die Gedanken und Techniken zusammengefasst zu Papier bringen. Ich dachte, es würde ein kleines Heft daraus, das ich meinen Freunden schenken und vielleicht an meine Klienten und ein paar Interessierte verkaufen könnte. Während ich das Buch schrieb, war ich voller Selbstzweifel: »Wer bin ich denn schon, um ein solches Buch zu schreiben? Ich bin doch kein Fachmann.« Dennoch trieb mich eine innere Kraft fortwährend an, es doch zu tun, und so schrieb ich. Ich nahm die Techniken des Visualisierens zu Hilfe, um dieses Buch zu verwirklichen. Ein Freund machte den Umschlagentwurf, den ich dann an die Wand hängte und mir dabei vorstellte, dass das Buch bereits fertig sei. Ich fand, dass das Schreiben relativ mühelos ging (abgesehen von meinen nagenden Zweifeln) und ehe ich mich versah, war ein richtiges Buch entstanden, das ich zusammen mit einigen Freunden veröffentlichte.

Was mir zu diesem Zeitpunkt noch nicht völlig klar war, war die Tatsache, dass ich der Kanal einer höheren Kraft in mir war und das Buch aus dieser Energie heraus entstand. Auf der Ebene meiner Persönlichkeit hatte ich Zweifel und Ängste, aber mein inneres Selbstvertrauen war gewillt, vorwärtszugehen und der kreativen Energie zu folgen. Da ich die natürliche Begabung besitze, klar zu denken und mich verständlich auszudrücken, und da ich mich wirklich für diese Ideen interessierte und über ein solides Grundwissen auf diesem Gebiet verfügte, darüber hinaus auch noch bereit war, ein gewisses Risiko einzugehen, konnte mich das Universum als Kanal benutzen.

Mit dem Verlegen des Buches verhielt es sich ähnlich. Meine Freunde Marc Allen und Jon Bernoff wussten ebenso wenig über geschäftliche Angelegenheiten und vom Verlagswesen wie ich. Wir hatten überhaupt kein Geld, aber wir wollten unsere Bücher selbst herausbringen. Wir vertrauten unseren Gefühlen und waren bereit, das Risiko einzugehen, nach unserem Gefühl zu handeln. Wir stellten fest, dass wir Schritt für Schritt an das, was wir tun mussten, herangeführt wurden. In diesem Prozess unterliefen uns viele Fehler (meistens dann, wenn wir nicht unserer inneren Führung folgten) und einige davon waren sehr schmerzhaft und kosteten uns eine Menge Geld. Aber schließlich entstand ein erfolgreicher Verlag (Whatever Publishing, Inc.), der heute New World Library heißt.

Der Erfolg meines Buches übertraf meine kühnsten Fantasien aus der Zeit, in der ich es schrieb. Obwohl außer Mundpropaganda nie Werbung dafür gemacht wurde, wurden inzwischen fast drei Millionen Exemplare verkauft und das Buch wurde in mehr als fünfundzwanzig Sprachen übersetzt. Mehr als 20 Jahre nach der ursprünglichen Publikation im Jahr 1978 verkauft es sich immer noch sehr gut. Ich habe viele Briefe und Anrufe aus der ganzen Welt erhalten, in denen mir die Menschen mitteilen, dass ihnen das Buch geholfen hat, ihr Leben zu wandeln. Natürlich freue ich mich darüber, vor allem deshalb, weil ich sehe, dass hier die höhere Kraft des Universums am Werk ist. Ich fühle mich wie eine stolze Mutter, die ihr Kind dort draußen in der Welt beobachtet, wie es seiner Arbeit nachgeht und sein Glück macht. Und ich weiß dabei, dass es meines und doch nicht meines ist. Es entstand aus mir und ich verhalf ihm dazu, konkrete Gestalt anzunehmen, und doch ist es ein eigenständiges und ganzheitliches Wesen mit seiner eigenen Bestimmung und Verbindung zur Quelle der schöpferischen Kraft.

Hingabe ans Universum

Als ich die Techniken des kreativen Visualisierens entdeckte und feststellte, dass sie funktionieren, war ich zunächst sehr fasziniert, weil ich fühlte, dass ich mit ihrer Hilfe alles erreichen konnte, was ich mir in meinem Leben wünschte. Ich hatte das erhebende Gefühl, dass ich alles haben konnte, was ich nur wollte!

Das war ein bedeutsamer Schritt für mich, da ich von meiner früheren, im Wesentlichen energiearmen Lebenseinstellung los kam, nämlich von dem Glauben, dass das Leben ein Zufall ist und dass man nichts anderes tun kann, als das Beste daraus machen. Im Grunde genommen war diese Haltung eine Opferrolle, wobei die Menschen und Dinge außerhalb meiner selbst die Macht hatten. Durch das kreative Visualisieren begann ich zu erkennen, dass die Macht in mir selbst liegt und dass ich die Möglichkeit habe, mein Leben so zu gestalten, wie ich es möchte. Diese Erkenntnis gab mir enorm viel Kraft und ich empfand eine große Befreiung.

Während ich mich damit beschäftigte, meine eigene Wirklichkeit zu gestalten, erkannte ich allmählich, dass die kreative Kraft, die ich in mir spürte, einer anderen Quelle entsprang als meinem ego-zentrierten Selbst. Zum einen verwirklichten sich manche Dinge, die ich zu wollen glaubte, nicht und rückblickend sah ich, dass es nur zu meinem Besten war, dass sie nicht eintrafen. Andere Dinge traten ein wie durch ein Wunder, so als lenke eine unsichtbare Kraft alles so, wie es richtig war. Manchmal hatte ich Augenblicke der Einsicht und Bewusstheit oder Zukunftsvisionen, die sehr klar und konkret waren und aus einer Quelle tief in meinem Innern zu kommen schienen. Mehr und mehr war ich daran interessiert, herauszufinden, was es mit dieser kreativen Kraft auf sich hat und wie sie funktioniert. In mir wuchs die Erkenntnis, dass ›es‹ (mein höheres Selbst) anscheinend viel mehr wusste als ›ich‹ (mein ego-zentriertes Selbst). Ich sah, dass es wahrscheinlich das Klügste war, herauszufinden, was diese innere Führung mir eingab, und ihr dann zu folgen. Denn jedes Mal, wenn ich das tat, schien es zu funktionieren.

Nach und nach verlor ich das Interesse daran, mein Leben beherrschen zu wollen und die Dinge meiner Vorstellung entsprechend zu beeinflussen. Ich begann, mich dem Kosmos zu überlassen und herauszufinden, welche Handlungsweise ›er‹ von mir erwartete. Ich entdeckte, dass auf lange Sicht gar nicht so viel Unterschied besteht. Der Kosmos scheint immer zu wollen, dass ich alles bekomme, was ich wirklich will, und anscheinend weiß er, wie er mich führen muss, damit ich es besser mache, als ich es allein könnte. Doch der Schwerpunkt ist anders. Anstatt herauszufinden, was ich will, mir Ziele zu setzen und kontrollieren zu wollen, was mit mir geschieht, begann ich, mich auf meine Intuition einzulassen und nach ihr zu handeln, ohne immer zu verstehen, warum ich es so oder so machte. Es war ein Gefühl, jegliche Kontrolle loszulassen, sich hinzugeben und zuzulassen, dass die höhere Kraft die Führung übernimmt.

In dieser Zeit lernte ich eine Frau namens Shirley Luthman kennen, die eine bedeutende Lehrerin für mich wurde. Sie hielt jede Woche eine Gruppensitzung ab, die ich von da an fünf Jahre gewissenhaft besuchte. Sie lehrte mich eine Menge darüber, wie man sich hingibt und zu einem bewussten Kanal für den Kosmos wird. Viele der Ideen in diesem Buch, einschließlich des Konzepts männlicher und weiblicher Energien, wurden von Shirley inspiriert und ich bin zutiefst dankbar für das, was sie mich lehrte.

Mir selbst vertrauen

Nachdem ich mehrere Jahre mit Shirley verbracht hatte, stand ich vor dem uralten Problem, wie man sich von seinem ›Guru‹ löst. Ich liebte und respektierte Shirley so sehr und hatte so unschätzbar viel von ihr bekommen, dass ich mir nur sehr schwer vorstellen konnte, nicht mehr zu ihr gehen zu können, um Antworten zu erhalten. In gewisser Hinsicht war sie die metaphysische Mutter, die mir die nötige Unterstützung und Sicherheit gab, bis ich bereit war, vollkommen auf mich selbst zu vertrauen.

Irgendwann sagte mir meine innere Führung, dass ich aufhören müsse, mich auf Shirley zu stützen. Die Zeit war gekommen, der Kraft meines Energiekanals voll und ganz zu vertrauen. Zu begreifen, dass ich meinen eigenen Weg zu gehen habe und dass mir niemand vorangeht, war beängstigend und befreiend zugleich.

Leben im Licht

Nachdem mein Buch ›Gesund denken. Kreativ visualisieren‹ bekannt geworden war, baten mich viele Menschen, ein weiteres zu schreiben. Ungefähr zwei Jahre nach der Herausgabe meines ersten Buches wuchs in mir das starke Gefühl, ich würde noch ein Buch schreiben. Eines Tages, als ich im Wald spazieren ging, dachte ich über mein neues Buch nach und fragte mich, welchen Titel ich ihm geben solle. Plötzlich wurde meine Aufmerksamkeit auf ein nahe gelegenes Waldstück gelenkt, wo ein leuchtender Sonnenstrahl durch die Bäume brach und auf die grünen Blätter schien. Es war ein wunderschöner Anblick, und während ich dieses Bild betrachtete, tauchten in mir die Worte ›Leben im Licht‹ auf. Sofort wusste ich, dass dies der Titel meines nächsten Buches sein würde. Ich erinnere mich an das Gefühl, dass ich nicht von mir aus auf diesen Titel gekommen war, sondern die Worte tatsächlich ›empfangen‹ hatte. Ich hatte sogar den Eindruck, dass mir gar keine Wahl blieb... ich wurde angewiesen, diesen Titel zu nehmen!

Ich fühlte mich sehr stark inspiriert und begann, mir einige Notizen zu machen. Ich erzählte überall herum, dass ich an meinem neuen Buch arbeitete. Mein Verleger ließ einen Umschlag entwerfen und fing an, schon vorab Werbung zu machen. Aber nach einer Weile stellte ich fest, dass ich in Wirklichkeit noch gar nichts geschrieben hatte. Ich glaubte weiterhin, es würde schon noch passieren, aber dem war nicht so. In Wahrheit spürte ich nicht die Energie, mich tatsächlich hinzusetzen und zu schreiben. So viel ich mir auch Gedanken machte und mich dazu anhielt, doch endlich zu schreiben, ich konnte die Energie durch nichts herbeizwingen. Inzwischen aber baute ich ziemlich stark auf die Philosophie, dass das Leben kein Kampf sein muss. Ich wusste, es würde alles ganz einfach sein, sobald die Zeit dafür reif war. Ich war nicht bereit zu schreiben, wenn ich mich dazu zwingen musste und es in harte Arbeit ausartete.

Ich fühlte, der Augenblick würde kommen, wo die Energie so stark wäre, dass ich gar nicht anders könnte als schreiben.

Einige Jahre vergingen und ich war mit vielen anderen Dingen beschäftigt. Die Leute fragten mich weiterhin nach meinem neuen Buch und ich blieb dabei, ihnen zu versichern, dass ich es schon noch schreiben würde. Insgeheim hatte ich manchmal Zweifel und ich musste die Tatsache akzeptieren, dass es möglicherweise nicht so sein würde. Aber immer noch hatte ich das Gefühl, es würde geschehen.

Dieses Buch zu schreiben war wie der Zustand, schwanger zu sein. Ich konnte fühlen, wie etwas in mir Gestalt annahm und wie es wuchs, und ich wusste, dass ich etwas hervorbrachte, obwohl nach außen hin scheinbar gar nichts geschah. Das Kind würde geboren werden, wenn es vollständig ausgereift und bereit dazu war.

Schließlich, sieben Jahre nach meinem ersten Buch, war es endlich an der Zeit für ›Leben im Licht‹. Zu dieser Zeit war ich ziemlich beschäftigt und konnte mich nur wenig dem Schreiben widmen. Doch das Buch ließ sich einfach nicht aufhalten!

Laurel King, eine Freundin, die einige Jahre mit mir gearbeitet hatte, half mir, meine Aufzeichnungen und Gedanken zu sammeln, zu ordnen und zu Papier zu bringen, und trug auch ihre eigenen kreativen Ideen und Übungen dazu bei. Hier und da fand ich ein paar freie Tage oder Stunden zum Schreiben. Da ich viel Zeit damit verbrachte, in der ganzen Welt herumzufliegen und Seminare zu leiten, entstand ein großer Teil des Buches in Flugzeugen.

Wie beim ersten Buch musste ich mich wieder mit gelegentlichen Ängsten und Zweifeln auseinandersetzen. Diesmal beunruhigte mich zwar nicht mehr, ob ich das Recht oder die Fähigkeit hatte, mein Wissen weiterzugeben. Aber nachdem mein erstes Werk so erfolgreich war, kamen mir nun Bedenken, ob ich diesen Standard halten konnte oder ob es nicht ein Misserfolg würde. Seither kann ich die Probleme etwas besser verstehen, die mit dem Erfolg kommen, all den Druck, den kreative Menschen aushalten müssen, um weiterhin produktiv zu sein.

Trotz aller Hindernisse schien das Buch aus der inneren Quelle in mir nur so hervorzusprudeln. Es wurde im Jahr 1986 von unserem Verlag New World Library veröffentlicht. Inzwischen waren wir um einiges erfahrener, doch wir investierten trotzdem nicht viel in Marketing und Werbung. Das Buch schien jedoch seine eigene Bestimmung zu haben und verkaufte sich wie mein erstes Buch vornehmlich über Mundpropaganda. Zusammen mit ›Gesund denken. Kreativ visualisieren‹ ist es inzwischen einer der Klassiker der spirituellen Literatur.

Natürlich freut es mich sehr, dass ›Leben im Licht‹ so viele Menschen erreicht und sie in ihrem persönlichen Wachstumsprozess unterstützt hat. Es ist immer wieder bewegend für mich, wenn bei einem Seminar jemand kommt und mir erzählt, dass das Buch wie ein guter Freund für ihn war und ihm durch schwierige Zeiten geholfen hat. Ich bin dankbar dafür, dass das Universum mich auf einen Weg geführt hat, auf dem ich andere Menschen unterstützen kann, indem ich meinen eigenen Lernprozess weitergebe.

Die Reise geht weiter

Nach dem Erfolg meines zweiten Buches war ich mehr beschäftigt denn je. Ich verbrachte viel Zeit damit, Seminare zu leiten. Meine Erfahrungen an andere weiterzugeben war ein wichtiger und spannender Teil meines eigenen Wachstumsprozesses. Meine Seminare entwickelten und veränderten sich mit mir, da ich immer genau das lehrte, was ich gerade zu lernen hatte. Ich arbeite gern mit anderen Menschen auf tiefen Ebenen von Wachstum, Wandlung und Transformation und widmete mich intensiv dieser Arbeit.

Schließlich stellte ich fest, dass ich zum Workaholic geworden war und meine Arbeit mich mehr und mehr auffraß. So sehr ich diese Arbeit liebte, so verspürte ich doch ein zunehmendes Ungleichgewicht in meinem Leben. Ich konnte anderen mühelos geben, doch es fiel mir schwer zu empfangen und mir selbst genug Raum zu verschaffen. Ich sehnte mich nach mehr Ruhe, mehr Zeit für mich selbst und meine eigenen Bedürfnisse. Doch es fiel mir schwer, nein zu all den aufregenden Möglichkeiten zu sagen, die meines Weges kamen.

Schon seit einiger Zeit hatte ich mich danach gesehnt, den richtigen Partner fürs Leben zu finden. Seit ich die Technik des Visualisierens gelernt hatte, hatte ich ihn mir vorgestellt, doch war er bisher nicht aufgetaucht. Ich hatte fast immer eine Beziehung, und sie alle waren wichtige und heilsame Lernerfahrungen für mich und auf ihre Weise wunderbar. Doch aus irgendwelchen Gründen wurde nie eine längerfristige Bindung daraus. Ich konnte nicht verstehen, warum ich mich so reif für eine feste Partnerschaft fühlte und sie dennoch nicht zu mir kam.

Es dauerte sehr lange, bis ich einsah, dass ich noch nicht wirklich bereit dafür war. Tatsächlich gab es in mir tiefe Konflikte und eine starke Ambivalenz in Bezug auf Bindung. Im Beziehungsbereich hatte ich viele emotionale Wunden zu heilen, die auf die Scheidung meiner Eltern und auf noch ältere Familienmuster zurückgingen. Ich musste mich erst eine ganze Zeit lang diesem Heilungsprozess widmen und in einer intensiven Therapie an mir arbeiten.

Zu diesem Zeitpunkt kamen zwei wunderbare Lehrer in mein Leben Hal und Sidra Stone. Sie hatten viele Jahre als Therapeuten gearbeitet und dabei die Voice-Dialogue-Methode entwickelt. Durch sie begann ich zu verstehen, dass wir alle viele verschiedene Energien oder Selbste in uns tragen. Ihre Methode ist eine überraschend einfache Technik, mit diesen unterschiedlichen Selbsten direkt in Kontakt zu treten, sie bewusster wahrzunehmen und sie stärker in Harmonie zu bringen. Durch diese Arbeit entdeckte ich faszinierende Dinge über mich selbst und wurde mir stärker bewusst, was in mir eigentlich vorging. Dadurch konnte viel Heilung und Wachstum in mir geschehen.

Hal und Sidra Stone haben ein sehr tiefes Verständnis für die Dynamik menschlicher Beziehungen entwickelt. Mit Hilfe ihrer Arbeit konnte ich viele meiner Themen im Beziehungsbereich bearbeiten und auflösen. Die beiden sind für mich gute Freunde geworden, und ich betrachte sie als meine Mentoren. Ich kann ihre Bücher und Seminare nur jedem empfehlen und habe ihre Themen in meine eigene Arbeit integriert.

Nachdem ich längere Zeit auf diese Weise an meinen Problembereichen gearbeitet hatte, begann ich eine starke Veränderung wahrzunehmen. Mehr als jemals zuvor war ich mir der unterschiedlichen Teile in mir bewusst und konnte sie alle immer mehr akzeptieren. Ich kannte meine Stärke und Unabhängigkeit, aber auch meine Verletzlichkeit und Bedürftigkeit. Ich konnte alle meine Aspekte mehr lieben und auf ganz neue Weise zu mir selbst stehen.

An diesem Punkt *wusste* ich plötzlich, dass ich jetzt für eine feste Partnerschaft bereit war (auch wenn mir eine Heirat immer noch ausgeschlossen schien). Das war ein ganz anderes Gefühl als die ganze Zeit über, als ich nur *gedacht* hatte, dass ich bereit sei. Mir war klar, dass mein Partner nun bald auftauchen würde.

Nicht einmal einen Monat später traf ich Jim Burns, einen klugen, gutaussehenden und liebevollen Mann, dem ich vor einigen Jahren schon einmal begegnet war, den ich aber seither nicht mehr gesehen hatte. Tatsächlich waren wir uns aufgrund dieses Buches begegnet! Er hatte ›Leben im Licht‹ gelesen, als er noch in Minnesota wohnte, und war zu einem meiner Workshops nach Kalifornien gekommen. Um es kurz zu machen: Wir verliebten uns und waren innerhalb eines Jahres verheiratet.

Das Leben in einer festen Beziehung war ein wichtiger Wachstumsschritt für mich. Mir ist klar geworden, dass tiefe Beziehungen der beste Spiegel für uns sind und daher der direkteste Weg zur Bewusstheit. Doch dies ist ein Thema für ein anderes Buch.

Heute verbringe ich mein Leben teilweise in Kalifornien und teilweise in unserem wunderschönen Heim auf Kauai und gebe immer noch Seminare in aller Welt. Am stärksten begeistern mich die tiefe Arbeit in den Intensivprogrammen in Kalifornien und auf Hawaii sowie mein zweijähriges Ausbildungsprogramm.

Der Schwerpunkt meiner Arbeit liegt inzwischen darauf, sich der vielen unterschiedlichen Aspekte in uns bewusst zu werden und die Energien in uns ausdrücken zu lernen. Dazu gehört sehr viel Arbeit mit dem so genannten ›Schatten‹ den Teilen in uns, die wir verleugnet oder verdrängt haben, weil wir sie für unannehmbar halten, um sie kennen und respektieren zu lernen und sie in unser Leben zu integrieren. Dadurch fühlen wir uns immer stärker im Gleichgewicht und in Harmonie mit uns selbst.

Ich verstehe heute mehr denn je, dass ›Leben im Licht‹ auch bedeutet, das Licht unseres Bewusstseins an die dunklen Stellen in uns zu tragen, sodass wir alles, was wir sind, lieben und leben können.

Den besten Führer für diese faszinierende Reise finden wir in uns selbst. Wir gewinnen Zugang zu ihm durch unsere Intuition und unser innerstes Gefühl dafür, was richtig und wahr für uns ist. Wie wir diesen inneren Führer entdecken und entwickeln, ist das grundlegende Thema dieses Buches. Ich hoffe, dass es allen seinen Lesern dabei von Nutzen ist...

In Liebe
Shakti Gawain

TEIL 1

Die Prinzipien

KAPITEL 1

Ein neuer Lebensstil

Wir leben in einer sehr aufregenden und energiereichen Zeit. In den tiefsten Ebenen des Bewusstseins findet eine radikale spirituelle Umwandlung statt. Ich glaube, dass die Menschen weltweit dazu aufgerufen sind, ihre gewohnte Lebensweise aufzugeben und einen völlig neuen Lebensweg einzuschlagen. Tatsächlich befinden wir uns in einem Veränderungsprozess, durch den wir unsere alte Welt zerstören, um an ihrer Stelle eine neue aufzubauen.

In der alten Weltanschauung lag der Schwerpunkt auf den Äußerlichkeiten. Da wir unsere innere Verbindung mit dem Spirituellen verloren haben, lebten wir bisher in dem Glauben, die materielle Welt sei die einzige Realität. Wir fühlten uns verloren, leer und allein und versuchten, dieses Gefühl durch Äußerlichkeiten wie Geld, materiellen Besitz, Beziehungen, Arbeit, gesellschaftliches Ansehen, gute Taten, Essen oder Drogen zu kompensieren.

Die neue Welt kann in dem Moment entstehen, in dem wir uns der höheren Kraft des Universums öffnen und die kreativen Energien durch uns durchfließen lassen. Wenn wir die Verbindung zu unserer eigenen inneren Spiritualität wiederherstellen, erkennen wir, dass die kreative Energie des Universums in uns selbst verborgen liegt. Wir lernen, dass wir unsere eigene Wirklichkeit erschaffen können und die Verantwortung dafür tragen müssen. Je mehr Menschen ihr Bewusstsein umwandeln, umso positiver wird die Masse davon beeinflusst.

Meine Beobachtung, dass in unserer Welt zurzeit eine tiefgreifende Bewusstseinsveränderung stattfindet, stützt sich auf die Tatsache, dass ich eine starke Veränderung in mir selbst und meiner eigenen Umgebung erkennen kann. Das Feedback, das ich von tausenden von Menschen aus aller Welt bekomme, bestätigt nur diese Feststellung.

›Leben im Licht‹ befasst sich mit dieser Bewusstseinstransformation in jedem Einzelnen von uns und auf der ganzen Welt. Die von mir verwendeten Begriffe ›alte‹ und ›neue‹ Welt beziehen sich auf die herkömmliche Lebensweise, die wir gerade hinter uns lassen, und den neuen Lebensstil, den wir nun entwickeln.

Viele Menschen sind über das, was sich augenblicklich auf unserem Planeten abspielt, erschüttert. Nichts funktioniert mehr so wie früher und meiner Meinung nach werden die Katastrophen noch zunehmen. Alles bricht zusammen, aber ich habe nicht das Gefühl, dass dies negativ ist. Die Zerstörung wird uns nur in dem Maß aus der Fassung bringen, wie wir uns an unserem alten Lebensstil festklammern und stur auf unseren gewohnten Verhaltensmustern beharren, anstatt uns auf die tiefgreifenden Veränderungen, die gerade im Gang sind, einzulassen.

Es mag zwar paradox klingen, aber gerade diese Veränderungen sind der größte Segen, den wir uns vorstellen können. Die Wahrheit ist schlicht und einfach, dass unsere alte Lebensweise, die wir nun seit Jahrhunderten praktizieren, nicht mehr funktioniert. Sie war zu ihrer Zeit angemessen, doch sie bringt uns jetzt nicht weiter. Die Konzentration auf die materielle, äußere Welt war notwendig, solange wir vor allem mit dem physischen Überleben zu tun hatten. Die patriarchalen Werte und die traditionellen Geschlechterrollen haben in dieser Phase unseres Evolutionsprozesses unser Überleben als Spezies gesichert.

Auch heute noch kämpfen viele Menschen (und andere Arten auf unserem Planeten) ums Überleben. Doch immer mehr Menschen haben die Möglichkeit und damit auch die Verantwortung, mehr Erfüllung auf der spirituellen, mentalen und emotionalen Ebene zu erlangen. Wir sind auf der Suche nach dem Sinn und Zweck unseres Lebens und nach einem verantwortungsbewussteren und harmonischeren Lebensstil.

Zwar hat es immer Menschen gegeben, die ein sinnvolles und erfülltes Leben geführt haben, doch die meisten haben wohl nie die Erfüllung gefunden, nach der sie sich sehnten. Unsere kulturelle Konditionierung hat uns nicht mit den Werkzeugen ausgerüstet, die wir brauchen, um uns mit den inneren Bereichen von Seele, Intuition und Gefühl zu verbinden und sie in unsere äußere Welt zu integrieren.

Viele Inkarnationen lang haben wir im wahrsten Sinn des Wortes ›verlernt‹, wie das Universum wirklich funktioniert. Wir versuchen zu leben, wie man es uns lehrte; vielleicht erlangen wir damit sogar einen gewissen Erfolg, aber das Leben der meisten von uns verläuft nicht so, wie wir es uns erhofft hatten. Unsere zwischenmenschlichen Beziehungen sind niemals vollkommen und selbst wenn sie es eine Zeit lang sind, ist das Glück doch niemals von Dauer. Ebenso verhält es sich mit unseren finanziellen Angelegenheiten. Wir haben anscheinend niemals so viel Geld, dass wir uns wirklich sicher oder unabhängig fühlen. Auch wenn wir zu Anerkennung und Erfolg gelangen, bleibt doch immer das Gefühl, dass das doch nicht alles im

Leben sein kann. Auch diejenigen von uns, die durch ihre wachsende spirituelle Bewusstheit dem Sinn des Lebens näher gekommen sind, müssen sich immer noch mit Dingen herumschlagen, die aus den dunklen Bereichen der alten Welt stammen.

Wenn wir eine neue Welt aufbauen wollen, ist es daher unsere erste Aufgabe, einzugestehen, dass die ›Schule des Lebens‹ uns nicht gelehrt hat, wie man ein befriedigendes Leben führt. Wir müssen noch einmal ganz von vorn beginnen und das genaue Gegenteil von dem lernen, was für unser Leben bisher Gültigkeit besaß. Dies ist keine leichte Aufgabe. Wir werden viel Zeit, Engagement und Mut dafür brauchen. Deshalb ist es wichtig, dass wir uns selbst gegenüber nachsichtig sind und uns ständig daran erinnern, wie schwer die Aufgabe ist, die wir uns gestellt haben. Sie lässt sich nicht über Nacht erledigen, sondern sie ist ein Prozess, der das ganze Leben über andauert.

Ein Kind lernt laufen, indem es immer wieder hinfällt. Auch wir sind Kinder in einer neuen Welt. Wir lernen aus unseren Fehlern und werden uns noch oft unwissend, ängstlich und unsicher fühlen. Aber genauso wie wir nicht jedes Mal ärgerlich werden, wenn das Kind wieder hingefallen ist – würden wir so reagieren, könnte es niemals vertrauensvoll laufen lernen –, dürfen wir uns selbst nicht kritisieren, wenn wir uns nicht auf Anhieb so verwirklichen können, wie wir es gerne möchten.

Wir beginnen gerade zu lernen, im Einklang mit den wahren kosmischen Gesetzen zu leben. Dabei müssen wir alle Aspekte des menschlichen Lebens erfahren und alle Ebenen in uns entwickeln – die spirituelle, mentale, emotionale und psychische. Dabei fühlen wir uns zunehmend ganz, vollständig, stark und lebendig. Wie schwer es auch zuweilen erscheinen mag, sich von der alten Welt zu lösen, so lohnt es sich doch, den neuen Lebensweg zu beschreiten.

Meditation

Setze oder lege dich hin und entspanne dich. Schließe die Augen und atme ein paarmal tiefer ein und aus. Wenn du ausatmest, stell dir vor, dass du alles loslässt, wovon du befreit sein willst. Ohne große Anstrengung lösen sich all deine Frustrationen, deine Müdigkeit und deine Sorgen auf. Hier und jetzt hast du die Möglichkeit, deinen alten Lebensstil loszulassen. Stell dir vor, dass sich alle alten Verhaltensweisen, Muster und Blockaden sanft auflösen und mit jedem Atemzug deinen Körper verlassen. Bei jedem Ausatmen lässt du deine alten Begrenzungen los und schaffst in dir Raum für Neues.

Nachdem du diese Übung ein paar Minuten lang gemacht hast, stell dir nun vor, dass du mit jedem Atemzug Lebensenergie einatmest, die Lebenskraft des Universums. In dieser Lebensenergie ist alles enthalten, was du brauchst und dir wünschst: Liebe, Kraft, Gesundheit, Schönheit und Reichtum. Atme diese Dinge mit jedem Atemzug ein. Stell dir vor, dass sich ein neuer Lebensweg vor dir auftut, der dir das Gefühl gibt, stark und lebendig zu sein. Stell dir vor, dass dein Leben genauso ist, wie du es gerne hättest, dass dieses neue Leben bereits Realität ist, und genieße es.

Wenn du das Gefühl hast, die Meditation sei abgeschlossen, dann öffne langsam die Augen und kehre in den Raum zurück, in dem du dich gerade befindest. Spüre nach, ob du das Gefühl der Erneuerung in dir bewahrt hast. Erinnere dich daran, dass du nun dabei bist, dir ein neues Leben zu erschaffen.

KAPITEL 2

Die höhere Kraft in uns

Das Leben in der neuen Welt baut auf der Erkenntnis auf, dass das Universum von einer höheren Intelligenz, einer kreativen Urenergie durchdrungen ist, welche die Quelle allen Lebens ist und die sich in jedem Teil der Schöpfung manifestiert. Für diese kosmische Kraft gibt es die verschiedensten Begriffe und Beschreibungen. Hier einige Beispiele:

Gott	Geist	Innere Führung
Göttin	Essenz	Höheres Selbst
Höhere Macht	Sein	Universum
Quelle	Seele	Lebenskraft
Tao	Macht	Kosmische Intelligenz
Buddha-Natur	Licht	Christusbewusstsein
Großer Geist	Ich bin	Alles, was ist

Diese Begriffe sind ein Versuch, die Erfahrung oder das innere Wissen um diese kosmische Kraft in Worte zu fassen und rational begreifbar zu machen. Jeder von uns trägt dieses innere Wissen in sich und verwendet dafür das Wort, das ihm persönlich am besten zusagt.

Was mich betrifft, so verwende ich selten das Wort ›Gott‹, da es mit so vielen verwirrenden Assoziationen verbunden ist. Viele Menschen bringen mit Gott ihre religiöse Erziehung in Zusammenhang, die für sie keinerlei Bedeutung mehr hat. Für manche ist Gott jemand oder etwas außerhalb von uns selbst: der ›alte Mann mit dem langen weißen Bart im Himmel‹. Ich ziehe die Begriffe ›Höhere Kraft‹, ›Universum‹, ›Geist‹, ›Höheres Selbst‹ oder ›Innere Führung‹ vor. Diese Begriffe sind austauschbar und werden in diesem Buch gleichbedeutend behandelt. Dies soll verdeutlichen, dass die höchste kreative Kraft und Intelligenz in unserem eigenen Inneren liegen. Jeder kann sich dabei den Begriff wählen, der ihm am meisten zusagt.

In den ersten fünfundzwanzig Jahren meines Lebens hatte ich keine bewusste Erfahrung mit irgendeiner höheren Kraft und ich glaubte auch nicht daran. Um zu dem tiefen Vertrauen an die höhere Kraft des Universums in mir und allen Lebewesen zu gelangen, das ich jetzt besitze, musste ich viele Zweifel und Ängste überwinden. Ich habe nichts in blindem Glauben akzeptiert, sondern habe mir die Existenz dieser Kraft anhand meiner eigenen Lebenserfahrungen bewiesen. Seit ich gelernt habe, der höheren Kraft des Kosmos absolut zu vertrauen und in Einklang mit den universellen Gesetzen zu leben, hat sich mein Leben auf wahrhaft wunderbare Weise verändert.

Diejenigen, die in ihrem Leben bereits zu spiritueller Bewusstheit gelangt sind, können auf einem soliden Fundament bauen. Ich hoffe, dass mein Buch dazu beitragen kann, dass all die, die ihre spirituelle Verbindung verloren haben, wie einst ich selbst, sie in ihrem Innern wiederentdecken. Es gibt keinen besonderen Weg dafür, der für alle gültig wäre. Jeder Mensch macht andere Erfahrungen. Wenn du dich nach dieser Verbindung sehnst, dann bitte dein Inneres, dir eine Erfahrung deiner eigenen spirituellen Natur zu ermöglichen. Wenn du es wirklich willst, wird es geschehen, wenn auch vielleicht nicht sofort. Die Meditationen und Übungen in diesem Buch können dich dabei unterstützen.

Das Universum kann sowohl persönlich als auch unpersönlich wirken. Wenn ich mich seiner Kraft überlasse und ihr vertraue, wird sie in mir selbst lebendig und spürbar. Ich fühle ihre Gegenwart in mir und nehme wahr, wie sie mich führt, liebt, lehrt und ermutigt. In diesem persönlichen Ausdruck hat die kosmische Kraft die Gestalt eines Lehrers, eines Führers oder Freundes. Sie ist Mutter, Vater, Geliebter, schöpferischer Genius oder hilfreiche Fee. Mit anderen Worten, was auch immer ich brauche oder mir wünsche, es kann durch diese innere Kraftquelle erfüllt werden. Seitdem ich mit ihr in Kontakt bin, fühle ich mich kaum mehr einsam. Es ist sogar so, dass ich das Einssein mit dem Universum dann am stärksten empfinde, wenn ich ganz allein bin. Dann füllen sich die Bereiche in mir mit Licht, die früher leer und dunkel waren. Und genau hier finde ich meine ständige Führung, die mir sagt, welcher Schritt als nächstes zu tun ist, und die mir hilft, die Lektionen zu lernen, die mit jedem Schritt auf meinem Weg verbunden sind.

Meditation

Setze oder lege dich bequem hin. Schließe deine Augen und atme ein paarmal tief ein und aus. Jedes Mal, wenn du ausatmest, entspannt sich dein Körper mehr und mehr. Du atmest weiter tief ein und aus und entspannst nun auch deinen Geist. Lass deine Gedanken vorbeiziehen, ohne an einem festzuhalten. Erlaube deinem Verstand zu ruhen. Entspanne dein Bewusstsein und gehe an einen Ort tief in dir selbst.

Stell dir vor, dass in dir eine mächtige Kraft wirkt, die voller Liebe, Energie und Weisheit ist. Sie nährt, schützt, umsorgt und führt dich. Diese Kraft ist sehr hell, leicht und froh und manchmal auch stark und mächtig. Wenn du sie erkennst und ihr vertraust, schenkt sie dir Fülle und Freude im Leben.

Es ist möglich, dass in dir ein Bild, ein Gefühl oder eine körperliche Empfindung von dieser höheren Kraft entsteht. Auch wenn du nichts spürst, nimm einfach an, dass sie irgendwo in dir präsent ist.

Entspanne dich und freue dich darüber, dass das Universum für all deine Bedürfnisse sorgt. Sprich folgende Affirmation still oder laut vor dich hin: »Ich fühle die Gegenwart des Universums in meinem Leben und vertraue seiner Kraft.«

Kapitel 3

Intuition

Wenn wir erst einmal akzeptiert haben, dass es eine höhere Kraft des Universums gibt, dann taucht zwangsläufig die Frage auf, wie wir mit dieser Kraft in Berührung kommen können. Und wenn es eine höhere Intelligenz gibt, die über mehr Wissen und Weisheit verfügt, als wir normalerweise kennen, dann sollten wir in der Lage sein, uns dieser Führung anzuvertrauen. In dieser chaotischen Welt kann sie uns helfen, ein positives Leben zu führen. Zu dieser Erkenntnis gelangte ich vor einigen Jahren, als meine Reise ins Licht begann. Ich habe seitdem herausgefunden, dass wir mit Hilfe unserer Intuition diese innere Wissensquelle erschließen können. Indem wir lernen, unserer Intuition zu folgen, stellen wir eine direkte Verbindung zur höheren Kraft des Universums dar und ermöglichen ihr, uns zu führen und zu leiten.

Diese Lebenseinstellung steht im völligen Gegensatz zu dem, was uns in der alten Welt gelehrt wurde. In unserer westlichen Zivilisation haben wir gelernt, einzig und allein auf den rationalen Teil unseres Wesens zu bauen. Die Intuition hingegen wurde geleugnet. Zwar akzeptieren wir bei den Tieren, dass sie scheinbar Dinge verstehen können, die ihre rationalen Fähigkeiten übersteigen. Wir nennen das ›Instinkt‹. Doch wir tun diese Fähigkeit damit ab, dass sie sich jeder logischen Erklärung entzieht. Wir sind auch noch so überheblich, zu glauben, dass der Instinkt der Tiere geringer einzuschätzen sei als der menschliche Verstand.

Das gesamte Wertsystem unserer Kultur basiert auf dem Glauben, dass unsere Ratio die höchste Stufe der Intelligenz und damit auch die höchste und einzige Wahrheit darstellt. Die Wissenschaft des Westens ist zu unserer Religion geworden. Seit unserer frühesten Kindheit haben wir gelernt, vernünftig, logisch und konsequent zu sein. Wir haben versucht, emotionale und irrationale Verhaltensweisen zu vermeiden und unsere Gefühle zu unterdrücken. Gefühle werden bestenfalls als lästiges Übel oder als Zeichen von Schwäche betrachtet. Schlimmstenfalls aber fürchten wir, dass sie die gesamte Struktur unserer zivilisierten Gesellschaft bedrohen.

Die etablierten religiösen Institutionen unterstützen häufig diese Angst vor dem intuitiven, irrationalen Teil unserer Persönlichkeit. Obwohl das Bewusstsein über das kreative kosmische Prinzip in jedem Lebewesen einmal tief in unseren Religionen verwurzelt war, ist diese Vorstellung heute fast überall nur noch ein Lippenbekenntnis. Die Kirchen versuchen stattdessen, die Lebensweise ihrer Anhänger zu kontrollieren. Durch ausgeklügelte Verhaltensmaßregelungen sollen die Menschen vor ihrer irrationalen und grundsätzlich ›sündhaften‹ Natur bewahrt werden. Auch viele psychologische Schulen gehen davon aus, dass die Instinktnatur des Menschen dunkel und gefährlich ist und deswegen unter Kontrolle gehalten werden muss. Von diesem Standpunkt aus betrachtet ist unsere Ratio in der Lage, mit dieser mysteriösen Kraft in unserem Innern umzugehen und sie in gesunde und konstruktive Bahnen zu lenken.

In unserer Verehrung des Rationalen und der Angst vor dem Irrationalen verleugnen wir nicht nur unsere Gefühle und instinktiven Energien wie Sexualität und Aggression, sondern auch unsere natürliche Intuition, die uns eigentlich leiten sollte.

In weniger technisierten Gesellschaften findet man im Allgemeinen eine tiefe Bewusstheit und Achtung vor dem intuitiven Element der Schöpfung. Das Alltagsleben dieser Menschen wird durch das tiefe Gefühl des Verbundenseins mit der kreativen Kraft des Kosmos bestimmt. Doch ist gerade die mangelnde technische Entwicklung daran schuld, dass diese Gesellschaften allmählich zerstört oder von der modernen Zivilisation untergraben werden. Ein Beispiel dafür sind die Eingeborenenkulturen Amerikas und Afrikas. Beide wurden durch den Kontakt mit der westlichen Kultur zerstört. Doch in den letzten Jahren ist der tiefe Respekt vor den amerikanischen Ureinwohnem in vielen Menschen wiedererwacht und die afrikanische Kultur, die zwangsweise nach Amerika gebracht wurde, hat vielleicht mehr als irgendetwas anderes dazu beigetragen, die intuitive Kraft durch ihre starke Religiosität am Leben zu erhalten.

In der menschlichen Evolution scheint die zunehmende Entwicklung unserer rationalen Fähigkeiten zu einer immer stärker werdenden Angst vor unserem intuitiven Wesensanteil zu führen. Wir versuchen, diese ›dunkle‹ Seite unseres Wesens durch ein autoritäres Wertsystem unter Kontrolle zu halten. Wir folgen einer starren Moral, die unser Verhalten in Richtig und Falsch, Gut und Schlecht, Angemessen und Unangemessen unterteilt. Wir rechtfertigen diese engstirnige Lebensanschauung, indem wir unsere irrationale Natur für alles Negative verantwortlich machen, angefangen bei unseren persönlichen Konflikten bis hin zu sozialen Problemen wie Alkoholismus, Drogenmissbrauch, Kriminalität und Krieg.

In Wahrheit sind alle Aspekte unseres Selbst wichtige und wertvolle Teile von uns. Je mehr wir diesen Energien misstrauen und sie unterdrücken, umso größer ist die Wahrscheinlichkeit, dass sie in pervertierter Form zum Ausdruck gelangen. Das bedeutet, dass unsere Konflikte eben nicht durch unsere emotionale und irrationale Natur verursacht werden, die unkontrolliert zum Ausbruch kommt. Vielmehr sind sowohl die persönlichen als auch die sozialen Probleme eine Folge der Angst und Unterdrückung unserer Intuition. In diesem Buch geht es darum, wie wir zu unserer intuitiven Kraft zurückfinden können.

Wenn wir die höhere Kraft erst einmal als Realität anerkannt haben, die im Universum wirkt und durch unsere Intuition kanalisiert wird, zeigt sich, dass die Probleme des Einzelnen und der ganzen Welt gerade daraus entstehen, dass wir eben nicht unserem intuitiven Wissen folgen.

Unser Verstand funktioniert wie ein Computer. Er verarbeitet die eingespeicherten Informationen und zieht daraus logische Schlussfolgerungen. Aber der rationale Verstand ist begrenzt. Er kann nur die Informationen verarbeiten, die er auf direktem Weg empfängt. Mit anderen Worten, unser Verstand arbeitet nur auf der Basis der direkten Erfahrung, die wir in diesem Leben gemacht haben.

Unser intuitiver Wesensanteil andererseits scheint aus einem unbegrenzten Wissensvorrat zu schöpfen. Unsere Intuition hat eine Verbindung zur Weisheit und zum Wissen der kosmischen Intelligenz. Sie ist in der Lage, diese Informationen zu ordnen und uns genau zum richtigen Zeitpunkt zur Verfügung zu stellen. Auch wenn die auf diesem Weg erlangten Botschaften nur bruchstückweise in unser

Bewusstsein dringen, können sie uns zur optimalen Handlungsweise führen, wenn wir lernen, uns von ihnen Schritt für Schritt leiten zu lassen. Das Leben wird leicht und mühelos, wenn man lernt, dieser Führung zu vertrauen. Alles, was wir tun und fühlen, fügt sich harmonisch in das Leben unserer Mitmenschen ein.

Es ist so, als ob jeder von uns ein einzigartiges Instrument in einem riesigen Symphonieorchester spielt, das von der kosmischen Intelligenz dirigiert wird. Wenn wir ohne Rücksicht auf die Anweisungen des Dirigenten oder die anderen Musiker spielen, dann verursachen wir das totale Chaos. Wenn wir versuchen, uns am Orchester und nicht am Dirigenten zu orientieren, dann werden wir niemals zu einer Harmonie gelangen können. Schließlich sind es zu viele Menschen, die alle verschiedene Stücke spielen. Unser Intellekt ist nicht in der Lage, eine solche Menge an Informationen auf einmal zu verarbeiten und zu entscheiden, welche Note in welchem Moment gespielt werden muss. Wenn wir uns aber nach dem Dirigenten richten und seinen Anweisungen folgen, dann erleben wir die Freude, unsere eigene einzigartige Rolle zu spielen, die von jedermann wahrgenommen und geschätzt wird. Gleichzeitig erfahren wir uns als Teil eines größeren Ganzen, das harmonisch zusammenwirkt.

Auf unser Leben übertragen zeigt uns dieser Vergleich, dass die meisten von uns noch niemals wahrgenommen haben, dass es in unserem Leben einen Dirigenten gibt. Wir haben unser Bestes getan, um mit Hilfe unseres Intellekts herauszufinden, was es mit unserem Leben auf sich hat und welches unsere Aufgabe darin ist. Jeder, der aufrichtig sich selbst gegenüber ist, wird zugeben, dass er unter der alleinigen Führung des Intellekts keine besonders gute Musik macht. Die Disharmonie und das Chaos in unserem Leben und in der Welt sind nur ein Spiegel dafür, dass dies die falsche Lebensweise ist.

Indem wir uns auf unsere Intuition einstimmen und ihr erlauben, die Führung in unserem Leben zu übernehmen, gestehen wir dem Dirigenten seinen rechtmäßigen Platz im Orchester zu. Wir werden deshalb nicht unsere individuelle Freiheit verlieren, sondern vielmehr die notwendige Unterstützung unterhalten, um unsere Persönlichkeit individuell zu verwirklichen. Darüber hinaus erleben wir die Freude, der Kanal für eine höhere kreative Kraft und damit ein Teil von ihr zu sein.

Ich verstehe selbst nicht ganz, wie die Intuition auf so erstaunliche Weise funktioniert. Aber aus meiner eigenen Erfahrung und der vieler anderer weiß ich mit absoluter Sicherheit, dass es tatsächlich so ist. Und ich stelle fest, dass mein Leben immer leichter, erfüllter und abwechslungsreicher wird, je mehr ich meiner inneren Stimme vertraue und ihr folge.

Meditation

Setze oder lege dich bequem hin. Sorge dafür, dass es um dich herum ruhig ist. Schließe deine Augen und entspanne dich. Atme einige Male langsam und tief aus und ein. Mit jedem Atemzug entspannt sich dein Körper mehr und mehr. Entspanne deinen Geist und lasse deine Gedanken vorbeiziehen, ohne an irgendeinem festzuhalten. Stell dir vor, dein Geist wird so still wie ein friedlicher See.

Konzentriere dein Bewusstsein nun auf einen Bereich tief in deinem Körper, in der Gegend des Magens oder des Solarplexus. Suche die Stelle, wo du die Gefühle ›aus dem

Bauch‹ spüren kannst. Dort ist die Körperstelle, wo du am leichtesten mit deiner Intuition in Kontakt kommst.

Stell dir nun vor, dass hier in deinem Innern ein weises Wesen wohnt. Vielleicht entsteht ein Bild von diesem Weisen in dir oder aber auch nur ein Gefühl, dass er da ist. Dieser Weise ist wirklich ein Teil von dir. Er ist dein intuitives Selbst. Du kannst dich mit ihm unterhalten und ihm Fragen stellen. Wenn du dies getan hast, entspanne dich und versuche, möglichst ohne zu denken auf die Antworten in dir zu hören. Diese Antworten können in Worten, Gefühlen oder Bildern auftauchen. Sie sind sehr klar und einfach und beziehen sich immer auf die Gegenwart, nicht auf die Vergangenheit oder die Zukunft. Du spürst, dass sie ›richtig‹ sind. Solltest du keine Antwort erhalten, dann versuche nicht, sie zu erzwingen. Geh wieder deinem normalen Tagesablauf nach. Du wirst sie zu einem späteren Zeitpunkt erhalten, entweder aus deinem Innern in Form eines Gefühls oder einer Idee, oder von außen durch einen anderen Menschen, ein Buch, ein Ereignis oder irgendetwas anderes.

Frage deine Intuition beispielsweise: »Sag mir, was ich hierzu wissen muss. Was muss ich in dieser Situation machen?« Vertraue dem Gefühl, das daraufhin entsteht, und handle danach. Wenn das Gefühl wirklich aus deiner Intuition stammt, dann wirst du feststellen, dass es deine Lebendigkeit und deine Kraft verstärkt und dass sich dir viele neue Möglichkeiten eröffnen. Wenn es nicht dazu führt, dann ist die Antwort nicht wirklich aus deiner Intuition heraus entstanden. Du hast auf die Stimme deines Ego gehört. Gehe noch einmal in dich und bitte um Klärung.

Man braucht einige Übung, um auf seine Intuition zu hören und zu vertrauen. Je öfter man übt, umso leichter wird es. Schließlich wirst du mit deiner Intuition in Kontakt treten. Du wirst dir Fragen stellen können und wissen, dass in diesem Weisen in dir eine unvorstellbare Kraftquelle verborgen liegt, die dir jederzeit zur Verfügung steht, um deine Fragen zu beantworten und dich zu leiten. Je sensibler du für diese innere Führung und die intuitiven Gefühle wirst, umso klarer wird dein Gefühl dafür, was in jeder Situation das Richtige ist. Deine Intuition ist immer für dich da und führt dich, wann immer du sie brauchst. Sie öffnet sich dir, sobald du bereit bist, dir selbst und deinem inneren Wissen zu vertrauen.

KAPITEL 4

Wie man ein Kanal des Schöpferischen wird

In dem Maß, wie du auf deine Intuition hörst und ihr folgst, wirst du ein Kanal für die höhere Kraft des Universums. Wenn du bereit bist, dich von deiner kreativen Energie leiten zu lassen, wo immer sie dich auch hinführt, dann kann sich die kosmische Kraft durch dich manifestieren und kreativ sein. Dann wirst du spüren, wie du mit der Energie fließt. Du tust genau das, was du tun möchtest. Du fühlst, wie dich die Kraft des Universums durchdringt, dein Leben verwandelt und neue Schöpfungen hervorbringt.

Ich verwende das Wort ›Kanal‹ nicht im Sinn der medialen Übermittlung im Trance-Zustand. Ein Trance-Medium ermöglicht einem anderen Wesen, Botschaften zu übermitteln (eines der bekanntesten Medien ist Jane Roberts, die als Kanal für ein Wesen namens ›Seth‹ diente). ›Kanal‹ bedeutet für mich, in Berührung mit der Weisheit und Kreativität in unserem eigenen Innern zu kommen und diese an die Oberfläche zu bringen. Ein Kanal zu sein, heißt, voll und ganz du selbst zu sein, in dem Bewusstsein, dass du ein Ausdrucksmittel für die höchste kosmische Kreativität bist.

Alle schöpferischen Genies waren ein solcher Kanal. Jedes Meisterwerk ist auf diese Weise entstanden. Meisterwerke werden nicht vom Ego erschaffen. Sie erwachsen aus einer tiefen Inspiration aus dem kosmischen Bewusstsein und werden dann durch die individuelle Persönlichkeit zum Ausdruck gebracht und manifestiert.

Jemand kann technisch hoch begabt sein, aber ohne dass er seine Fähigkeit entwickelt, ein Kanal für die kreative Energie zu sein, wird seine Arbeit nicht besonders anregend sein. Der Film ›Amadeus‹ hat den Unterschied zwischen einem reinen Techniker und einem ›Kanal‹ für die kreative Kraft sehr deutlich zum Ausdruck gebracht. Salieri wusste, wie man Musik komponiert, aber ihm fehlte die Verbindung mit seiner inneren Kreativität. Mozart hingegen war einer der erstaunlichsten ›Kanäle‹, die je gelebt haben. Seine Musik ist sowohl technisch perfekt als auch von einer wundervollen Inspiration durchdrungen. Er komponierte spontan und ohne jegliche Anstrengung. Seit frühester Kindheit schien die Musik aus ihm herauszuströmen und überzufließen. Bestimmt hatte Mozart keine Ahnung, wie dies geschehen konnte, und hätte niemandem erklären können, wie er seine Musik komponiert.

Schon immer haftete solchen Genies etwas Mysteriöses und Unerklärliches an. Es schien, als besäßen sie ein gottgegebenes Talent, das nur ein paar wenigen beschieden ist und ohne dass man es beeinflussen kann, auftaucht und wieder verschwindet. Aus diesem Grund fürchten viele kreative Menschen, dass sie ihr Talent plötzlich wieder verlieren. Da sie nicht wissen, auf welche Weise sie es erlangt haben, haben sie keine Ahnung, wie man es bewahren kann.

Schöpferische Menschen sind gewöhnlich nur in einem speziellen Lebensbereich ein Kanal für die kreative Energie (in der Kunst, Wissenschaft oder Geschäftswelt). In anderen Bereichen ihres Lebens jedoch können sie diese Fähigkeit nicht verwirklichen. Deshalb ist ihr Leben oft völlig unausgewogen (siehe dazu das Kapitel ›Vertrauen in die Intuition‹). Das ist einer der Gründe, warum wir Genie häufig mit emotionaler Instabilität in Verbindung bringen.

Ich bin der Überzeugung, dass jeder von uns ein Genie ist, jeder in seiner eigenen und einzigartigen Weise. Wir können unseren individuellen Genius entdecken, wenn wir aufhören, uns nach unseren eigenen vorgefassten Vorstellungen zu richten oder die Vorstellungen anderer erfüllen zu wollen. Wir müssen lernen, wir selbst zu werden, damit sich unser natürlicher Kanal öffnen kann. Indem wir unserer Intuition vertrauen und nach ihr handeln, lernen wir, in jedem Augenblick und in jedem Bereich unseres Lebens ein Kanal für die kreative Energie des Kosmos zu sein.

In meiner Vorstellung sieht der ›Kanal‹ wie eine Orgelpfeife aus, durch die die Energie strömt wie Töne.

Dieses Bild von einem ›Kanal‹ hat drei wichtige Merkmale:

1. Er ist offen und absolut durchlässig, dass die Energie ungehindert hindurchfließen kann.
2. Er besitzt eine bestimmte abgegrenzte Form. Der Hohlraum wird von einer festen Struktur umgeben, dass die Energie in einer bestimmten Weise kanalisiert wird. Ohne diese Form würde die Energie ziellos verströmen.
3. Es gibt eine Kraftquelle, die die Energie durch ihn hindurch schickt.

Um bei dem Beispiel mit der Orgelpfeife zu bleiben: Die Kraftquelle, der Blasebalg, schickt Energie durch die offenen Orgelpfeifen. Die jeweilige Kombination von Struktur und Hohlraum der Orgelpfeife bedingt den Klang einer bestimmten Note. Die Kraftquelle und die Energie sind bei allen Orgelpfeifen gleich, aber die Unterschiedlichkeit der Orgelpfeifen verursacht, dass jede einen individuellen Klang erzeugt.

Wir sind als ›Kanäle‹ ähnlich wie diese Orgelpfeifen. Wir haben eine gemeinsame Kraftquelle, das Universum, und werden von derselben Energie durchdrungen. Unser Körper und unsere Persönlichkeit bilden die Struktur, die den einzigartigen Ausdruck und unsere individuelle Funktion als Kanal ausmachen. Es liegt an uns, unseren Kanal zu öffnen und eine starke, gesunde und schöne Struktur in Form unseres Körpers und unserer Persönlichkeit zu schaffen, damit wir unsere kreative Energie zum Ausdruck bringen können.

Dies erreichen wir, indem wir uns beständig auf diese Energie einstimmen, herausfinden, in welcher Weise sie sich verwirklichen will, und dann mit ihr fließen.

Eine starke und gesunde Körper- und Persönlichkeitsstruktur erlangt man nicht, indem man eine bestimmte Nahrung zu sich nimmt, bestimmte Übungen macht oder den Vorschriften oder guten Ratschlägen eines anderen folgt. Man erreicht sie nur, wenn man seiner Intuition vertraut und lernt, ihr zu folgen. Wenn du wissen möchtest, was du essen sollst, wie du am besten für deinen Körper sorgen kannst oder was auch immer, dann sammle zuerst zuverlässige Informationen und frage dich anschließend, was sich intuitiv richtig für dich anfühlt. Dann folge dieser inneren Führung, so gut es dir möglich ist.

Die meisten Menschen haben schon einmal die Erfahrung gemacht, dass sie ihrer Intuition vertrauten und damit erstaunliche Erfolge erzielen konnten. Die folgende wahre Begebenheit ist ein gutes Beispiel dafür.

Becky hatte eigentlich alles erreicht, was man sich so unter dem ›amerikanischen Traum‹ vorstellt. Sie hatte einen Ehemann und eine Tochter, eine gute Arbeit, ausreichend

Geld und ein eigenes Haus. Doch irgendwie fühlte sie sich innerlich leer.

Sie fühlte sich dazu getrieben, ihre Arbeitsstelle aufzugeben und sich eine Arbeit im Verlagswesen zu suchen. Ihr Partner war dagegen, mit der Begründung, dass sie keine formale Ausbildung für solch eine Stelle hätte.

Becky trennte sich schließlich von ihrem Mann und beschloss umzuziehen. Sie hatte viele Bücher gelesen, unter anderem auch ›Leben im Licht‹, und wollte gern für einen entsprechenden Verlag arbeiten. Ihre Intuition sagte ihr, dass sie nach Nordkalifornien ziehen solle.

Dies war der schwierigste und mutigste Schritt ihres Lebens. Sie befand sich nun in einer neuen Stadt, ohne Freunde, ohne Arbeit und ohne Geld. Anfangs konnte sie keine Stelle im Verlagswesen finden und musste sich mit allen möglichen Jobs über Wasser halten. Häufig zweifelte sie, ob es richtig gewesen war, solch ein Risiko einzugehen, doch ihr Gefühl sagte ihr, dass sie auf dem richtigen Weg war.

Schließlich fand sie Arbeit in einem anderen Bereich, konnte sich finanziell stabilisieren und gewann wieder mehr Selbstvertrauen. Sie suchte aber weiter nach einer Stelle im Verlagswesen und fand schließlich eine bei New World Library. Nun war sie dort, wo sie immer hatte sein wollen, und fühlte sich endlich zu Hause. Inzwischen arbeitet sie schon seit sechs Jahren dort und ist Cheflektorin. Dadurch, dass sie auch in schwierigen Zeiten auf ihre Intuition vertraute, fand sie den für sie optimalen Platz, an dem sie nun ihre Kreativität leben und ihren Beitrag zum Ganzen leisten kann.

Vielleicht hat jeder von uns schon einmal ein ähnliches Erlebnis gehabt, bei dem es sich als fruchtbar erwies, seiner Intuition zu folgen. Wenn dem so ist, geht es als nächstes darum, herauszufinden, wie man diesem Prozess bewusst folgen kann, anstatt die Energie zu blockieren oder dagegen ankämpfen zu wollen. Je mehr du bereit bist, dich deinem eigenen inneren Energiefluss zu überlassen, umso mehr Kraft kann durch dich hindurch strömen.

Ich weiß, dass fast jeder Mensch schon einmal einen Augenblick erlebt hat, in dem er das Gefühl hatte, vom Licht und der Kraft des Kosmos durchströmt zu werden. Es sind Momente, in denen wir einen kleinen Einblick in den Zustand der Erleuchtung erhaschen, der sich gleich wieder verflüchtigt. Wenn dieses Gefühl wieder verschwunden ist, dann fühlen wir uns verloren und unsicher.

Wenn wir lernen und üben, unserer Intuition zu vertrauen, wird sich dieses Gefühl immer mehr verstärken. Dann erlebt man immer öfter das Gefühl, genau dort zu sein, wo man sein möchte. Man befindet sich dort, wo die Energie für einen am stärksten ist, und tut, was man wirklich will. Dann geschehen wahre Wunder. Durch die Energie, die man kanalisiert, werden möglicherweise auch andere Menschen verändert.

Durch das Vertrauen in sich selbst und die eigene Intuition verändert sich das Leben möglicherweise sehr rasch. Anfangs wirst du eventuell die Erfahrung machen, dass dein Leben völlig durcheinander gerät. Vielleicht musst du bestimmte Dinge loslassen, an denen du bis dahin festgehalten hast. Langjährige Beziehungen lösen sich auf, alte Hobbys machen keinen Spaß mehr und vielleicht verlierst du sogar deine Arbeit oder entscheidest dich bewusst, sie aufzugeben.

Diese Veränderungen können natürlich sehr viel Angst und Unruhe in dein Leben bringen. Doch mit der Zeit wirst du feststellen, dass dies alles nur ein Teil des natürlichen Transformationsprozesses ist. In dem Maß, in dem du dir selber treu bist, wirst du andere Menschen, eine neue Arbeit und genau die Lebensumstände anziehen, die deiner inneren Entwicklung entsprechen.

Wie man sein Verbundensein mit dem Kosmos bewahrt

Wenn man lernen will, ein Kanal für die kosmische Energie zu sein, ist es wichtig, die eigene Verbindung mit dem Universum ständig aufrechtzuerhalten. Das Verbundensein mit dem Kosmos ermöglicht, dass sich unser Kanal öffnet und die Energie durch ihn hindurchfließen kann. Aber der Kontakt mit dem Kosmos kann sehr schnell verloren gehen, wenn man sich in anderen Menschen und äußeren Zielen und Wünschen verliert. Das Problem besteht darin, dass wir die Verbindung zu uns selbst tatsächlich tatsächlich wieder verlieren. Solange wir uns auf Äußerlichkeiten konzentrieren, bleibt in unserem Innern stets eine Leere, die gefüllt werden will.

Wenn ich einen Menschen liebe und glaube, er sei die Quelle meines Glücks, dann verliere ich mich selbst. Ich muss mir bewusst machen, dass die Quelle meiner Freude und Liebe bereits in mir selbst ist. Die Liebe, die ich äußerlich erfahre, ist nur da, weil sie in mir ist. Wenn ich mich auf das Universum in meinem Innern konzentriere, dann manifestiert es sich in der äußeren Welt in Form meines Geliebten.

Für mich bedeutet es eine ständige Übung, mich an die innere Verbindung mit meiner Intuition zu erinnern. Wenn ich feststelle, dass ich mich zu sehr in äußeren Aktivitäten verloren habe, spüre ich in mir nach, ob ich meinen Gefühlen gegenüber ehrlich bin. Dadurch bleibt der kosmische Energiefluss in mir erhalten.

Wenn wir lernen, auf unsere intuitiven Gefühle zu achten und im Einklang mit unserer Energie und unserer inneren Wahrheit zu leben, wird mehr und mehr Lebenskraft durch uns fließen. Diese starke Lebendigkeit ist so faszinierend, dass sie uns vollkommen erfüllt und wir uns weniger an die Äußerlichkeiten des Lebens klammern. Ob die Dinge wie geplant laufen oder nicht, spielt keine so große Rolle mehr, wenn unsere Befriedigung vorwiegend aus unserer inneren Verbindung zur Lebenskraft kommt. Doch wenn wir auf diese Weise uns selbst treu sind, werden auch die äußeren Aspekte unseres Lebens diese innere Integrität auf positive Weise widerspiegeln. Wir erschaffen uns dann genau das Leben, das unser Herz sich wirklich wünscht.

Wie man als ›Kanal‹ lebt

Das ›Kanalisieren‹ der kosmischen Energie funktioniert in zwei Richtungen: Entweder fließt die Energie durch uns zu anderen oder durch andere zu uns. Wenn ich beispielsweise ein Buch schreibe, dann fließt die Energie des Universums durch mich und wirkt auf andere. Der Dank, den ich dafür von vielen Menschen erhalte, die mir mitteilen, dass mein Buch ihr Leben verändert hat, macht mir bewusst, dass ihr Dank zu mir und damit wieder zurück ins Universum fließt.

Je mehr man sich über die Energie bewusst wird, die durch jeden Menschen und jedes Lebewesen fließt, umso mehr Energie kann der Körper kanalisieren. Je mehr Energie man bereit ist zu empfangen, desto mehr kann man geben.

Ein wirklicher Kanal für den Kosmos zu werden, stellt die größte Herausforderung für den Menschen dar, enthält aber auch das größte Potential an Freude und Erfüllung. Als ›Kanal‹ leben bedeutet voll und ganz auf dieser Welt leben, tiefe Beziehungen haben, spielerisch und schöpferisch sein, Geld und materiellen Besitz genießen und völlig authentisch sein, ohne jedoch nur einen einzigen Augenblick die Verbindung mit der Kraft des Kosmos im eigenen Innern zu verlieren.

Wenn man auf diese Weise lebt, kann man zuschauen, wie der Kosmos durch einen wirkt und einen benutzt, um seine Schöpfungen zu vollbringen. Als ein ›Kanal‹ zu leben, ist eine Erfahrung, die jedem Menschen offensteht, der bereit ist, sich seiner inneren Führung voll und ganz zu überlassen.

Die Gruppe als ›Kanal‹

So wie wir lernen, auf unsere Intuition zu vertrauen und ihr zu folgen, lernen wir auch, unseren individuellen Kanal für die kosmische Energie zu öffnen, sodass wir mehr Kraft, Kreativität und Liebe geben können. Wenn sich zwei oder mehr Menschen zusammenfinden, dann vereinigen sich ihre individuellen Energiekanäle zu einem größeren. Es entsteht ein ›Gruppenkanal(, der viel stärker ist, als ein einzelner allein je sein kann.

Wenn viele Menschen körperlich und geistig dazu bereit sind, sich zu öffnen und zu wachsen, dann schaffen ihre gemeinsamen Energien eine starke und offene Struktur, durch die sehr viel mehr kosmische Energie hindurchfließen kann. Dieser Gruppenprozess intensiviert den Energieschub des Einzelnen enorm und beschleunigt sein persönliches Wachstum. Auch wenn sich jeder in der Gruppe an einem anderen Punkt seiner Persönlichkeitsentwicklung befindet, bekommt jeder die individuelle Unterstützung der kosmischen Energie, die ihn auf die nächste Stufe seines Wachstums hebt. Das Kanalisieren in der Gruppe öffnet uns für eine höhere Bewusstseinsebene. Wir geben mehr von uns selbst und erhalten dafür die Hilfe, uns leichter von Dingen zu lösen, die wir allein noch nicht überwinden könnten.

Dies ist ein Grund, warum ich so gerne mit Gruppen arbeite und Workshops veranstalte. Meine Freunde nennen mich eine ›Energie-Süchtige‹, weil es mich immer zu Situationen hinzieht, wo die Energie am intensivsten und expansivsten ist. Ich freue mich daran, wie mein eigener Wachstumsprozess durch das Gruppengeschehen intensiviert und vorangetrieben wird.

Bei meinen Workshops beginne ich meist mit einer gewissen Struktur und übernehme anfangs die Verantwortung für die Leitung. Im Verlauf des Seminars kann sich dann die Struktur mehr und mehr auflösen, wobei die Energie der Gruppe immer stärker den Prozess bestimmt.

Wenn jeder in der Gruppe bereit ist, loszulassen und sich zu öffnen, dann kann ein ›Gruppenkanal‹ entstehen. Der Gruppenprozess ist oft chaotisch, weil der Gruppenleiter nicht im üblichen Sinn die ›Führungsperson‹ ist. Es kann vorkommen, dass ich selbst Angst bekomme oder die Ängste anderer an die Oberfläche bringe. Aber ich habe die Erfahrung gemacht, dass durch den ›Gruppenkanal‹ die wunderbarsten Dinge geschehen, wenn man bereit ist, durch seine Angst hindurchzugehen. Das Universum führt uns zu völlig neuen Erfahrungen, die niemals möglich wären, wenn man eine formalere Gruppenstruktur beibehält. Dieser Prozess des Kanalisierens in der Gruppe ist meiner Ansicht nach sehr lohnend und spannend.

In gewissem Sinne ist jeder Mensch, der auf der Erde lebt, Teil eines riesigen ›Gruppenkanals‹ – des Massenbewusstseins der Menschheit. Die gegenwärtige Situation, in der sich unsere Welt befindet, ist eine Schöpfung dieses ›Gruppenkanals‹. Wenn jeder Einzelne von uns sich auf seine Weise der kosmischen Kraft anvertraut und zulässt, von ihr transformiert und erleuchtet zu werden, dann wird der ›Gruppenkanal‹ davon in gleichem Maß beeinflusst. Auch das Massenbewusstsein entwickelt sich immer mehr auf die Erleuchtung zu. Dies sehe ich als den Weg, wie unsere Welt verändert werden kann.

Meditation

Setze oder lege dich bequem hin. Schließe deine Augen und atme tief aus und ein. Entspanne deinen Körper und deinen Geist. Lass mit jedem Atemzug alles los, was dich beschäftigt. Sobald du dich entspannt fühlst, gehe an einen ruhigen Ort tief in deinem Innern. Verweile für einige Augenblicke an diesem tiefsten Ort in dir selbst.

Von diesem Ort aus spüre nun die Lebenskraft in dir. Stell dir vor, dass du deiner eigenen Energie folgst, sie spürst, ihr vertraust, dich in jedem Augenblick im Einklang mit ihr bewegst. Du bist dir selbst vollkommen treu, sprichst und lebst auf authentische Weise deine eigene Wahrheit. Du fühlst dich lebendig und stark. Stell dir vor, dass du deine Kreativität voll und frei zum Ausdruck bringst, und genieße diese Erfahrung. Indem du das lebst und ausdrückst, was du bist, wirkst du heilend und stärkend auf alle, die dir begegnen, und auf die gesamte Welt.

Kapitel 5

Du bist viele

Wir alle tragen von Geburt an eine unendliche Vielfalt verschiedener Qualitäten und Energien in uns. Eine unserer wichtigsten Lebensaufgaben ist es, möglichst viele dieser Energien zu entdecken und zu entwickeln, sodass wir vollständiger werden und unser komplettes Potenzial ausdrücken können.

Wir können uns diese Energien als unterschiedliche Archetypen vorstellen, als Teilpersönlichkeiten oder verschiedene Selbste in uns. Es ist fast so, als würden viele Persönlichkeiten in uns leben, alle mit ihrer eigenen Aufgabe und Bedeutung.

Da die physische Welt eine Ebene der Dualität ist, gibt es für jede dieser Energien in uns einen Gegensatz. Um Ganzheit und Harmonie zu erfahren, müssen wir beide Seiten jeder Polarität entwickeln und integrieren.

Die wenigsten von uns sind daran gewöhnt, auf diese Weise zu denken. Man hat uns vielmehr beigebracht, linear und in Ausschließlichkeiten zu denken gut/böse, richtig/falsch. Wenn also eine Qualität gut und erstrebenswert ist, dann muss ihr Gegenteil böse und unerwünscht sein.

Zum Beispiel haben viele von uns gelernt, dass es gut und tugendhaft ist, anderen zu geben. Wer viel gibt, ist ein guter Mensch. Dementsprechend wird Nehmen als selbstsüchtig betrachtet. Wer viel nimmt, gilt weniger als jemand, der viel gibt.

Jemand mit anderen Wertvorstellungen sieht dies möglicherweise ganz anders. Er bewundert Menschen, die viel nehmen, und hält sie für schlau und erfolgreich, während er alle verachtet, die weniger aggressiv sind und mehr geben. Sie erscheinen ihm dumm und leicht auszunutzen.

Beide Male wird jeweils nur ein Aspekt der Polarität geachtet und der andere abgewertet. In Wahrheit sind aber Geben und Empfangen gleich wichtig und wertvoll. Wenn wir zu viel geben und nicht in gleichem Maß annehmen und empfangen können, fühlen wir uns irgendwann leer und ärgerlich. Wenn wir zu viel nehmen und nicht geben können, fehlt uns das Gefühl, unseren eigenen Beitrag zu leisten, und wir ziehen den Groll anderer Menschen auf uns. Nur wenn wir gleichermaßen nehmen und geben können, erleben wir ein gesundes Gefühl der Befriedigung.

Vom Moment unserer Geburt an experimentieren wir mit den verschiedenen Energien in uns. Zu diesem Zeitpunkt sind wir vollständig von unseren Eltern oder Bezugspersonen abhängig und daher sehr empfänglich für ihre Reaktionen auf uns. Wenn wir eine Energie ausdrücken, die Anerkennung und ein positives Echo findet, so werden wir diese Qualität verstärkt entwickeln. Falls dagegen etwas, das wir tun, Missbilligung, Kritik oder Bestrafung hervorruft, werden wir dies in Zukunft unterlassen (außer es ist die einzige Möglichkeit, Aufmerksamkeit zu bekommen).

Sehr bald wissen wir ziemlich genau, welche Energien dazu führen, dass unsere Bedürfnisse befriedigt werden, und welche uns nur Probleme einbringen. Dies ist sehr unterschiedlich und hängt von jedem Einzelnen, seinem Familiensystem, der Epoche und der Kultur ab.

Während des Heranwachsens entwickeln wir die für uns positiven Energien immer mehr. Wir identifizieren uns schließlich mit diesen Qualitäten und denken, dass wir das sind. Diese dominierenden Energien werden zu unseren Hauptselbsten den inneren Figuren, die dafür sorgen, dass es uns gut geht und unser Leben so reibungslos wie möglich verläuft.

Meist existiert eine Gruppe von Hauptselbsten, die als Team zusammenarbeiten und die meisten unserer Entscheidungen für uns treffen. Zu meinen Hauptselbsten zählen zum Beispiel die Verantwortliche, die Gefällige (die alle anderen glücklich zu machen versucht, damit sie mich mögen), die Antreiberin (die will, dass ich hart arbeite und viel erreiche), die sorgende Mutter (die sich um das Kind in anderen Menschen kümmert, damit sie sich wohl mit mir fühlen), die Lehrerin/Heilerin. Es gibt noch einige weitere Teammitglieder, die alle schwer daran gearbeitet haben, aus mir einen verantwortungsvollen, geliebten und erfolgreichen Menschen zu machen.

Zu jedem Hauptselbst gibt es eine gegensätzliche Energie, die oft unterdrückt oder verleugnet wurde, weil wir auf die eine oder andere Weise erfahren haben, dass sie nicht da sein darf, oder weil sie einfach keinen Raum zur Entwicklung hatte. Aus diesen Energien werden unsere verdrängten Selbste. Sie sind meist tief in unserer Psyche begraben. Entweder wissen wir gar nichts von ihnen oder aber wir versuchen sie vor der Welt zu verbergen. Die verdrängten Selbste bilden unseren Schatten, den Teil von uns, den wir peinlich oder unangenehm finden für den wir uns schämen oder den wir fürchten. Unsere Hauptselbste sorgen in der Regel dafür, dass wir diesen anderen Teil nicht offen zeigen, da sie in diesem Fall mit Kritik,

Zurückweisung, Liebesverlust oder sonstigen anderen Katastrophen rechnen.

Das Problem besteht darin, dass jedes verdrängte Selbst eine essenzielle Energie beinhaltet, die ein wichtiger Teil von uns ist. Tatsächlich benötigen wir oft genau diese Energien, um Heilung und Gleichgewicht in unser Leben zu bringen. Solange wir unseren Schatten fürchten, haben wir jedoch keinen Zugang zu diesen Energien.

Wenn zum Beispiel Stärke ein Hauptselbst ist und jemand sich mit Stärke, Kompetenz und Unabhängigkeit identifiziert, hat er vermutlich seine verletzliche Seite verleugnet, den Teil in ihm, der sich von anderen abhängig fühlt und Liebe und Unterstützung braucht. Aus der Sicht des Hauptselbstes ist die verletzliche Seite abstoßend und darf auf keinen Fall gezeigt werden. Der Betreffende ist sich seiner Verletzlichkeit vielleicht gar nicht bewusst, oder er kennt sie und wagt nicht, sie zu zeigen, weil er die Kritik und Ablehnung der anderen fürchtet. Seltsamerweise wird dieser Mensch ständig verletzliche Menschen in sein Leben ziehen und sie vermutlich wegen ihrer ›Schwäche‹ verurteilen.

In solch einem Fall geht es darum, die eigene verletzliche Seite bewusst anzunehmen. Ohne sie gibt es keine wirkliche Intimität und Nähe zu anderen Menschen und keine Möglichkeit des Empfangens. Dadurch wird ein wichtiger Teil der menschlichen Erfahrung verhindert.

Das Leben hat eine erstaunliche Neigung dazu, uns mit genau den Energien zu konfrontieren, die wir in uns selbst entdecken und integrieren müssen. Dies geschieht zum Beispiel in Form von Träumen, in denen uns oft symbolisch die Beziehung zwischen unseren primären und verdrängten Selbsten gezeigt wird. Es geschieht auch laufend in unseren Beziehungen, wobei andere uns die verschiedenen Selbste in uns spiegeln. Unsere Disharmonien zeigen sich in jedem Bereich unseres Lebens, von unserer Gesundheit bis hin zu den Finanzen.

Wie können wir uns nun der vielen Selbste in uns bewusst werden und sie in unser Leben integrieren?

Der erste und wichtigste Schritt ist, unsere Hauptselbste kennen zu lernen. Mit welchen Qualitäten und Energien identifizierst du dich am stärksten? Kannst du erkennen, welche Selbste in dir automatisch alle Entscheidungen treffen und dein Leben bestimmen?

Wir müssen lernen, unsere Hauptselbste für ihre Leistung zu schätzen und uns gleichzeitig weniger mit ihnen zu identifizieren. Sobald wir sie als Energien in uns erkennen, statt uns vollkommen mit ihnen zu identifizieren, entwickeln wir ein bewusstes Ich. Dies ist die Fähigkeit, alle unterschiedlichen Selbste in uns zu erkennen und zu beherrschen, sodass wir in jedem Moment bewusst entscheiden können, welches wir zum Ausdruck bringen wollen.

Sobald wir uns der Hauptselbste stärker bewusst werden, treten die verdrängten Selbste an die Oberfläche. Die Hauptselbste bleiben in der Regel unsere bestimmenden Qualitäten, doch wir entwickeln mehr Harmonie und Ausgeglichenheit, sobald wir die früher verleugneten Energien integrieren. Das Ganze ist ein allmählicher Prozess, der das ganze Leben lang andauert. Doch jeder einzelne Schritt kann zu großen Veränderungen führen.

Unsere intuitive Weisheit ist eine der Energien oder Selbste in uns. Wären wir früh im Leben ermutigt worden, unserer Intuition zu vertrauen, vielleicht mit einem intuitiven Elternteil als Vorbild, dann wäre die Intuition eines unserer Hauptselbste geworden. Da unsere Kultur die Intuition jedoch meist verleugnet oder abwertet, taucht sie in uns häufig als verdrängtes oder relativ wenig entwickeltes Selbst auf, während die Rationalität zu unseren Hauptselbsten zählt. Wenn dies der Fall ist, dann müssen wir unsere Identifikation mit unserer rationalen Seite auflösen, bevor wir in Kontakt mit unserer Intuition kommen können. Dies geschieht, indem wir das rationale Selbst als einen einzelnen Aspekt von uns wahrnehmen und seine Rolle in unserem Leben erkennen. Auf diese Weise können wir bewusst wählen, wann und wie wir es einsetzen wollen. Dadurch entsteht mehr Raum für die Erforschung der intuitiven Seite.

Wenn die Intuition ein Hauptselbst ist, tauchen die Probleme eher beim logischen Denken und im Umgang mit den praktischen Dingen des Lebens auf. In diesem Fall müssen wir die rationale Seite stärker entwickeln, damit die Intuition besser in unser Leben integriert werden kann.

Den Schatten annehmen

Es gibt ein einfaches universelles Prinzip: Alles im Universum möchte angenommen werden. Alle Aspekte der Schöpfung sehnen sich danach, geliebt, geschätzt und akzeptiert zu werden. Daher wird jede Qualität oder Energie, die wir nicht fühlen oder ausdrücken, in uns oder um uns herum so lange immer wieder auftauchen, bis wir sie als Teil von uns erkennen, akzeptieren und integrieren.

Viele Menschen, die einem Weg des inneren Wachstums folgen, identifizieren sich stark mit den Energien und Qualitäten, die sie für ›spirituell‹ halten sanftmütig, liebevoll, großzügig usw. In dem Versuch, diese Aspekte zu entwickeln, verleugnen und verdrängen sie oft andere Teile, die sie für ›unspirituell‹ halten Aggression, Selbstbehauptung, Direktheit, Verletzlichkeit. Unglücklicherweise führt dies zu einem starken Schatten in ihnen, der den kollektiven Schatten unserer Welt weiter verstärkt.

Für manche Menschen ist es schockierend zu erkennen, dass wir durchaus nicht zum Frieden in der Welt beitragen, wenn wir uns übermäßig mit Frieden und Liebe identifizieren und unseren inneren Krieger unterdrücken. Ganz im Gegenteil. Wenn wir unseren inneren Krieger nicht annehmen und konstruktiv in unserem Leben ausdrücken, zieht er sich in den Schattenbereich unserer individuellen und kollektiven Psyche zurück und trägt weiter zu Krieg und Gewalt auf unserem Planeten bei.

Wenn wir uns nach innerem und äußerem Frieden sehnen, müssen wir uns an die schwierige und gleichzeitig faszinierende Aufgabe machen, alle unsere inneren Aspekte anzunehmen und anzuerkennen tatsächlich Frieden mit uns selbst zu schließen. Wahre Bewusstheit bedeutet, beide Seiten einer Polarität zu umfassen, statt sich mit einer davon zu identifizieren. Unseren Schatten zu erforschen und zu akzeptieren ist tatsächlich der einzig wahre Weg ins Licht.

Meditation

Mache es dir an einem ruhigen Ort bequem. Lass eines deiner wichtigsten Persönlichkeitsmerkmale oder Hauptselbste in dir auftauchen. Spüre in deinem Körper, wie sich diese Energie anfühlt. Jetzt stell dir die gegenteilige Energie vor, die in dir verdrängt oder weniger entwickelt ist. Stell dir vor, wie sich diese Energie anfühlen würde. Welche Vorteile hättest du davon, wenn du diesen Aspekt mehr entwickeln würdest? Wie könnte dies zu mehr Harmonie in deinem Leben führen?

Prüfe, ob du ein Gleichgewicht zwischen den beiden Energien in dir finden kannst. Wenn du zum Beispiel sehr extrovertiert bist, versuche diesen Aspekt mit einer ruhigeren, introvertierten Energie auszugleichen.

Kapitel 6

Die Welt ist dein Spiegel

Die physische Weit ist unsere Schöpfung. Jeder von uns erschafft seine eigene Version von der Welt, seine eigene Wirklichkeit und einzigartige Lebenserfahrung. Da mein Leben eine Manifestation der Energie ist, die ich kanalisiere, kann ich aus meiner Schöpfung ein Feedback über mich selbst erhalten. Wie ein Künstler, der sein neuestes Werk begutachtet, können auch wir die fortwährende Gestaltung unseres Lebens betrachten und Rückschlüsse auf uns selbst ziehen. Wir können an der von uns selbst geschaffenen Wirklichkeit erkennen, was wir noch lernen müssen.

Wir sind ständig dabei, unser Leben zu erschaffen. Aus diesem Grund sind unsere Erfahrungen und Bedürfnisse ein fortwährender Spiegel unseres Selbst. Tatsächlich ist die äußere Welt ein genaues Spiegelbild unserer Seelenstruktur. Wenn wir erst einmal gelernt haben, diesen Spiegel zu nutzen, dann wird die Außenwelt zu einem wunderbaren Werkzeug unserer Selbsterkenntnis.

Nach diesem Verständnis können wir unser Leben als Spiegel unserer Überzeugungen, Einstellungen und Verhaltensmuster betrachten. So können wir von der Außenwelt etwas über die verborgenen Aspekte unseres Selbst lernen, die wir nicht direkt wahrnehmen können. Diese Technik basiert auf zwei Voraussetzungen.

1. Ich gehe davon aus, dass alles in meinem Leben meine eigene Schöpfung ist und mich selbst widerspiegelt.

Es gibt keine Zufälle oder Ereignisse, die nicht mit mir in Zusammenhang stehen. Alles, was mich in irgendeiner Weise betrifft oder berührt, hat mein eigenes Wesen herbeigeführt, um mir etwas zu zeigen. Wenn es nicht einen Teil von mir selbst spiegeln würde, wäre ich gar nicht in der Lage, es wahrzunehmen. Alle Menschen, mit denen ich zu tun habe, sind Spiegelungen der verschiedenen Charaktere und Energien, die in meinem Innern leben.

2. Ich versuche, mich niemals für das Spiegelbild, das ich in meiner Außenwelt wahrnehme, zu verachten. Ich weiß, dass nichts negativ ist. Alles, was geschieht, ist ein Geschenk, das es mir ermöglicht, Bewusstheit über mich selbst zu erlangen. Schließlich bin ich hier, um zu lernen. Wenn ich schon vollkommen wäre, dann wäre ich nicht hier. Warum also sollte ich mich über mich selbst ärgern, wenn ich Dinge finde, deren ich mir noch nicht bewusst bin? Dies wäre so, als ob ein Erstklässler frustriert darüber wäre, dass er noch nicht auf der Universität ist. Ich versuche, mir und meinem Lernprozess gegenüber geduldig und verständnisvoll zu sein. In dem Maß, wie mir dies gelingt, wird der Lernprozess zu einem interessanten und positiven Geschehen.

Ich lerne, mein Leben als einen spannenden Film zu betrachten. Alle Charaktere, die darin vorkommen, sind Teile von mir selbst. Ich projiziere sie auf eine große Leinwand, um sie klar und deutlich erkennen zu können. In dem Moment, wo ich sie sehe und ihre verschiedenen Gefühle und Stimmen in meinem Innern erkannt habe, verstehe ich, dass sie alle wichtigen und wertvolle Teile von mir sind, die ich benötige, um mich vollständig im Leben auszudrücken.

Wenn mein Film von Problemen, Streit oder Kampf handelt, muss ich in mich gehen und herausfinden, wo ich mir selbst gegenüber nicht aufrichtig bin oder wo weitere Lernschritte oder Heilung nötig sind. Ebenso bin ich mir bewusst, dass mein Leben spiegelt, wenn ich mir selbst vertraue und so authentisch wie möglich bin. Dies zeigt sich darin, dass alles leicht und mühelos vonstatten geht, fast wie durch ein Wunder.

Probleme sind Botschaften

Probleme sind ein Versuch des Universums, deine Aufmerksamkeit zu erregen. Es ruft dir zu: »He, hier musst du dir über etwas bewusst werden. Hier musst du dringend etwas ändern!« Schenkst du diesen kleinen Warnzeichen Beachtung, dann kannst du etwas aus deinen Problemen lernen. Falls du sie übergehst, werden sich die Konflikte so lange zuspitzen, bis du die Botschaft vernimmst und ihr Aufmerksamkeit schenkst. Jedes Mal wenn in deinem Leben ein Problem auftaucht, will dir der Kosmos etwas zeigen. Akzeptierst du diese Tatsache, dann wird dein Selbstfindungsprozess stark beschleunigt.

Ein ›negatives‹ Ereignis kann leicht dazu verführen, in Selbstmitleid zu verfallen: »Warum passiert mir das? Ich tue mein Bestes, aber nichts scheint mir zu gelingen. Ich verstehe einfach nicht, warum ich dieses Problem nicht loswerde.« Solltest du dich bei dieser Einstellung ertappen, versuche einmal, die Dinge unter einem anderen Gesichtspunkt zu sehen. Gehe nach innen und bitte das Universum in dir: »Ich weiß, dass du versuchst, mir etwas zu zeigen. Hilf mir zu verstehen, worum es geht.«

Nachdem du dies getan hast, konzentriere dich nicht weiter darauf, sondern warte ab, bis die Botschaft von selbst auftaucht. Möglicherweise erhältst du die Antwort in Form einer Erkenntnis oder eines Gefühls, vielleicht aber auch durch die Worte eines Freundes oder ein unerwartetes Ereignis. Manchmal kommt die Botschaft sofort, manchmal musst du ein wenig auf sie warten. Vor mehr als zwei Jahren wurde einem meiner Klienten unerwartet gekündigt. Zunächst war er darüber völlig bestürzt, doch nach einem Monat als Arbeitsloser beschloss er, sich selbstständig zu machen. Mittlerweile floriert sein Unternehmen, doch erst vor kurzem erkannte er, welche Botschaft hinter seiner damaligen Kündigung verborgen lag. In einem Gespräch mit einem Freund stellte er fest, dass es viel besser für ihn war, sein eigenes Geschäft zu leiten, als für andere Menschen zu arbeiten. Diese Erkenntnis bestätigte nicht nur seinen gegenwärtigen Kurs, sondern verschaffte ihm im Nachhinein Klarheit über seine Kündigung, die ihn bislang immer noch beschäftigt hatte.

Wie man das Spiegelbild deutet

Der schwierigste Teil der Spiegel-Technik ist die Interpretation des Spiegelbildes. Wie kann man nun herausfinden, was eine Botschaft zu bedeuten hat?

Es ist nicht hilfreich, mit dem Verstand zu analysieren und über die Dinge nachzudenken. Viel effektiver ist es, sich auf sein inneres Selbst zu konzentrieren und das Universum um Hilfe zu bitten. Setze dich ganz einfach entspannt hin, atme ein paarmal tief ein und aus und lenke dein Bewusstsein nach innen. Nimm Kontakt auf mit dem Weisen in dir, der über alle Weisheit des Kosmos verfügt. Bitte den Weisen still oder laut darum, dich zu führen und dir zu helfen, die Botschaft zu verstehen. Sowie du ein Gefühl aus dem ›Bauch‹ spürst, das dir sagt, was im Augenblick richtig für dich ist, handle danach.

Nachdem du nun dem Gefühl entsprechend gehandelt hast, versuche, dir über die äußeren und inneren Wirkungen deiner Aktivitäten bewusst zu werden. Das äußere Feedback gibt dir darüber Aufschluss, wie gut die Dinge laufen. Tritt das, was du erreichen wolltest, leicht und mühelos ein? Wenn ja, dann kannst du sicher sein, dass du in Einklang mit deiner inneren Führung bist. Solltest du aber um etwas kämpfen müssen, dann ist das ein Hinweis, damit aufzuhören. Geh wieder in dich und spüre noch einmal nach, was du wirklich machen willst.

Das innere Feedback erhältst du in Form von Gefühlen. Fühlst du dich stärker, dann war das, was du gemacht hast, richtig. Das beste Anzeichen dafür ist ein Gefühl der Lebendigkeit. Je mehr kosmische Energie dich durchströmt, umso lebendiger fühlst du dich. Umgekehrt verlierst du jedes Mal an Energie und fühlst dich spirituell ausgelaugt, wenn du nicht deiner inneren Führung gefolgt bist.

Wenn du dir selbst treu bist, dann wirst du dich lebendiger, aber vielleicht auch etwas unbehaglicher fühlen. Der Grund dafür liegt darin, dass du eine Veränderung wagst! Veränderungen sind mit sehr intensiven Emotionen verbunden. Lasse es zu, dass sich diese Gefühle Ausdruck verschaffen. Schließlich muss sich deine innere Stimme durch Jahre der Unbewusstheit, Zweifel und Ängste hindurch an die Oberfläche arbeiten. Deshalb lass diese Gefühle einfach zu – das Licht des Kosmos reinigt und heilt dich von ihnen.

Für das Erforschen der eigenen Gefühle und den damit verbundenen Heilungsprozess braucht es emotionale Unterstützung und einen sicheren Ort. Es ist empfehlenswert, sich dafür einen guten Therapeuten oder eine Selbsthilfegruppe zu suchen eine Umgebung, in der du ermutigt und unterstützt wirst, deine Gefühle und Bedürfnisse zu erfahren, dich authentisch auszudrücken und deiner inneren Stimme zu vertrauen.

Auch deine Außenwelt spiegelt dir deine Ängste und Zweifel wider. Du erkennst dies an den Reaktionen deiner Mitmenschen, deiner Freunde und deiner Familie. Werden die von dir herbeigeführten Veränderungen infrage gestellt oder kritisiert, dann erkenne, dass dies nur die zweifelnden und ängstlichen Stimmen in dir selbst reflektiert. Es ist, als wollten sie dir sagen: »Was ist, wenn ich nun das Falsche tue? Kann ich dem Geschehen wirklich vertrauen?«

Gehe mit diesem Feedback aus deiner Umwelt um, wie es dir am besten entspricht. Gib den Zweiflern recht, ignoriere sie, diskutiere mit ihnen, was immer du willst. Das Wichtigste dabei ist, dass du dir darüber klar wirst, dass du in Wirklichkeit mit deinen eigenen inneren Ängsten umzugehen versuchst. Deine Konflikte mit anderen spiegeln nur die Konflikte in dir selbst wider – zwischen den Taten in dir, die wachsen und sich entwickeln wollen, und denen, die sich mit dem Status quo sicherer fühlen. Sei einfach bereit, dir selbst immer mehr zu vertrauen. Du wirst mit Erstaunen feststellen, wie andere prompt auf dein wachsendes Selbstvertrauen reagieren, indem sie dir Vertrauen entgegenbringen. Denke daran:

Wenn du dich selbst kritisierst oder verurteilst, dann werden auch andere dich kritisieren und verurteilen.

Wenn du dich selbst verletzt, dann werden auch andere dich verletzen.

Wenn du dich selbst belügst, werden auch andere dich belügen.

Wenn du dir selbst gegenüber nicht verantwortlich handelst, dann werden auch andere unverantwortlich gegen dich sein.

Wenn du dich selbst beschuldigst, werden auch andere dich beschuldigen.

Wenn du grausam gegen dich selbst bist, dann werden auch andere gefühlsmäßig oder sogar körperlich grausam zu dir sein.

Wenn du selbst nicht auf deine Gefühle achtest, wird niemand auf deine Gefühle achten.

Wenn du dich selbst liebst, werden auch andere dich lieben.

Wenn du dich selbst respektierst, dann werden auch andere dich respektieren.

Wenn du dir selbst vertraust, dann werden auch andere dir vertrauen.

Wenn du ehrlich zu dir selbst bist, werden auch andere ehrlich zu dir sein.

Wenn du dir selbst gegenüber nachsichtig und verständnisvoll bist, dann werden auch andere dir Verständnis entgegenbringen.

Wenn du dir selbst Anerkennung schenkst, dann werden auch andere dir Anerkennung schenken.

Wenn du dich selbst schätzt, werden auch andere dich schätzen.

Wenn du dich an dir selbst erfreust, dann werden sich auch andere an dir erfreuen.

Wie man alte Verhaltensmuster ändert

Es ist eine wichtige Erkenntnis, dass man alte Verhaltensmuster nicht über Nacht ablegen kann. Manchmal scheinen sich die Dinge sehr schnell zu verändern. Doch oft scheint man dieselben alten Fehler zu wiederholen und steht immer wieder vor denselben unangenehmen Folgen, obwohl man es schon längst besser weiß. Das Ego benötigt viel Zeit, um seine Gewohnheiten zu ändern. So muss man sich oft denselben schlechten Film mehrmals hintereinander ansehen.

Solltest du das Gefühl haben, dass deine Fortschritte zu langsam vorangehen, dann bitte das Universum um Hilfe und suche dir auch Unterstützung bei einem Therapeuten oder einer Selbsthilfegruppe. Veränderungen lassen sich nicht dadurch herbeiführen, dass man versucht, sich zu ändern, sondern indem man sich darüber bewusst wird, was nicht funktioniert. Dann kannst du dein höheres Selbst bitten, dir zu helfen, die alten Verhaltensweisen aufzugeben und die neuen in dir wachsen zu lassen. Die dunkelste Stunde der Nacht ist kurz vor der Dämmerung! Die Veränderung tritt oft gerade dann ein, wenn du aufgegeben hast oder sie am wenigsten erwartest.

Anwendung der Spiegel-Technik

Wenn du die Welt als Spiegel benutzen willst, musst du weiterhin mit den äußeren Gegebenheiten deines Lebens umgehen, wie es gerade erforderlich ist. Aber gleichzeitig versuche herauszufinden, was dir deine Lebensumstände zeigen wollen. Gehe in dich, bevor, während oder nachdem du dich mit den äußeren Gegebenheiten auseinandersetzt.

Ein Beispiel soll dir dies verdeutlichen: Jemand ist ärgerlich auf dich, beschuldigt oder kritisiert dich. Vielleicht musst du ihm Folgendes darauf antworten: »Hör auf, mich zu beschuldigen. Ich möchte deine Anschuldigungen nicht mehr hören. Wenn du über deine eigenen Gefühle sprechen möchtest, werde ich dir gerne zuhören, aber wenn du mich weiter angreifst, dann werde ich gehen.« Wenn die betreffende Person bereit ist, Verantwortung für ihre Gefühle zu übernehmen (zum Beispiel: »Dein gestriger Anruf hat mich verletzt und verärgert!«), dann wirst du die Unterhaltung wahrscheinlich auf einer sehr viel fruchtbareren Ebene fortsetzen können. Wenn dein Gegenüber aber damit fortfährt, dich zu beschuldigen und sich auf deine ›Fehler‹ zu konzentrieren, dann wird es vielleicht notwendig sein, zu gehen und dich zu weigern, die Unterhaltung fortzusetzen, bis er aufhört, dich zu attackieren.

In jedem Fall hast du die äußere Situation gemeistert. Sobald du nun Gelegenheit findest, spüre in dir selbst nach, was dir der Ärger dieses Menschen gespiegelt hat. Vielleicht findest du heraus, dass du vor kurzem dir selbst gegenüber ärgerlich und kritisch gewesen bist. Möglicherweise ist dein inneres Selbst aufgebracht, weil du dir selbst nicht genug Aufmerksamkeit geschenkt hast. Wenn andere Menschen mehr von dir haben wollen, ist das im Allgemeinen ein Anzeichen dafür, dass du mehr von dir selbst haben willst. Tatsächlich könnte es ein Signal sein, dass du dich mehr deinen eigenen Gefühlen und Bedürfnissen widmen solltest. Interessanterweise fühlen sich die Menschen um uns herum oft wohler, wenn wir uns selbst mehr echte Aufmerksamkeit schenken.

Eine meiner Freundinnen hatte herausgefunden, dass ihr Mann mit einer anderen Frau ging und ihr nicht die Wahrheit gesagt hatte. Sie war wegen seiner Unaufrichtigkeit sehr verletzt und verärgert. Sie verlieh ihren Gefühlen Ausdruck und bat ihn, sie für eine Weile allein zu lassen, damit sie sich über ihre Gefühle klar werden konnte.

Als sie alleine war, fragte sie sich: »Gibt es etwas Unaufrichtiges in mir selbst? Zog ich einen unehrlichen Mann an, weil ich mich selbst belüge?« Dabei beließ sie es und ging zur Arbeit. Am Abend erkannte sie, dass sie oft das Gefühl gehabt hatte, dass dieser Mann nicht wirklich zu ihr stand. Doch bislang hatte sie dieses Gefühl verdrängt, aus Angst, dem ins Gesicht zu sehen, was sie intuitiv längst wusste. Somit belog sie sich selbst und unterstützte damit auch ihn in seiner Unehrlichkeit.

Meine Freundin erkannte, dass sie lernen musste, ihren Gefühlen mehr zu vertrauen und den Mut zu haben, ihnen Ausdruck zu verleihen. Sie begann, dies auch bei ihrem Partner zu praktizieren, und sie fanden schließlich eine ehrliche und kommunikative Partnerschaft. Ebenso hätte sie sich entscheiden können, die Beziehung abzubrechen. Doch das Wesentliche an ihrer Erfahrung war, dass sie lernte, ihren Gefühlen zu vertrauen und sie auszudrücken.

Fühlst du dich von dem, was jemand tut, emotional berührt, dann seid ihr wahrscheinlich beide Spiegel füreinander. Es mag den Anschein haben, als hättet ihr gegensätzliche Standpunkte, aber innerlich seid ihr euch sehr ähnlich. Jeder von euch spielt eine Seite eines inneren Konflikts.

In einer Beziehung wünscht sich beispielsweise der eine Partner mehr Gemeinsamkeit, während der andere nach mehr Freiheit strebt. Sie sind in ihren Bedürfnissen extrem gegensätzlich und scheinbar will jeder genau das Gegenteil vom anderen. Es kommt aber vor, dass einer plötzlich die Seite wechselt (der Partner, der Gemeinsamkeit wollte, will nun Freiheit). Fast immer wird dann auch der andere die gegenteilige Rolle spielen. Der Grund dafür ist, dass beide denselben inneren Konflikt zu lösen versuchen – zwischen dem Wunsch nach Nähe und Sicherheit und der Angst vor dem ›Gefangensein‹.

In dem Moment, in dem man nach innen geht und sich über seine Gefühle klar wird, erkennt man oft, dass man seinen inneren Konflikt nur auf die Außenwelt projiziert hat, um ihn erkennen und lösen zu können. Wenn jemand aufrichtig nach einer engen Gemeinsamkeit strebt, dann wird er auch einen Partner anziehen, der dasselbe Bedürfnis nach Nähe hat. Ein Mensch, der sich vollkommen darüber im Klaren ist, dass er Erfahrungen mit vielen verschiedenen Partnern machen will, wird dies auch tun. Mit der Spiegel-Technik kann man herausfinden, was man wirklich fühlt, und lernen, sich selbst gegenüber ehrlicher zu sein. Wenn du einen inneren Konflikt erkannt hast, sei dir bewusst, dass beide Polaritäten tatsächlich in dir vorhanden sind, und finde Möglichkeiten, beide Energien auszudrücken. Zum Beispiel haben wir alle eine Sehnsucht nach Nähe und gleichzeitig ein Bedürfnis nach Freiheit und Unabhängigkeit. Als bewusste Wesen müssen wir lernen, beide Bedürfnisse in uns zu erkennen und zu befriedigen. Dadurch schaffen wir auch im Außen Beziehungen, in denen für beides Raum ist.

Die Welt als Spiegel zu sehen, eröffnet auch viele Möglichkeiten, positives Feedback zu erhalten. Besinne dich einmal auf all die Dinge in deinem Leben, die du magst und genießt. Du hast diese Dinge hervorgebracht – auch sie spiegeln dich wider. Denk an die Menschen, die du liebst, mit denen du Freude hast, die du schätzt und bewunderst.

Auch sie sind Spiegel für dein Inneres. Wären sie nicht dein Spiegel, wären sie in deinem Leben nicht vorhanden. Du könntest ihre positiven Eigenschaften gar nicht wahrnehmen, wenn du keine entsprechenden in dir selbst hättest. Denk an die Menschen und Tiere, die dich lieben. Sie reflektieren, wie sehr du dich selbst liebst. Wenn du ein schönes Zuhause hast oder einen besonders schönen Platz in der Natur, dann spiegelt dies deine eigene innere Schönheit. Wenn du irgendwo etwas Schönes entdeckst, ist es immer ein Spiegelbild deiner selbst.

Überall um uns herum gibt es Spiegel. Gleich, mit wem du eine Verbindung hast, er ist ein Spiegel für dich. Je tiefer eine Beziehung ist, umso stärker spiegelt sie dich wider. Das Schöne an der Spiegel-Technik ist, dass wir an den äußeren Spiegelbildern entdecken können, wer wir sind. Das Wichtigste dabei ist immer, nach innen zu gehen und sich über die Bedeutung des Spiegelbildes bewusst zu werden. Je stärker deine Bereitschaft dazu ist, desto schneller wird es dir gelingen, dein vielfältiges inneres Potential voll zu entfalten.

Meditation

Entspanne dich und schließe die Augen. Atme einige Male tief ein und aus und begib dich an einen Ort tief in deinem Innern. Stell dir im Geiste einen Menschen oder einen Gegenstand aus deinem Leben vor und frage ihn, was er dir spiegelt. Öffne dich für die Antwort, egal ob sie in Worten, Gefühlen oder Bildern zu dir gelangt, ob sie sofort auftaucht oder erst einige Zeit später.

Übungen

1. Denk an einen Menschen, den du ganz besonders liebst oder bewunderst. Erstelle eine Liste seiner positiven Eigenschaften. Überlege, in welcher Weise diese Eigenschaften dich selbst spiegeln. Manchmal können es Eigenschaften sein, die du noch nicht voll entwickelt hast. Erkenne, dass dieser Mensch dazu da ist, dich durch sein Vorbild zu lehren und zu inspirieren.

2. Mache eine Aufstellung von allen Menschen und Dingen in deinem Leben, die du gerne hast. Danke dir selbst dafür, dass du sie hervorgebracht hast und dass sie deinen Spiegel darstellen.

3. Denke an jemanden, den du verurteilst oder nicht magst. Finde heraus, welche Eigenschaft(en) du an ihm ablehnst. Ist es möglich, dass du diese Qualität(en) in dir selbst ablehnst oder verurteilst? Wie würde sich dein Leben positiv verändern, wenn du diesen Teil in dir selbst mehr akzeptieren und leben könntest?

Wenn du zum Beispiel jemanden nicht magst, weil er dir sehr selbstsüchtig erscheint, könnte er den verdrängten Teil in dir spiegeln, der sich danach sehnt, dass du deinen eigenen Bedürfnissen mehr Aufmerksamkeit schenkst. Vielleicht kümmerst du dich viel zu sehr um die Bedürfnisse anderer.

KAPITEL 7

Geist und Materie

Geist ist die Essenz des Bewusstseins, die kosmische Energie, die alle Dinge hervorbringt. Jeder von uns ist ein Teil dieses Geistes, ein göttliches Wesen. Der Geist ist somit die ewige Seele in uns.

Materie ist die Manifestation der physischen Welt. Meine irdische Manifestation als Individuum Besteht aus meinem physischen Körper und meiner Persönlichkeit, die meinen Verstand und meine Gefühle umfasst. Auch mein Selbst-Konzept, meine Ego-Struktur, gehört dazu. »Mein Name ist Shakti Gawain. Ich bin am 30. September 1948 geboren. Ich bin ungefähr 1,70 m groß und wiege 65 kg. Ich bin intelligent und extrovertiert.« Dies ist eine Beschreibung meiner irdischen Gestalt.

Als spirituelle Wesen haben wir die physische Welt erschaffen, um darin zu lernen. Die Erde ist unsere Schule, unser Spielplatz und unser Atelier. Ich glaube, dass wir hier auf Erden sind, um mit dem Schöpfungsprozess umgehen zu lernen und alle Ebenen zu integrieren – die spirituelle, mentale, emotionale und psychische Ebene –, um harmonisch und ganzheitlich in dieser Welt zu leben.

Die Physiker haben durch ihre jüngsten Erkenntnisse die Jahrtausende alte Behauptung der Metaphysiker bestätigt, dass die scheinbar feste Materie in Wirklichkeit aus Energie besteht. Wenn man einen festen Körper durch ein sehr starkes Mikroskop betrachtet, dann erkennt man unendlich viele winzige Teilchen. Bei näherer Betrachtung besteht jeder dieser Partikel aus wiederum noch kleineren usw. Tatsache ist, dass alles Physische aus Energie besteht, die wir auch ›Geist‹ oder ›Lebenskraft‹ nennen können. Die moderne Naturwissenschaft gelangt damit zu der alten metaphysischen Wahrheit, dass die physische Welt aus dem Geist geschaffen wurde.

Wenn unsere Seele die Entscheidung trifft, sich in einer physischen Form zu manifestieren, dann erschafft sie als erstes einen Körper, in dem sie wohnen kann. Wir wählen einen Körper und eine Lebenssituation, die für das, was wir in diesem Leben lernen wollen, am besten geeignet ist. Letztendlich ist es unser Ziel, einen Körper und eine Persönlichkeit zu erschaffen, die unseren göttlichen Geist voll zum Ausdruck bringen können. Wir schaffen uns eine irdische Gestalt, die auf die beste und kreativste Weise die Absichten unserer Seele verwirklichen kann.

Doch unsere physische Gestalt (Körper und Persönlichkeit) hat ebenfalls eine wichtige Aufgabe. Ihre Hauptverantwortung liegt darin, unser Überleben sicherzustellen und dafür zu sorgen, dass es uns körperlich und emotional gut geht. Sie besitzen daher ein gewisses eigenständiges Bewusstsein, das darauf ausgerichtet ist, dass wir genügend Nahrung und ein Dach über dem Kopf haben, dass wir vor Gefahren geschützt sind, dass unser Nachwuchs gesichert ist und dass wir in einer Familie und Gemeinschaft leben, in der wir emotionale Sicherheit und ein Gefühl von Zuhause finden.

Die Energie unserer Seele ist von unserem irdischen Wesen sehr verschieden. Sie besitzt eine sehr weite Vision und Perspektive, doch wenig Verständnis dafür, was es bedeutet, als Mensch zu leben. Unser irdisches Wesen dagegen ist der Träger unserer menschlichen Erfahrung mit all ihrer Begrenztheit und Verletzlichkeit sowie mit dem Wissen, wie man in dieser physischen Welt überlebt.

Nachdem wir als körperliche Wesen geboren worden sind, vergessen wir, wer wir in Wirklichkeit sind und warum wir eigentlich auf die Erde gekommen sind. Wir übernehmen das Überlebens-Bewusstsein der physischen Welt und verlieren uns in materiellen und physischen Dingen. Wir vergessen unsere Seele und identifizieren uns ausschließlich mit unserer irdischen Persönlichkeit. Wir verlieren die Verbindung mit unserer wirklichen Kraft und fühlen uns verloren und hilflos. Das Leben wird zu einem aufreibenden Kampf um Sinn und Befriedigung.

Viele Leben hindurch sind wir in diesem Teufelskreis gefangen. Auch in diesem Leben haben die meisten von uns Jahre damit zugebracht, ihre Erfüllung und ihren Lebenssinn in Äußerlichkeiten zu suchen. Schließlich müssen wir erkennen, dass dies der falsche Weg ist, denn gleichgültig, was wir in der Welt tun, es macht uns nicht glücklich. Wir erreichen den Punkt, wo wir nicht mehr bereit sind, ein Leben, ein Jahr oder auch nur eine Minute länger auf diesen aussichtslosen Kampf zu verschwenden. Frustriert und hoffnungslos geben wir auf.

Dies ist meist eine schmerzhafte und erschreckende Erfahrung. Man hat das Gefühl, den Boden unter den Füßen zu verlieren. Man durchlebt eine Phase, in der das Ego stirbt, wenn unser geistig-körperliches Sein die Hoffnungslosigkeit seines Strebens erkennt und aufhört zu kämpfen. In dieser Phase denkt man oft an den Tod oder erlebt den Tod eines engen Freundes oder Familienmitglieds (oder sogar mehrerer Menschen auf einmal). Manche Menschen werden ernsthaft krank, haben einen schweren Unfall oder

Selbstmordabsichten. Auf jeden Fall ist dies eine schwere Krise im Leben.

Aber die dunkelste Stunde der Nacht ist immer kurz vor Tagesanbruch. Nachdem wir den Kampf aufgegeben haben, in der Außenwelt Erfüllung zu finden, bleibt uns nichts anderes mehr übrig, als nach innen zu gehen. Genau in diesem Moment der totalen Kapitulation beginnt das Licht zu dämmern. Sobald wir unsere alte Lebensweise aufgeben, entsteht Raum für eine neue Energie.

Dieser Augenblick ist wie eine Wiedergeburt. Wir sind Kinder in dieser neuen Welt und haben keine Ahnung, wie wir nun leben sollen. Unsere alte Lebensweise funktioniert nicht mehr. Wir fühlen uns unsicher und haben nichts mehr unter Kontrolle, weil unser Ego nicht mehr die Führung innehat. Doch eine völlig neue Hoffnung und Kraft erwacht in unserem Innern. Nun beginnen wir eine Form zu entwickeln, die sich des Geistigen bewusst ist und es integriert.

Ram Dass hat einen wunderschönen Vergleich für diesen Prozess gefunden. Er vergleicht ihn mit einer Uhr, die man wie ein Zeiger durchläuft. Der Start ist um zwölf Uhr. Von zwölf Uhr bis fünfzehn Uhr verliert man sich völlig in der Welt der Illusionen. Von fünfzehn bis achtzehn Uhr findet die allmähliche Desillusionierung von der materiellen Welt statt. Um achtzehn Uhr verliert man den Boden unter den Füßen. Man hat das Gefühl, alles zu verlieren, aber wenn man diesen Punkt überschreitet, dann beginnt das geistige Erwachen. Von achtzehn Uhr bis Mitternacht geschieht eine zunehmende Integration von Geist und Materie. Jeder Einzelne von uns befindet sich in einem unterschiedlichen Stadium dieses Prozesses. Ich habe das Gefühl, dass jeder von uns einen solchen Zyklus durchläuft, der sich über viele physische Leben erstreckt. Darüber hinaus erleben wir unendlich viele kleinere Umläufe, die manchmal fast täglich stattfinden.

Wenn wir als Individuen unsere Seele und unser kosmisches Bewusstsein wiederentdecken, wollen wir anfangs diese Bewusstheit sehr stark fördern und ausweiten. Das hat oft zur Folge, dass wir uns in gewissem Maß von der Welt zurückziehen und uns nach innen wenden. Manche Menschen verbringen in diesem Stadium viel Zeit in der freien Natur, andere meditieren oder gehen zu Gruppen oder Retreats. Für andere wiederum bedeutet diese Phase, sich Ruhe zu gönnen und Zeit für sich selbst zu nehmen. Oft gibt man teilweise oder auch ganz seine Beziehungen oder seinen Beruf auf und löst sich von allem, was einen an Äußerlichkeiten bindet. Bei manchen Menschen dauert dieses Stadium ihr ganzes Leben lang an, andere benötigen dafür nur ein paar Monate oder einige Wochen. Jedes Lebewesen ist einmalig. Daher erlebt jeder diese Entwicklung in einer anderen Weise. Doch in welcher Weise auch immer, wir lernen, nach innen zu gehen und an diesem ruhigen Ort in uns selbst zu verweilen. Dort finden wir eine immer tiefer werdende Verbindung mit unserem höheren Bewusstsein.

In dieser tiefen Verbundenheit mit uns selbst entdecken wir ein Gefühl von Klarheit, Weisheit, Kraft und Liebe. Das ist darauf zurückzuführen, dass wir in diesem Zustand eng mit der Energie unserer Seele verbunden und nicht durch die Probleme und Verantwortungen des täglichen Lebens abgelenkt sind.

Auf dem traditionellen spirituellen Weg entsagt man mehr oder weniger stark der Welt. So kann man seiner Seele treu bleiben und die Auseinandersetzung mit den

Verstrickungen und Mustern der irdischen Persönlichkeit weitgehend vermeiden. Doch auf diese Weise können wir Geist und Materie niemals vollständig integrieren.

Um eine neue Welt zu erschaffen, müssen wir uns mit vollem spirituellem Bewusstsein in die Welt der Materie begeben. Wir müssen lernen, die Gegensätze von Geist und Materie in uns zu erkennen und sie miteinander zu verbinden.

Wie man das höhere Selbst und die physische Persönlichkeit zusammenbringt

Der erste Schritt in dem bewussten Transformationsprozess, Seele und physisches Sein in Einklang zu bringen, besteht darin, sowohl das Bewusstsein des höheren Selbst (Geist/Seele) als auch das Bewusstsein des physischen Selbst (Persönlichkeit/Intellekt/Ego) zu erkennen und in sich zu fühlen. Es ist, als lebten zwei Seelen in uns. Gewöhnlich spüren wir die meiste Zeit über nur eine dieser beiden. Der andere Wesensteil wird uns immer nur für einen flüchtigen Augenblick bewusst. Vielleicht wechseln wir auch häufig von der einen Ebene in die andere, wobei wir ein und dieselbe Sache oft von zwei völlig verschiedenen Perspektiven aus betrachten.

Diese Sichtweise kann viele Erfahrungen in unserem Leben besser verständlich machen. Warum haben wir manchmal wundervolle Momente von Bewusstheit und Klarheit und verlieren uns dann wieder in Ängsten und Schmerzen? Wie kommt es, dass wir uns manchmal so liebevoll, weise und offen fühlen und dann wieder so wütend, kleinlich und kritisch? Wieso kann es uns manchmal bei einem Seminar so vorkommen, als hätten wir ›es‹ wirklich kapiert, nur um am nächsten Tag alles gleich wieder zu vergessen? Wieso fühlen wir uns in der Meditation oft so friedlich und frei, wenn doch unsere Beziehungen gleichzeitig chaotischer sind denn je? Und warum haben wir immer noch finanzielle Probleme, obwohl wir doch fest in den Reichtum und Überfluss des Universums vertrauen?

Die Antwort darauf ist ganz einfach: Wir leben mit dem Gegensatz von Geist und Materie. Das ist eine wirklich schwierige Herausforderung. Viele Menschen kommen an diesen Punkt und tun sich sehr schwer damit.

Dazu ein Beispiel aus meinem eigenen Leben: Oft fühle ich mich zu einem neuen Projekt inspiriert. Ich habe eine ganz klare Vision davon, wie es aussehen wird. All meine kreativen Ideen stammen natürlich von meinem höheren Selbst. Voller Tatendrang starte ich das neue Projekt, mache Pläne und unternehme die ersten Schritte in dieser Richtung. Ein paar Tage oder Wochen später fühle ich mich dann auf einmal völlig überlastet, überarbeitet und frustriert und würde das ganze Projekt am liebsten fallen lassen. Mein höheres Selbst hatte eine wahre Vision, doch mein physisches Selbst konnte das Projekt nicht in diesem Tempo umsetzen. An diesem Punkt muss ich haltmachen und mir darüber klar werden, was realistisch ist. Dann lege ich das Projekt für eine Weile beiseite oder nehme mir mehr Zeit, damit es sich langsam entwickeln kann. Mein höheres Selbst ist meinem physischen Selbst immer um Längen voraus. Also muss es lernen, sich dem Tempo meines physischen Selbst anzupassen.

Der zweite Schritt ist nun, beide Wesensanteile anzunehmen und zu lieben. Beide sind ein positiver und vitaler Bestandteil von uns selbst. Ohne unsere Seele wären wir nicht lebendig – nicht mehr als ein toter Körper. Aber ohne unseren physischen Körper könnten wir nicht in dieser Welt leben – wir befänden uns in einer anderen Bewusstseinsdimension.

Manchmal ist die Erkenntnis frustrierend, dass unser physisches Selbst nicht alles verwirklichen kann, was unsere Seele gerne möchte. Aber es ist wichtig anzuerkennen, dass der Körper seine eigene Weisheit besitzt und dass der Geist ebenso von der Materie lernen kann wie umgekehrt. Schließlich sind wir auf diese Ebene gekommen, um genau diese Erfahrung des Menschseins zu machen!

Vor einigen Jahren lebte ich mit einem Mann in einer sogenannten ›freien Partnerschaft‹. Das bedeutete, dass jeder dem anderen die Freiheit ließ, andere Liebhaber zu haben. Ich hatte ein sehr hohes spirituelles Ideal, dass ich einen Menschen aufrichtig lieben und ihm gleichzeitig die Freiheit lassen könnte, die Gefühle, die er anderen gegenüber empfand, auszuleben. Umgekehrt musste mir mein Partner dieselbe Freiheit lassen. Manchmal gelang mir dies und ich erlebte wundervolle Augenblicke, in denen ich eine unendlich tiefe und bedingungslose Liebe empfand. Doch die meiste Zeit litt ich fürchterlich unter einer quälenden Eifersucht. Schließlich erkannte ich, dass sich mein spirituelles Ideal nicht mit meinen menschlichen Gefühlen und Bedürfnissen vereinbaren ließ. Mir wurde klar, dass ich die emotionale Intimität, nach der ich mich sehnte, nur in einer festen, monogamen Beziehung finden konnte.

Der Schlüssel zur Integration des höheren und physischen Selbst liegt darin zu lernen, seiner Intuition zu folgen. Deine Intuition wird dich immer in Richtung einer stärkeren Ausgewogenheit und Integration von Geist und Materie führen. Doch wie schnell jemand lernt, seiner inneren Führung zu vertrauen, hängt ebenfalls davon ab, was sein physisches Selbst in jedem Moment bereit ist zuzulassen.

Es ist sehr wichtig zu erkennen, dass man das physische Selbst nicht mit dem Willen zwingen kann, dem höheren Bewusstsein zu vertrauen und sich von ihm führen zu lassen. Es muss die Möglichkeit haben, sich durch bewusste Lernerfahrungen dorthin zu entwickeln.

Mit anderen Worten, wir können uns nicht dazu zwingen, immer unserer Intuition zu folgen, auch wenn wir gerne so leben möchten. Manchmal scheint uns das Risiko einfach zu groß. Auch wenn das höhere Selbst weiß, dass eine Sache funktionieren würde, hat unser physisches Selbst einfach zu viel Angst davor. Deshalb dürfen wir nicht blindlings in etwas hineinspringen, zu dem wir noch gar nicht bereit sind. Vielmehr sollte man das Geschehen beobachten und aufrichtig gegenüber seinen Gefühlen sein. Dann kann die Veränderung auf natürliche Weise vonstatten gehen und wird ganz spontan eintreten.

Nimm einmal an, du möchtest einem Freund etwas sagen, hast aber Angst, er könnte verletzt oder ärgerlich sein und dich abweisen. Wenn du feststellst, dass du den Mut dazu hast, dann teile ihm deine Gefühle mit. Beobachte, was daraufhin geschieht und wie du dich danach fühlst. Es ist sehr wahrscheinlich, dass du durch die Erfahrung mehr Energie und Kraft bekommst.

Solltest du aber Angst haben, die Wahrheit auszusprechen, dann zwinge dich nicht, deine Angst zu unterdrücken. Beobachte auch in diesem Fall, wie du dich in der Nähe deines Freundes fühlst, wenn du nicht völlig du selbst bist. Achte auf Gefühle der Bedrücktheit und Beklemmung und Verluste an Energie und Vitalität. Vielleicht bist du deinem Freund gegenüber aufgebracht. Versuche, dich nicht negativ dafür zu bewerten, dass du nicht handelst! Denk daran: Es ist ein Lernprozess!

Unsere Seele tendiert zu immer mehr Expansion, Tiefe, Energie und Lebendigkeit. Die physische Persönlichkeit hingegen zielt immer auf das ab, was aus ihrer Sicht sicher ist. Sie versucht immer, den ›Status quo‹ aufrechtzuerhalten, denn ihre wichtigste Aufgabe ist, unser Überleben zu sichern, und jede Veränderung könnte ja Unheil oder sogar Tod mit sich bringen.

Wenn du in der Lage bist, dich ohne Vorurteile zu beobachten, wirst du erkennen, dass du dich besser fühlst, wenn du dir selbst vertraust und deinem Energiefluss folgst. Umgekehrt fühlst du dich schlecht, wenn du deinen alten Verhaltensmustern folgst und dich von Angst und Zurückhaltung leiten lässt. Nach einer Weile empfängt dein physisches Selbst diese Botschaft ganz klar und beginnt, spontan auf die Energie zu reagieren und sich von ihr leiten zu lassen. Es weiß, dass es sich so besser fühlt, als wenn es den alten Verhaltensmustern folgt. Schließlich besitzt du ein physisches Selbst, das in jeder Situation dem inneren Energiefluss folgt, ohne dass du daran denken oder es kontrollieren müsstest.

Während du dich in dem Lernprozess befindest, dir selbst zu vertrauen, werden viele alte emotionale Strukturen an die Oberfläche kommen. Sie müssen befreit und geheilt werden. Dies ist eine wichtige Phase des Lernprozesses, die man nicht auslassen darf. Alte Erinnerungen, Trauer, Angst, Schmerz, Wut und Schuldgefühle aus der Vergangenheit tauchen auf. Lass all diese Emotionen zu, sie werden sich auflösen. Dein physisches Selbst wird davon gereinigt. Wenn das Licht des höheren Selbst jede

Zelle deines Körpers durchdringt, verschwindet die Dunkelheit.

Wenn du lernst, den Umwandlungsprozess bewusst zu beobachten, wirst du dich dabei ertappen, dass du alte Verhaltensweisen wiederholst, obwohl du es längst besser weißt. Spirituell und intellektuell erkennst du, dass es einen anderen Weg gibt, doch emotional bist du immer noch in deinen alten Gewohnheiten gefangen. Dies ist eine schwierige Zeit, in der du geduldig und nachsichtig mit dir selbst sein musst. Hast du die Sinnlosigkeit einer alten Verhaltensweise erst einmal erkannt, dann verändert sie sich von selbst. Bald darauf wirst du mit einem Mal anders reagieren – in einer viel positiveren Weise.

Bei diesem Prozess der Integration stellst du vielleicht fest, dass dein physischer Körper immer leichter, stärker, klarer, gesünder und schöner wird. Weil deine äußere Umwelt deine eigene Schöpfung und ein Spiegel deines inneren Transformationsprozesses ist, werden alle physischen Formen in deinem Leben Arbeit, Geld, Wohnung, Beziehungen, Umgebung immer mehr die Kraft und Schönheit deines höheren Selbst zum Ausdruck bringen.

Meditation

Mache es dir bequem, entspanne dich und schließe deine Augen. Atme tief ein und aus und entspanne deinen Körper und deinen Geist völlig. Konzentriere dein Bewusstsein auf einen ruhigen Ort tief in deinem Innern.

Stell dir vor, dass von diesem Ort ein wundervolles goldenes Licht ausstrahlt. Es wächst und breitet sich aus, bis dein ganzer Körper von Licht durchflutet ist. Das Licht ist sehr stark und durchdringt jede Zelle deines Körpers. Jedes Molekül in dir erwacht in diesem Licht, bis dein ganzer Körper strahlt. Sieh nun, wie dein Körper sich verwandelt und wie alles andere in deinem Leben auf die gleiche Weise verwandelt wird.

Übung

Versuche dich vorurteilslos zu beobachten und festzustellen, wann du in der Lage bist, deiner Intuition zu folgen, und wann nicht. Beobachte, was du in jeder der beiden Situationen fühlst und was dabei geschieht. Bitte dein höheres Selbst, dir zu helfen, deiner Energie immer mehr zu vertrauen und dich von ihr leiten zu lassen.

Kapitel 8

Das Männliche und das Weibliche in uns

Jeder Mensch hat männliche *und* weibliche Energien in sich. Meiner Meinung nach besteht eine der größten Herausforderungen in dieser Welt darin, diese Energien voll zu entwickeln, sodass sie harmonisch zusammenwirken können.

In den Philosophien des Ostens findet sich schon immer die Vorstellung von den gegensätzlichen Kräften Yin (feminin/rezeptiv) und Yang (maskulin/aktiv). In der östlichen Glaubensvorstellung besteht das gesamte Universum aus diesen beiden Kräften. Im Westen leistete C. G. Jung mit seiner ›Animus-Anima-Theorie‹ Pionierarbeit auf diesem Gebiet. Er fand heraus, dass jeder Mann einen weiblichen Teil (Anima) besitzt, und jede Frau einen männlichen (Animus). Die meisten Menschen haben die gegengeschlechtliche Energie in ihrem Innern weitgehend unterdrückt. Wir müssen lernen, diese Kraft in unsere Persönlichkeit zu integrieren. Jung und seine Anhänger haben eine enorme Arbeit geleistet, indem sie Träume, Mythen und Symbole zu Hilfe nahmen, um unsere männlichen oder weiblichen Anteile wiederfinden und entfalten zu können. Viele andere Philosophen, Psychologen, Dichter, Bühnenschriftsteller und Künstler haben diese Vorstellung von den maskulinen und femininen Energien im Menschen und im ganzen Kosmos zum Ausdruck gebracht.

Wie ich bereits zu Anfang dieses Buches erwähnt habe, hat mir Shirley Luthman am meisten dabei geholfen, die männlichen und weiblichen Energien in unserem Innern zu verstehen. Ihre Vorstellungen auf diesem Gebiet waren so klar, einfach und tiefgründig, dass sie mein Leben buchstäblich umstürzten. Ich stellte fest, dass ich mit diesem Konzept ein enormes Hilfsmittel in der Hand hatte – ich konnte fast alles in meinem Leben und in der Welt unter dem Gesichtspunkt der männlichen/weiblichen Energien betrachten und somit viel besser verstehen, was sich wirklich abspielt! Ich übernahm die Vorstellungen, die ich aus den östlichen Philosophien, von C. G. Jung und Shirley Luthman bezog, und integrierte sie in meine eigene Lebensanschauung. Es hat sich gezeigt, dass diese Vorstellung, gleich wo ich bin, auf alle Menschen, denen ich sie mitteile, wie eine Inspiration wirkt. Sie reagieren genauso, wie ich es tat – alles wird auf einmal so klar.

Manche Menschen spüren einen Widerstand gegenüber den Begriffen ›weiblich‹ und ›männlich‹, da diese beiden Wörter in unserer Kultur so stark mit Klischees beladen sind. Wenn es dir angenehmer ist, dann kannst du sie ruhig durch ›Yin‹ und ›Yang‹ oder andere passende Bezeichnungen ersetzen.

Männlich und weiblich

Meiner Ansicht nach ist der weibliche Anteil unserer Persönlichkeit das intuitive Selbst. Es ist der tiefste und weiseste Teil unseres Selbst, die weibliche Energie im Mann wie in der Frau. Das intuitive Selbst ist der rezeptive Wesensanteil in uns, durch den die kosmische Energie wie durch eine offene Tür einströmen kann. Es ist die Öffnung des Kanals, der Eingang für die kreative Kraft des Kosmos. Das Weibliche in uns teilt sich durch die Intuition mit – die inneren Eingebungen, Bilder oder Gefühle aus dem Tiefsten unseres Innern. Wenn wir dem weiblichen Teil im Wachzustand keine bewusste Aufmerksamkeit schenken, dann versucht er, sich in unseren Träumen, Gefühlen und durch unseren Körper bemerkbar zu machen. Das Weibliche ist die Quelle der höheren Weisheit in uns. Wenn wir lernen, ihr aufmerksam zuzuhören, wird sie uns in jedem Augenblick der beste innere Führer sein.

Der männliche Wesensanteil in unserem Innern ist die Handlungsfähigkeit – die Fähigkeit, in der physischen Welt zu handeln, zu denken, zu sprechen und uns zu bewegen. Gleich ob man männlichen oder weiblichen Geschlechts ist, die männliche Energie ist in jedem Menschen die Fähigkeit zu handeln. Sie ist das Ende des Kanals für die kosmische Energie. Das Weibliche empfängt die kosmische Energie und das Männliche bringt sie durch Handeln in der Welt zum Ausdruck. Auf diese Weise findet ein kreativer Prozess statt.

Unser femininer Anteil wird durch einen schöpferischen Impuls inspiriert, der sich uns in Form eines Gefühls übermittelt. Unser maskuliner Teil reagiert darauf, indem er spricht, sich bewegt oder irgendetwas tut, was diesem Impuls entspricht.

Ein Künstler erwacht zum Beispiel mit einer Inspiration für ein Gemälde (ein Bild, das ihm von seinem weiblichen Anteil übermittelt wurde). Er begibt sich daraufhin sofort in sein Atelier und beginnt zu malen (von seinem männlichen Anteil ausgeführte Handlung).

Eine Mutter fühlt eine plötzliche Besorgnis um ihr Kind (ihr weiblicher Anteil warnt sie). Sie rennt ins andere Zimmer und kann ihr Kind gerade noch davor bewahren, auf die heiße Herdplatte zu fassen (ihr männlicher Anteil führt die Handlung aus).

Ein Geschäftsmann hat den Impuls, Kontakt mit einer bestimmten Person aufzunehmen (eine Eingebung, die er von seinem weiblichen Anteil erhält). Er greift zum Telefon, um den Betreffenden anzurufen (sein männlicher Anteil handelt), und kann ein neues Geschäft anbahnen.

Immer wenn das Männliche und das Weibliche in unserem Innern kreativ zusammenwirken, hat es ein positives und produktives Ergebnis zur Folge – ein Gemälde, die Rettung vor einem Unglück, ein geschäftliches Unternehmen. Sogar der einfache Ablauf vom Hungergefühl, dem Gang in die Küche und der Zubereitung einer Mahlzeit veranschaulicht denselben Prozess.

Das harmonische Zusammenwirken von weiblichen und männlichen Energien im Menschen ist die Grundlage jeder Schöpfung. Weibliche Intuition plus männliche Aktion ergibt Kreativität.

Um ein harmonisches und schöpferisches Leben zu führen, müssen sowohl die weiblichen als auch die männlichen Energien voll entwickelt sein und in richtiger Weise zusammenarbeiten. Wenn man Mann und Frau in sich vollständig integrieren will, muss man dem Weiblichen die Führung übergeben, denn dies ist seine natürliche Funktion. Die innere Frau ist unsere Intuition, die Tür zur höheren Intelligenz.

Der innere Mann hört auf sie und handelt nach ihren Gefühlen. Die wahre Aufgabe des Mannes in uns ist vollkommene Klarheit, Geradlinigkeit und eine leidenschaftliche Kraft. Diese Kraft beruht auf der inneren Führung des

Universums, die durch den weiblichen Wesensanteil ermöglicht wird.

Die Frau in uns sagt: »Ich fühle dies oder jenes.« Der Mann in uns antwortet: »Ich höre deine Gefühle. Was soll ich tun?« Sie sagt: »Ich möchte, dass du das für mich tust.« Er antwortet: »Gut, wenn du das gerne möchtest, werde ich es für dich erledigen.« Daraufhin macht er sich sofort daran, ihr diesen Wunsch zu erfüllen, denn er vertraut vollkommen darauf, dass hinter diesem Wunsch die Weisheit des Universums steckt.

Denk daran, dass ich gerade über einen inneren Prozess gesprochen habe, der in jedem von uns stattfindet. Manchmal missverstehen mich die Leute und projizieren diese Vorstellung auf die Außenwelt. Sie glauben, ich meinte damit, die Männer sollten sich von den Frauen sagen lassen, was sie zu tun haben! Was ich aber in Wirklichkeit sagen möchte, ist, dass sich jeder von uns von seiner Intuition führen lassen und dieser inneren Führung bereitwillig, unmittelbar und ohne Angst folgen sollte.

Die Natur des Weiblichen ist Weisheit, Liebe und die klare Vision, ausgedrückt durch Gefühle und Bedürfnisse. Das Wesen des Männlichen ist eine Handlungsfreudigkeit, die kein Risiko scheut, und die dem weiblichen Anteil dient, wie der Ritter seiner Dame.

Durch die Bereitschaft, sich dem Weiblichen hinzugeben und sich für seine Belange einzusetzen, baut sich die männliche Energie in unserem Innern eine Persönlichkeitsstruktur auf, welche die sensible Energie der weiblichen Intuition schützt und achtet. Ich stelle mir oft vor, dass mein innerer Mann hinter meiner inneren Frau steht und sie unterstützt, beschützt und ihr ›den Rücken stärkt‹. Bei einem Mann kann das Bild umgekehrt sein. Er sieht die innere Frau in sich oder hinter sich, die ihn führt, stärkt, nährt und unterstützt. Wenn diese beiden Energien in Harmonie miteinander zusammenwirken, entsteht ein unglaublich schönes Gefühl in einem: Man fühlt sich wie ein starker, offener und kreativer Kanal, durch den Kraft, Weisheit, Frieden und Liebe fließen.

Das Männliche und das Weibliche bisher

Leider haben wir noch nicht gelernt, wie wir unsere weiblichen und männlichen Energien natürlich und in der richtigen Beziehung zueinander verwirklichen können.

In unserer patriarchalischen Kultur wurde die männliche Energie (die Fähigkeit zu denken und zu handeln) benutzt, um die weibliche Intuition zu unterdrücken und zu kontrollieren, anstatt sie zu unterstützen und zum Ausdruck zu bringen.

Diese herkömmliche Art, unseren inneren Mann zu leben, nenne ich das ›alte Männliche‹. Es existiert gleichermaßen in Mann und Frau, obwohl es bei Männern vielleicht offensichtlicher zu Tage tritt. In der Frau ist es subtiler und mehr verinnerlicht.

Das ›alte Männliche‹ ist der Teil in uns, der die Kontrolle behalten möchte. Er fürchtet sich vor der weiblichen Kraft, weil er sich der Kraft des Universums nicht hingeben will. Er hat Angst, dass er seine individuelle Identität verliert, wenn er sich der weiblichen Kraft überlässt, und versucht daher um jeden Preis seine Individualität und Abgetrenntheit aufrechtzuerhalten. Aus diesem Grund verleugnet er die weibliche Kraft, die nach Vereinigung und Einssein strebt.

In Verbindung mit dem ›alten Männlichen‹ ist das Weibliche in der Welt hilflos. Die Kraft der femininen Energie kann sich ohne die männliche Aktivität nicht in der Welt entfalten. Daher ist diese Kraft unterdrückt und kommt auf indirektem Weg zum Ausdruck, wie durch manipulierende Verhaltensmuster, körperliche Symptome oder durch unvermittelte Gefühlsausbrüche.

Mann und Frau haben diese Rollen in der Außenwelt manifestiert. Die traditionelle Rolle des Mannes beinhaltet die Unterdrückung der inneren Frau. Ein Mann lernt, wie eine Maschine zu funktionieren, keine Gefühle zu zeigen, sich völlig unter Kontrolle zu haben und die Frau zu unterdrücken (insgeheim hat der Mann Angst vor der Frau, weil sie ihn an die Kraft seiner inneren Frau erinnert, die er mit allen Mitteln zu unterdrücken versucht). In Wirklichkeit fühlen sich Männer sehr allein und verloren, weil sie von ihrer inneren Kraftquelle abgeschnitten sind.

Die traditionelle Rolle der Frau zielt darauf ab, den inneren Mann dazu zu benutzen, die eigene weibliche Energie zu verleugnen und zu unterdrücken. Aus diesem Grund fühlt sich die Frau hilflos und abhängig vom Mann. Sie ist emotional aus dem Gleichgewicht geraten und kann sich nur auf indirektem Wege ausdrücken, nämlich durch Manipulation (sie hat Angst, dass sie verlassen wird, wenn der Mann herausfindet, wie stark sie in Wirklichkeit ist; deshalb ist sie bemüht, ihre Kraft zu verbergen – vielleicht sogar vor sich selbst).

Es ist sehr wichtig zu erkennen, dass in beiden Geschlechtern sowohl das ›alte Männliche‹ als auch das ›alte Weibliche‹ existieren. Eine Frau, die sich in der oben beschriebenen Weise zum Ausdruck bringt, besitzt in ihrem Innern einen kontrollierenden ›Macho‹, der sie unterdrückt. Sie wird solche Männer anziehen, die die Persönlichkeit ihres inneren Mannes spiegeln und dies im Verhalten ihr gegenüber ausleben. Je nachdem, welche Einstellung die Frau sich selbst gegenüber hat und was sie verdient zu haben glaubt, wird der Mann ein väterliches oder chauvinistisches Verhalten an den Tag legen oder sie sogar verbal oder körperlich misshandeln. In dem Moment, in dem eine Frau beginnt, sich selbst zu vertrauen und zu lieben und ihre männliche Energie für sich einzusetzen, sich selbst zu unterstützen, wird das Verhalten der Männer in ihrem Leben diese Veränderung reflektieren. Sie werden sich entweder selbst völlig verändern in dem Maß, wie sich die Veränderung der Frau vollzieht, oder sie werden aus ihrem Leben verschwinden. An ihre Stelle treten dann Männer, die die neue Einstellung widerspiegeln, die die Frau sich selbst gegenüber gewonnen hat. Sie werden sie fördern und anerkennen. Dass dies tatsächlich so ist, habe ich immer wieder beobachten können.

Der traditionelle ›Macho‹ hat eine hilflose Frau in seinem Innern, die verzweifelt versucht, gehört zu werden. Er zieht im Allgemeinen Frauen an, die ein schwaches Selbstwertgefühl haben und sich an ihm festklammern. Diese Frauen bringen ihre Kraft durch Manipulation zum Ausdruck. Sie spielen die Rolle des niedlichen kleinen Mädchens, der sexuellen Verführerin, des ›Kätzchens‹ oder sind unaufrichtig. Diese Frauen spiegeln seinen Mangel an Vertrauen und Achtung für sein inneres Weibliches dadurch, dass sie kein Selbstvertrauen und keine Selbstachtung besitzen. Indem der Mann sich für seine innere Frau öffnet und ihr vertraut, wird er in sich die Unterstützung, Geborgenheit und Verbundenheit finden, die ihm fehlt. Die Frauen in seinem Leben werden diese Veränderung reflektieren. Er wird von Frauen umgeben sein, die stark, unabhängig, geradlinig und ehrlich sind und ihn aufrichtig lieben und umsorgen.

Das Männliche und das Weibliche ab jetzt

Die weibliche Kraft unserer Intuition, die Kraft unseres höheren Selbst, ist immer in unserem Innern vorhanden. Es hängt von unserer männlichen Energie ab, was wir mit dieser Kraft machen. Entweder wir bekämpfen, blockieren und kontrollieren sie und versuchen, uns von ihr abzuspalten, oder wir geben uns dieser Kraft hin, öffnen uns für sie und lernen, sie zu unterstützen und mit ihr zu fließen.

Für jeden Einzelnen wie auch im Ganzen findet eine Veränderung in der Einstellung gegenüber der Intuition statt. Die Angst vor der Intuition und der Wunsch, sie zu kontrollieren, wird durch Vertrauen und Hingabe ersetzt. Die Kraft der femininen Energie erwacht in unserer Welt. Wenn sie in unserem eigenen Innern lebendig wird und wir sie annehmen und uns ihr hingeben, dann wird das ›alte Männliche‹ in uns transformiert. Es wird durch die innere Frau noch einmal wiedergeboren als der ›neue‹ Mann, der im Vertrauen und der Liebe zu ihr vollkommen aufgeht. Er muss wachsen, um so stark zu werden wie sie, sodass sie die Liebenden sein können, als die sie gedacht sind.

Ich glaube, dass der ›neue‹ Mann erst in den letzten Jahren in unserem Bewusstsein geboren worden ist. Zuvor hatten wir nur wenig Gespür für die wahre männliche Energie. Unsere einzige Vorstellung von dem, was männlich ist, bestand in dem alten patriarchalischen Klischee vom Mann, das Mann und Frau vollkommen voneinander trennt.

Die Geburt des ›neuen‹ Mannes geht einher mit der Geburt des Neuen Zeitalters. Die neue Welt entsteht in unserem Innern und nimmt in unserer Umwelt Gestalt an. Der neue Mann (die physische Welt) wird in seiner ganzen Vollkommenheit aus der weiblichen Kraft (der spirituellen Energie des Kosmos) erschaffen.

Ein Vorstellungsbild

Hin und wieder mache ich eine Visualisierungsübung, bei der ich um ein Bild meines inneren Mannes und meiner inneren Frau bitte. Jedes Mal ist das Bild, das in mir entsteht, ein wenig anders und lehrt mich etwas Neues. Ich möchte dir eines der eindrucksvollsten Bilder beschreiben, weil es eine so hinreißende Darstellung von einem Aspekt der Beziehung zwischen innerem Mann und innerer Frau ist.

Meine weibliche Energie erschien als eine wunderschöne und strahlende Königin voll überströmender Liebe und Licht. Sie wurde auf einer Sänfte durch die Straßen getragen. Menschen säumten den Weg, um einen Blick auf sie werfen zu können. Die Königin war so voller Liebe, Schönheit und Offenheit, dass die Menschen auf der Stelle von Schmerz geheilt und befreit waren, wenn sie an ihnen vorbeikam, ihnen zuwinkte, zulächelte und ihnen Handküsse zuwarf.

An ihrer Seite ging ein Samurai-Kämpfer, der ein Schwert trug. Dies war meine männliche Energie. Jedem war klar, dass der Samurai jeden sofort niederstrecken würde, der die Königin bedrohte. Aus diesem Grund wagte es natürlich keiner, ihr Schaden zuzufügen. Der Samurai war bereit, ohne Zögern seiner Verantwortung entsprechend zu reagieren, weshalb die Königin vollkommen sicher und geschützt war. Dieses Gefühl der absoluten Sicherheit, sich nicht verteidigen oder verbergen zu müssen, ermöglichte ihr, völlig offen und liebevoll zu sein und ihrer Umwelt alles zu geben, was sie zu verschenken hatte.

Meditation

Setze oder lege dich bequem hin und schließe die Augen. Atme ein paarmal tief ein und aus und entspanne deinen Körper und deinen Geist. Begib dich mit deinem Bewusstsein an einen ruhigen Ort tief in deinem Innern.

Nun lass in dir ein Bild von deiner inneren Frau auftauchen. Dieses Bild kann eine Frau darstellen, die es wirklich gibt, ein Tier oder auch etwas Abstraktes – eine Farbe oder eine Form. Nimm einfach ganz spontan an, was in dir auftaucht.

Betrachte deine innere Frau und spüre, was sie für dich bedeutet. Sieh dir die Details in dem Bild an, die Farben, die Muster. Beobachte, was du ihr gegenüber empfindest.

Frage sie, ob sie dir jetzt in diesem Augenblick etwas sagen möchte. Sei offen für das, was sie dir mitteilt. Ihre Botschaft kann in Worten oder Symbolen erfolgen. Du kannst ihr auch Fragen stellen. Vielleicht möchtest du etwas von ihr wissen. Sei auch hier offen für ihre Antwort, ob diese nun in Worten, Gefühlen oder Bildern zu dir gelangt. Wenn du ihre Botschaft empfangen hast und meinst, das genügt für den Augenblick, atme wieder einige Male tief ein und aus und löse dich von ihrem Bild. Komm zurück an den ruhigen Ort in deinem Innern.

Lenke nun dein geistiges Auge auf ein Bild von deinem inneren Mann. Nimm auch hier jedes Bild an, das entsteht. Vielleicht siehst du einen Menschen, den es tatsächlich gibt, vielleicht aber auch ein abstraktes Bild. Erforsche es in allen Details. Spüre nach, was du diesem Mann gegenüber empfindest. Frage ihn nun, ob er dir etwas mitteilen möchte. Sei offen für die Botschaft, gleich, in welcher Form sie in dir auftaucht. Wenn du Fragen an ihn hast, kannst du sie jetzt stellen. Sei auch hier offen für jede Antwort. Wenn er nicht sofort antwortet, kannst du davon ausgehen, dass du die Antwort zu einem späteren Zeitpunkt erhalten wirst.

Wenn du das Gefühl hast, deinen inneren Mann genug betrachtet zu haben und dass eure Kommunikation beendet ist, dann löse dich von diesem Bild. Komm zurück an den ruhigen Ort in deinem Innern.

Nun bitte darum, dass die Bilder von deiner inneren Frau und deinem inneren Mann zur gleichen Zeit in dir auftauchen. Schau, in welcher Beziehung sie zueinander stehen. Sind sie zusammen oder getrennt voneinander? Wenn sie eine Beziehung miteinander haben, welcher Art ist sie? Frage die beiden, ob sie miteinander sprechen möchten oder ob sie dir etwas mitzuteilen haben. Bleib offen für die Antwort, ob du sie nun in Worten, Bildern oder Gefühlen erhältst. Wenn du den beiden etwas sagen oder sie etwas fragen möchtest, kannst du es jetzt tun.

Wenn du das Gefühl hast, du hast nun genug Zeit mit diesem Bild verbracht, atme wieder tief ein und aus und löse dich von dem Bild. Kehre an den ruhigen Ort in deinem Innern zurück.

ÜBUNG

Schließe deine Augen und stelle den Kontakt zu deiner weiblichen intuitiven Stimme her.

Frage sie, was sie gerne möchte. Wünscht sie sich ein Geschenk von dir oder möchte sie dir etwas mitteilen?

Wenn sie dir gesagt hat, was sie will, dann stelle dir deinen ›neuen‹ inneren Mann vor, der ihren Wunsch erfüllt. Stell dir vor, wie er alles daran setzt, was notwendig ist, um ihrem Wunsch gerecht zu werden.

Wenn du die Augen öffnest, bemühe dich, all dem zu folgen, zu dem deine Intuition dich veranlasst.

KAPITEL 9

Mann und Frau

Instinktiv verstehen wir alle die ursprüngliche Funktion der männlichen und weiblichen Energien. Was wir aber oft nicht erkennen, ist die Tatsache, dass in jedem Menschen beide Energien vorhanden sind. Vielmehr neigen wir dazu, die männlichen und weiblichen Energien mit dem jeweiligen Geschlecht in Verbindung zu bringen.

Aus diesem Grund sind Frauen zu einem Symbol für die weibliche Energie geworden. Traditionell haben die Frauen ihre Empfänglichkeit, Fürsorglichkeit, Intuition, Sensibilität und Emotionalität entwickelt und zum Ausdruck gebracht. Ihre Selbstbehauptung, Handlungsfähigkeit, ihr Intellekt und ganz allgemein die Fähigkeit, in der Welt zu bestehen, wurden mehr oder weniger stark unterdrückt.

In gleicher Weise verkörpern die Männer die maskuline Energie. Sie haben traditionell ihre Fähigkeit entwickelt, sich in der Welt zu behaupten. Sie sind stark, zielstrebig, selbstbewusst und aggressiv. Ihr Intellekt ist stark ausgeprägt, während ihre Intuition, ihre Gefühlswelt, Sensitivität und Fürsorglichkeit unterdrückt und geleugnet wurden.

Von diesem Gesichtspunkt aus betrachtet, ist jeder Mensch nur ein halber Mensch. Wir sind von der jeweils anderen Hälfte abhängig, um ganz zu sein. Da wir in der Welt nicht ohne das vollständige Potential an männlichen und weiblichen Energien leben können, ist jedes Geschlecht vom anderen abhängig, damit es überleben kann. Männer brauchen die Frauen dringend, um Fürsorge, intuitive Weisheit und gefühlsmäßige Zuwendung zu bekommen. Unbewusst wissen sie, dass sie ohne diese Zuwendung sterben müssten. Frauen sind vom Mann abhängig, damit sie in der physischen Welt bestehen können, weil sie nicht gelernt haben, für sich selbst zu sorgen.

Dies sieht nach außen hin wie ein perfekt funktionierendes Arrangement aus – der Mann hilft der Frau, die Frau hilft dem Mann. Doch in Wirklichkeit verbirgt sich dahinter ein großes Problem: Wenn man sich als Individuum nicht als ein ganzheitliches Wesen fehlt, wenn man spürt, dass das eigene Überleben von einem anderen Menschen abhängig ist, dann hat man ständig Angst, ihn zu verlieren. Was ist, wenn einen dieser Mensch verlässt oder wenn er stirbt? Es bedeutet, dass man selbst auch sterben wird, wenn man nicht einen anderen Menschen findet, der ihn ersetzt und seine Rolle übernimmt. Selbstverständlich kann auch diesem Menschen wieder etwas zustoßen. Somit leben wir ständig in Angst. Unser Partner wird zu einem reinen Objekt – der Lieferant unserer fehlenden Liebe oder Sicherheit. Wir sind gezwungen, diese Quelle um jeden Preis zu beherrschen, entweder auf direktem Weg durch Machtausübung oder Gewalt oder indirekt durch Manipulation. Im Allgemeinen ist dies ein subtiler Vorgang, ein Abkommen auf Gegenseitigkeit: »Ich gebe dir, was du brauchst. Du bist genauso abhängig von mir wie ich von dir. Deshalb wirst du mir auch weiterhin geben, was ich brauche.«

Unsere Beziehungen basieren auf der gegenseitigen Abhängigkeit und dem Zwang, den anderen zu beherrschen. Dies führt unvermeidlich zu Widerwillen und Ärger. Die meisten dieser Gefühle werden unterdrückt, weil es zu gefährlich wäre, sie offen zu zeigen und das Risiko einzugehen, den anderen zu verlieren. Doch die Unterdrückung dieser Gefühle verursacht wiederum einen Zustand der Leere und Unerfülltheit. Dies ist ein Grund dafür, warum die meisten Beziehungen am Anfang so aufregend sind (»Ich habe einen Menschen gefunden, der meine Bedürfnisse wirklich erfüllen kann!«) und in einem Zustand der Verärgerung und Langeweile enden, in dem man sich nichts mehr zu sagen hat. (»Meine Bedürfnisse werden nicht so befriedigt, wie ich es mir erhofft hatte. Ich habe in der Beziehung zum anderen meine Identität verloren, habe aber Angst, mich von ihm zu trennen, weil ich fürchte, ohne ihn nicht leben zu können.«)

Wie man das Gleichgewicht findet

Seit kurzem findet eine Veränderung in der klassischen Rollenverteilung von Mann und Frau statt. In den letzten beiden Generationen hat eine wachsende Anzahl von Frauen begonnen, ihre Handlungsfähigkeit und Selbstständigkeit in der Welt zu entdecken und zu entwickeln. Gleichzeitig haben sich immer mehr Männer für ihre Gefühlswelt geöffnet und lernen, ihre Gefühle und ihre Intuition zu leben.

Meiner Meinung nach liegt dieser Wandel darin begründet, dass unsere herkömmlichen Partnerschaften in einer Sackgasse enden. Die Vorstellung von den nach außen projizierten männlichen und weiblichen Energien hat sich als falsch erwiesen. Die alten Lebensgewohnheiten sind uns zu eng geworden. Doch wir haben noch kein neues Beziehungsmodell gefunden, das die alten Verhaltensmuster ersetzen könnte. Daher befinden wir uns in einer Phase, in der Chaos, Verwirrung, Schmerz und Unsicherheit herrschen, aber auch ein enormes Wachstum stattfindet. Wir machen einen Sprung in die neue Welt. Ich denke, dass jede Form von Beziehung, von der traditionellen Form der Ehe, bis hin zur freien Partnerschaft und homosexuellen oder bisexuellen Beziehung, einen Versuch darstellt, das männlich-weibliche Gleichgewicht im eigenen Innern zu finden.

In ihrer traditionellen Rolle war die Frau in Kontakt mit ihrer weiblichen Energie, die sie aber nicht mit Hilfe ihrer männlichen Energie unterstützte. Sie schenkte ihrem inneren Wissen keine Beachtung. Die Frauen taten immer so, als seien sie machtlos und schwach, obgleich sie in Wirklichkeit sehr stark sind. Sie haben sich am äußeren Urteil, vor allem der Männer, gemessen, anstatt sich nach dem zu bewerten, was sie selbst als Mensch sind.

Viele Frauen, ich selbst eingeschlossen, hatten ihre männliche Energie sehr stark entwickelt, benutzten sie aber so, wie es in der klassischen Rolle des ›Macho‹ üblich war. Bei mir äußerte sich dies zum Beispiel so, dass ich sehr intellektbetont und aktiv war und mich sehr angestrengt bemühte, die Verantwortung für die Welt auf meine Schultern zu laden. Auch mein weiblicher Wesensanteil war sehr ausgeprägt, doch ich konnte ihn nicht leben. Tatsächlich ignorierte ich ihn lange Zeit. Ich schützte meine sensiblen und verletzlichen Gefühle, indem ich mir eine harte Schale zulegte.

Ich musste lernen, meine starke männliche Energie dazu zu benutzen, meinen weiblichen Anteil zu unterstützen und auf ihn zu vertrauen. Dies gibt meiner inneren Frau die Sicherheit und die Unterstützung, die notwendig ist, damit sie sich voll entfalten kann. Ich fühle mich weicher, empfänglicher und verletzbarer, aber in Wirklichkeit bin ich viel stärker als zuvor. Dies zeigt sich auch in der Wirkung, die ich jetzt auf meine Umwelt habe.

Die Frauen lernen nun, ihr Selbstwertgefühl und ihre Eigenständigkeit zu entwickeln, anstatt ihre Verantwortung an den Mann abzugeben. Doch seit Jahrhunderten wurden wir von diesem Rollenverhalten geprägt und es braucht seine Zeit, bis wir es in unseren tiefsten Schichten ausgemerzt haben. Der Schlüssel dazu liegt darin, unseren tief-inneren Gefühlen zu vertrauen und nach ihnen zu leben.

Die Eigenschaften, die die Frauen beim Mann gesucht haben – Kraft, Durchsetzungsvermögen, Verantwortung, Schutz, Abenteuer und Romantik – müssen sie nun in sich selbst entdecken und entfalten. Eine ganz einfache Lösung, wie man dies erreicht, ist folgende: Behandle dich genauso, wie du gerne von einem Mann behandelt werden möchtest!

Das Interessante daran ist, dass sich das, was wir in unserer Innenwelt erschaffen, immer in unserer Außenwelt spiegelt. Dies ist ein kosmisches Gesetz. Wenn du dir einen inneren Mann geschaffen hast, der dich unterstützt und liebt, wird es in deinem Leben einen oder sogar viele Männer geben, die dies reflektieren. Wenn du wirklich damit aufhörst, in der Außenwelt nach dem zu suchen, was du brauchst, dann wirst du am Ende alles bekommen, was du dir immer gewünscht hast!

Für Männer gilt natürlich das gleiche Prinzip. Bisher waren die Männer von ihrer weiblichen Energie abgeschnitten – vom Leben, von der Liebe und inneren Kraft. Obwohl sie sich immer bemühten, nach außen hin stark zu wirken und das Gefühl zu vermitteln, alles unter Kontrolle zu haben, fühlten sie sich insgeheim hilflos, alleine und leer (der Krieg ist ein gutes Beispiel dafür, wie dem ›alten Männlichen‹ die Weisheit und Führung der weiblichen Energie fehlt). Männer haben Geborgenheit und das Gefühl des Verbundenseins immer durch die Frau gesucht. In dem Moment, wo sie mit ihrer eigenen inneren Frau in Kontakt sind, erhalten sie jedoch all diese Liebe aus sich selbst.

Die innere Frau in jedem Mann besitzt all die Eigenschaften, die er in der Frau gesucht hat – Umsorgen, Sanftheit, Wärme, Stärke, Sexualität und Schönheit.

Wenn du lernst, auf deine inneren Gefühle zu hören und sie zu unterstützen, wirst du dies erkennen. Du musst deine innere weibliche Energie respektieren, indem du dich nach dem Gefühl für sie richtest. Dann wird jede Frau in deinem Leben ein Spiegel für diese Integration sein. Die Frauen werden genau die Eigenschaften verkörpern, die du dir immer gewünscht hast. Und darüber hinaus werden sie Liebe, Wärme, Fürsorglichkeit und Kraft von dir bekommen.

Gerade in letzter Zeit haben sich viele Männer dazu entschlossen, sich ganz tief auf ihre weibliche Energie einzulassen. Dabei haben sie sich von ihrem inneren Mann abgewandt. Sie lehnen die alte Rolle des ›Macho‹ ab, haben nun aber keinen Bezug mehr zu ihrem männlichen Teil. Diese Männer sind im Allgemeinen so voller Angst vor ihrer männlichen Energie, dass sie sich auch gegen die positiven Seiten ihrer Männlichkeit wenden. Sie befürchten, sie könnte in der alten Kopflosigkeit und Gewalttätigkeit zum Ausbruch kommen, die sie mit Männlichkeit gleichsetzen.

Ich habe das Gefühl, dass es für diese Männer besonders wichtig ist, sich mit der Vorstellung vom ›neuen Mann‹ auseinanderzusetzen. Der neue Mann lässt seine spontane, aktive, aggressive maskuline Energie zu, weil er weiß, dass sie von der Weisheit seiner weiblichen Energie gelenkt wird. Dies erfordert ein tiefes Vertrauen, dass die innere Frau weiß, was sie tut, und niemals zulassen würde, dass etwas Destruktives oder Negatives geschieht.

Beziehungen in der neuen Welt

Die neue Beziehungsform basiert auf der Ganzheit jedes Menschen. Jeder Mensch ist dabei innerlich mit seinen männlichen und weiblichen Energien im Gleichgewicht. Seine Ausdrucksmöglichkeiten reichen von tiefster Empfänglichkeit bis zu stärkster Handlungsfähigkeit.

Äußerlich wird die Ausdrucksweise der meisten Menschen sicherlich davon bestimmt sein, welchem Geschlecht sie angehören.

Angesichts dieser Vorstellung vom ›neuen‹ Mann und der ›neuen‹ Frau befürchten manche Leute, dass wir alle wie Zwitter werden und Mann und Frau nach außen hin kaum mehr zu unterscheiden sind. Doch in Wirklichkeit ist es genau umgekehrt. Je mehr eine Frau ihren männlichen Anteil entwickelt und ihm vertraut, umso sicherer fühlt sie sich, ihren weichen, rezeptiven und schönen weiblichen Anteil zu leben. Die Frauen, die ich kenne und die diesen Prozess durchleben (ich selbst eingeschlossen), scheinen viel weiblicher und schöner zu werden, selbst während sie ihre männlichen Energien stärker leben. Männer, die sich für ihre weiblichen Energien öffnen, kommen wieder in Verbindung mit ihrer inneren weiblichen Kraft, was ihren maskulinen Anteil erweitert und stärkt. Die Männer aus meinem Bekanntenkreis, die sich in diesem Prozess befinden, sind weit davon entfernt, weibisch zu werden. Im Gegenteil, sie sind sich ihrer Männlichkeit viel sicherer.

In der neuen Welt wird ein Mann, der sich zu einer Frau hingezogen fühlt, in ihr den Spiegel für seinen eigenen weiblichen Anteil erkennen. Er kann durch sie etwas über seine weibliche Seite lernen und Ängste und Grenzen überwinden, die ihn an einer tieferen Integration hindern. Wenn sich eine Frau in einen Mann verliebt, dann erkennt sie in ihm ihren eigenen inneren Mann. Durch das Zusammensein mit ihm lernt sie, ihren eigenen männlichen Wesensanteil stärker zu entwickeln und ihm mehr zu vertrauen.

Wenn du dir tief innerlich bewusst bist, dass dein Partner ein Spiegel deiner selbst ist, bist du nicht mehr so abhängig von ihm. Du weißt, dass alles, was dir dein Partner gibt, auch in dir selbst ist! Du erkennst, dass der Grund, warum du mit deinem Partner zusammen bist, darin liegt, dass du mehr über dich selbst erfährst und eine immer tiefere Verbindung mit dem Universum erlangst. Gesunde Beziehungen basieren daher nicht auf gegenseitiger Abhängigkeit, sondern auf der Freude am gemeinsamen Abenteuer, ein ganzheitliches Wesen zu werden.

Das könnte nun so klingen, als würden wir an einem bestimmten Punkt überhaupt keine Beziehungen mehr brauchen. Tatsache ist jedoch, dass wir als Menschen soziale, voneinander abhängige Wesen sind und immer andere Menschen benötigen. Zur Erfahrung der inneren Ganzheit gehört auch, die Teile in uns anzunehmen, die Liebe, Nähe und Intimität mit anderen brauchen. In bewussten Beziehungen achten wir unsere Freiheit ebenso wie unsere gegenseitige Abhängigkeit.

Homosexuelle Beziehungen

Ich selbst habe keine Erfahrung mit homosexuellen Beziehungen, weshalb ich mich nicht als Expertin auf diesem Gebiet betrachte. Doch aus Gesprächen und der Arbeit mit etlichen homosexuellen Freunden und Klienten bin ich zu der Überzeugung gelangt, dass homosexuelle Beziehungen in spiritueller Hinsicht eine sehr wichtige Stufe darstellen. Homosexualität und Bisexualität sind für manche ein Weg, überholte und eingefahrene Rollen und sexuelle Klischees zu durchbrechen, um zu ihrer eigenen Wahrheit zu finden.

Für manche Menschen bedeutet das Zusammenleben in einer engen und intensiven Beziehung zu einem gleichgeschlechtlichen Partner, den besten Spiegel zu finden, den sie für ihr Wachstum benötigen. Zwei Frauen beispielsweise können eine tiefere Verbundenheit erleben, als es ihnen mit einem Mann jemals möglich wäre. Sie benutzen diese intuitive feminine Verbindung, um sich ein starkes Fundament und eine sichere Umwelt zu schaffen, die ihnen die Möglichkeit gibt, ihren inneren Mann zu entwickeln. Sie spiegeln sich gegenseitig vollkommen wider und helfen sich, ganz und harmonisch zu werden.

Männer scheinen manchmal eine ihnen wesensgleiche männliche Intensität zu finden, was ihnen ermöglicht, all das zu leben, was sie von einer Frau nicht bekommen können. Bei einem gleichgeschlechtlichen Partner finden sie die Unterstützung, sich ihrer femininen Seite zu nähern und sie zu erforschen, ohne das Gefühl zu haben, die eingefahrene Rolle des Mannes spielen zu müssen.

Vieles bleibt hier ein Geheimnis, das man erst rückblickend enthüllen kann. Aber ich meine, dass sich jeder Mensch den Lebensweg und die Beziehungen wählt, die ihm zu schnellst- und bestmöglichem Wachstum verhelfen.

Ich bin der Ansicht, dass wir mit zunehmender seelischer Reife und Entwicklung aufhören werden, uns und unsere zwischenmenschlichen Beziehungen zu kategorisieren. Bewertungen wie ›schwul‹, ›anständig‹, ›monogam‹, ›freizügig‹ usw. werden verschwinden. Ich sehe eine Zeit kommen, in der jeder Mensch seine Einzigartigkeit in Freiheit verwirklichen kann. Jede Beziehung wird eine einzigartige Verbindung zwischen zwei Menschen sein, die eine individuelle Form besitzt. Es gibt keine Klischeevorstellungen und moralischen Bewertungen mehr, weil jeder Mensch verschieden ist und seinem eigenen Energiefluss gemäß lebt.

Übung

Denke an eine der wichtigsten Frauen in deinem Leben. Was sind ihre stärksten und attraktivsten Eigenschaften? Sei dir bewusst, dass diese Eigenschaften deine eigene weibliche Energie spiegeln (gleich, ob du ein Mann oder eine Frau bist).

Denke nun an einen der wichtigsten Männer in deinem Leben. Welche seiner Eigenschaften liebst, bewunderst oder schätzt du am meisten? Erkenne, dass dies Teile deiner eigenen männlichen Energie sind (gleich, ob du ein Mann oder eine Frau bist).

Wenn du Schwierigkeiten hast, Dinge, die du an anderen bewunderst, in dir selbst wiederzufinden, liegt der

Grund dafür darin, dass du diese Eigenschaften noch nicht so stark entwickelt hast wie der andere. In diesem Fall versuche folgende Meditation.

Meditation

Mache es dir bequem, schließe deine Augen, entspanne dich, atme ein paarmal tief aus und ein und begib dich an einen ruhigen Ort tief in deinem Innern.

Lass vor deinem geistigen Auge einen Menschen erscheinen, den du bewunderst oder zu dem du dich hingezogen fühlst. Frage dich, welche seiner Eigenschaften du an ihm besonders anziehend findest. Kannst du dieselben Eigenschaften in dir erkennen? Wenn nicht, dann versuche dir vorzustellen, du würdest diese Eigenschaften besitzen. Male dir aus, wie du aussehen, sprechen und handeln würdest. Sieh dich in verschiedenen Situationen und Interaktionen.

Wenn du das Gefühl hast, du möchtest diese Eigenschaften in dir stärker entwickeln, dann mach diese Visualisierungsübung einige Zeit regelmäßig.

Kapitel 10

Ost und West: eine neue Herausforderung

Ich habe das starke Gefühl, in meiner letzten Inkarnation ein spiritueller Asket gewesen zu sein. Wahrscheinlich habe ich mein Leben in Meditation auf irgendeinem Berg in Indien verbracht. Diese Lebensweise ist mir auf angenehme Weise vertraut und oft sehne ich mich danach, wieder in solch beglückender Einfachheit leben zu können. Dennoch bin ich mir bewusst, dass ich mir dieses Leben gewählt habe, um auf die nächste Stufe zu gelangen – um die spirituellen, mentalen, emotionalen und physischen Aspekte meines Wesens zu integrieren und harmonisch in der Welt zum Ausdruck zu bringen.

Wenn man die Welt unter dem Gesichtspunkt von männlicher und weiblicher Energie betrachtet, kommt man zu sehr interessanten Entdeckungen. In gewisser Weise symbolisiert der Osten die weibliche Seite. Die meisten östlichen Kulturen (Indien, Tibet, China, Japan und andere) besitzen eine alte und starke spirituelle Tradition. Bis vor kurzem lagen der Schwerpunkt ihrer Entwicklung und ihre Stärke im Bereich der Intuition und Spiritualität, zumindest im Vergleich mit der westlichen Welt. In physischer Hinsicht sind diese Länder noch unterentwickelt und müssen infolgedessen Armut, Chaos und Verwirrung erleben.

Die Energie des Westens (Europa und USA) ist eher maskulin. Sie war hauptsächlich auf die Entwicklung der physischen Welt konzentriert. Die spirituelle Entwicklung hingegen wurde ignoriert. Die Folge davon ist ein unglaublicher technologischer Fortschritt. Doch wir leben in spiritueller Armut und sind von unseren Wurzeln und unserer Verbindung mit dem Kosmos abgeschnitten.

Ost und West ziehen sich an wie Mann und Frau. Zwar stehen sie sich noch etwas misstrauisch und ängstlich gegenüber, aber die Anziehung ist unübersehbar. Der Westen wird von spirituellen Lehren des Ostens überflutet und die westliche Technologie verbreitet sich im Osten. Jeder verlangt nach dem, was der andere hat.

Folgende Begebenheit ist mir von meinen Reisen durch Indien am lebhaftesten in Erinnerung: Ich befand mich in einem Bazar. An einem Verkaufsstand wurden einheimische Handarbeiten angeboten. Eine Gruppe Europäer und Amerikaner stand um diesen Stand und feilschte voll Eifer um diese Schätze. An einem anderen Stand wurden Waren aus Plastik feilgeboten – Schüsseln, Küchengeräte, ja sogar Plastikschuhe. Eine Schlange Inder wartete geduldig vor diesem Stand, bis jeder an die Reihe kam, um einen dieser wertvollen Gegenstände zu ergattern. Selbstverständlich würdigte keine dieser beiden Gruppen den anderen Stand nur eines einzigen Blickes!

Der Osten und der Westen können voneinander lernen. Aber wie Mann und Frau müssen auch sie schließlich in sich selbst finden, was sie am anderen bewundern. Hoffentlich lernen die Länder der dritten Welt aus unseren Fehlern und entwickeln eine Technologie, die sich harmonischer in die Umwelt fügt und dem Spirituellen Rechnung trägt. Wir im Westen müssen einen spirituellen Weg finden, der uns hilft, mit unserer physischen Welt umzugehen.

Die östlichen Traditionen (und die frohen spirituellen Traditionen des Westens) basieren auf einem größtmöglichen Rückzug von der physischen Welt, mit der Absicht, eine stärkere Verbindung mit der spirituellen Welt zu erlangen. Die irdische Welt mit ihren Versuchungen und Zerstreuungen macht es einem sehr schwer, in der inneren Wahrheit zentriert zu bleiben.

Aus diesem Grund beinhalten die meisten ernsthaften spirituellen Wege eine mehr oder weniger vollständige Entsagung von der Welt – Beziehungen, Geld, materieller Besitz, Luxus und Komfort werden aufgegeben. Das Ideal bestand oft darin, sich in ein Kloster oder auf einen Berggipfel zurückzuziehen und ein Leben in stiller Kontemplation zu führen, wobei man sich von allen irdischen Verhaftungen gelöst hat. Auch diejenigen, die bei ihren Familien blieben und weiter ihrem Beruf nachgingen, folgten meist strengen Regeln und Geboten, die dazu gedacht waren, eine größtmögliche Trennung von der physischen Welt zu schaffen.

Der spirituelle Weg der Kontemplation ist ein notwendiger und bedeutsamer Schritt. Doch er spiegelt die Spaltung von Geist und Materie, von weiblichen und männlichen Energien in uns. Wenn man sich auf die spirituelle Suche begab, musste man die physische Welt verlassen. ›Erleuchtung‹ war die Wiedererlangung des höheren Bewusstseins durch die Verleugnung des Körpers. Das physische Sein wurde transzendiert, indem man es verließ. Somit wurden einige Menschen in dem Sinn ›erleuchtet‹, dass sie ihre spirituelle Natur voll erkannten. Aber in ihrem physischen Sein blieben sie unerleuchtet. Als sie schließlich ihren Körper verließen, hinterließen sie die physische Welt weitgehend unverändert. Diese spirituellen Meister haben das intuitive Prinzip in unserer Welt lebendig erhalten und damit den Weg für uns bereitet, den nächsten Schritt zu vollziehen – die Integration von männlicher und weiblicher Energie, von Geist und Materie und die daraufolgende Transformation unserer Welt.

Diejenigen von uns, die sich auf dem spirituellen Weg befinden und sich entschieden haben, an der Transformation unserer Welt mitzuwirken, müssen nun mit derselben Bewusstheit und Konzentration auf das spirituelle Selbst wie die Asketen, die sich aus der Welt zurückzogen, in die physische Welt gehen. Dieser Weg ist viel schwieriger! Wir stehen nun vor der Aufgabe, uns dem Kosmos vollkommen anzuvertrauen und uns seiner Führung zu überlassen und gleichzeitig tiefe und intensive Beziehungen zu pflegen, mit finanziellen und geschäftlichen Angelegenheiten umzugehen, eine Familie zu haben, kreative Projekte zu unternehmen und uns mit unzähligen anderen ›weltlichen‹ Dingen zu befassen. Anstatt irdische Bindungen zu vermeiden, müssen wir sie nun anerkennen und uns mit ihnen auseinandersetzen. Wir müssen die Herausforderung annehmen und in all die Gefühle und Bindungen unseres physischen Seins hineingehen, um die ganze Palette menschlicher Erfahrungen voll zu erleben.

Meditation

Entspanne dich, schließe deine Augen und atme ein paarmal tief ein und aus. Mit jedem Atemzug fällst du tiefer in dich selbst, bis du an einem ruhigen Ort in dir angelangt bist. Von diesem Ort der Stille aus lass ein neues Bild von dir selbst und deinem Sein in dieser Welt entstehen. Deine Konzentration richtet sich auf den Kosmos und du folgst seiner Führung. Du vertraust ganz auf dich selbst. Du fühlst dich stark und mutig. Du bringst dein inneres Wissen mit in die Welt. Dein Vertrauen und dein Ruhen in deiner Mitte lassen eine wunderschöne Schöpfung um dich herum entstehen. Deine Welt ist nährend für dich und andere. Du hast tiefe leidenschaftliche Beziehungen. Du beschäftigst dich mit Menschen, Geld, deiner Karriere, deinem Körper und allem, was dich umgibt.

Du kannst mitten in der Welt sein und alle ›weltlichen‹ Dinge genießen, und doch bleibst du mit deinem spirituellen Bewusstsein verbunden. Diese Verbindung mit deinem höheren Selbst spiegelt sich in einem Leuchten und einer Kraft, die du ausstrahlst und die dich umgibt.

TEIL 2

Wie man die Prinzipien lebt

KAPITEL 11

Vertrauen in die Intuition

Die meisten von uns haben von Kindheit an gelernt, nicht auf ihre Gefühle zu vertrauen, sich nicht wahrhaft und aufrichtig auszudrücken und nicht zu erkennen, dass in unserem innersten Kern ein liebevolles, starkes und kreatives Wesen verborgen liegt. Wir lernen sehr schnell, wie wir es unseren Mitmenschen recht machen können, wie man starren Verhaltensnormen entspricht, seine spontanen Impulse unterdrückt und das macht, was man von uns erwartet. Selbst wenn wir gegen diese Normen rebellieren, sind wir in unserer Rebellion gefangen und machen einfach nur das Gegenteil von dem, was wir tun sollen, indem wir uns gegen jede Autorität auflehnen. Nur sehr selten erhalten wir positive Unterstützung darin, uns selbst zu vertrauen, unserer inneren Wahrheit zu folgen und uns aufrichtig und ehrlich auszudrücken.

Wenn wir unser intuitives Wissen dauernd unterdrücken und ihm misstrauen und uns stattdessen der Autorität, dem Urteil und der Bestätigung anderer beugen, verlieren wir unsere eigene Kraft. Dieses Verhalten führt dazu, dass wir uns hilflos, leer und ausgeliefert fühlen. Es verursacht schließlich Ärger und Wut. Werden auch diese Gefühle unterdrückt, verfallen wir in Leere und Depression. Wir erliegen diesen Gefühlen, leben in Verzweiflung und Gleichgültigkeit, bis wir schließlich sterben. Vielleicht versuchen wir aber auch, dieses Gefühl der Machtlosigkeit zu kompensieren, indem wir andere Menschen und unsere Umwelt beherrschen und manipulieren. Oder die angestauten Gefühle kommen schließlich in unkontrollierten Wutausbrüchen zum Ausdruck, die übersteigert und verzerrt wiedergeben, was wir so lange unterdrückt haben. Keine dieser drei Möglichkeiten ist eine positive Alternative.

Die wirkliche Lösung liegt darin, dass wir umlernen. Wir müssen lernen, unserer inneren Wahrheit zu vertrauen, die sich durch unsere Intuition zum Ausdruck bringt. Wir müssen lernen, nach unseren intuitiven Eingebungen zu handeln, auch wenn uns dies anfangs riskant und erschreckend erscheint, weil wir nicht länger ›auf Nummer sicher‹ gehen, nämlich das tun, was von uns erwartet wird, und uns fremden Autoritäten unterwerfen. So zu leben bedeutet, das Risiko einzugehen, alles zu verlieren, an dem man aus Gründen der äußerlichen (falschen) Sicherheit festgehalten hat. Aber wir gewinnen unsere Integrität, Ganzheit, wahre Kraft, Kreativität und die wirkliche Sicherheit zurück, die aus dem Wissen entsteht, dass wir im Einklang mit der Kraft des Universums sind.

Ich versuche nicht, unseren rationalen Verstand zu ignorieren oder gar zu eliminieren, wenn ich behaupte, dass unser intuitives Bewusstsein die führende Kraft in unserem Leben sein sollte. Der Intellekt ist ein sehr nützliches Werkzeug, das man am besten dazu benutzt, der intuitiven Weisheit Ausdruck zu verleihen, anstatt sie, wie bisher, zu unterdrücken. Die meisten von uns haben ihren Intellekt darauf programmiert, die Intuition anzuzweifeln. Wenn ein intuitives Gefühl in uns auftaucht, reagiert unser Intellekt sofort mit Ablehnung: »Ich glaube nicht, dass das funktioniert«, »Kein anderer würde das so machen«, oder: »Was für ein dummer Einfall.«

An der Schwelle zur neuen Welt wird es nun Zeit, dass wir unseren Intellekt umerziehen. Er muss lernen, die Intuition als eine wertvolle Quelle von Information und Führung zu erkennen. Wir müssen unseren Verstand so erziehen, dass er auf unsere intuitive Stimme hört und ihr zum Ausdruck verhilft. Der Intellekt ist von Natur aus sehr diszipliniert. Diese Disziplin kann uns dabei helfen, nach der Absicht und der Zielrichtung unseres intuitiven Selbst zu suchen und sie auch zu finden.

Was bedeutet es, seiner Intuition zu vertrauen und wie stellt man das an? Es bedeutet, sich in jedem Augenblick und in jeder Situation auf sein Gefühl aus dem ›Bauch‹ einzustimmen und danach zu handeln. Manchmal weichen diese Botschaften von den ursprünglichen Plänen ab und verlangen, dass man Vertrauen zu etwas hat, das einem unlogisch erscheint. Oft fühlt man sich dabei verletzbarer, als man es von sich gewöhnt ist. Man bringt Gedanken, Gefühle und Meinungen zum Ausdruck, die ganz anders sind als die bisherigen Anschauungen. Vielleicht handelt man nach einem Traum oder einer Fantasie oder man nimmt ein finanzielles Risiko auf sich, um etwas zu tun, was einem wichtig erscheint.

Anfangs wirst du vielleicht befürchten, dass du, wenn du deiner Intuition vertraust, Dinge tust, die andere verletzen oder verantwortungslos sind. Möglicherweise zögerst du, eine Verabredung abzusagen, weil du den anderen nicht verletzen willst, obwohl du eigentlich Zeit für dich selbst brauchtest. Ich habe festgestellt, dass, auf lange Sicht betrachtet, jeder genauso davon profitiert wie ich, wenn ich meiner inneren Stimme wirklich vertraue und ihr folge.

Manchmal sind die Menschen vorübergehend enttäuscht, irritiert oder aufgebracht, wenn man seine alten Verhaltensweisen in Bezug auf seine Mitmenschen ändert. Doch dies geschieht ganz einfach deshalb, weil die Menschen in unserer Umgebung dadurch automatisch gezwungen werden, sich ebenfalls zu verändern. Wenn du Vertrauen hast, wirst du erkennen, dass diese Veränderungen auch zu ihrem Besten sind (wenn du die Verabredung deinem Gefühl entsprechend absagst, wird dein Freund vielleicht etwas anderes Schönes erleben). Wenn sich deine Mitmenschen nicht verändern wollen, dann werden sie sich vielleicht von dir trennen, zumindest für eine Weile. Deshalb musst du bereit sein, Menschen gehen zu lassen. Wenn zwischen euch eine tiefe Beziehung besteht, dann wirst du diesem Menschen wahrscheinlich irgendwann in der Zukunft wieder begegnen. In der Zwischenzeit muss jeder auf seine Weise wachsen. Wenn du weiter auf deinem Weg bleibst, wirst du immer häufiger Menschen treffen, die dich so mögen, wie du bist, und die auf neue Weise mit dir in Beziehung treten.

Ein neuer Lebensweg beginnt

Seiner Intuition vertrauen lernen ist eine Kunst. Wie jede Kunst muss man sie durch langes Üben vervollkommnen. Man lernt eine Kunst nicht über Nacht. Du musst bereit sein, ›Fehler‹ zu machen. Wenn der eine Versuch misslingt, musst du bereit sein, es das nächste Mal anders zu machen. Manchmal musst du akzeptieren, dass du in eine peinliche Lage geraten bist oder dich dumm fühlst. Deine Intuition ist immer hundertprozentig richtig, aber es braucht Zeit, um sie richtig zu verstehen. Wenn du das Risiko auf dich nehmen willst, so zu handeln, wie du es für richtig hältst, und Fehler zu machen, dann wirst du schnell daraus lernen. Du wirst erkennen, was funktioniert und was nicht. Wenn du aus Angst, etwas falsch zu machen, nichts mehr ausprobieren würdest, brauchtest du dein ganzes Leben lang dazu, deiner Intuition vertrauen zu lernen.

Es ist oft sehr schwer, die ›Stimme‹ unserer Intuition von den vielen anderen ›Stimmen‹ in unserem Innern zu unterscheiden – den unterschiedlichen Selbsten in uns, die alle ihre eigene Vorstellung davon haben, was gut für uns ist.

Ich werde oft danach gefragt, wie man die echte Stimme unserer Intuition von all den anderen unterscheiden kann. Leider gibt es dafür kein sicheres Patentrezept. Die meisten von uns sind bewusst oder unbewusst mit ihrer Intuition in Kontakt. Doch gewöhnlich stellen wir unsere Intuition automatisch sofort in Zweifel oder widersprechen ihr augenblicklich, sodass wir sie erst gar nicht wahrnehmen. Der erste Schritt ist also, unseren inneren Gefühlen mehr Aufmerksamkeit zu schenken und mehr auf unseren inneren Dialog zu achten.

Du hast zum Beispiel das Gefühl: »Ich möchte Jim anrufen.« Sofort hörst du die zweifelnde Stimme in dir: »Wie kannst du ihn zu dieser Tageszeit anrufen? Wahrscheinlich ist er gar nicht zu Hause.« Automatisch ignorierst du deinen ursprünglichen Impuls, Jim anzurufen. Wenn du es getan hättest, wäre er aller Wahrscheinlichkeit nach zu Hause gewesen und er hätte dir etwas Wichtiges zu sagen gehabt.

Ein anderes Beispiel: Plötzlich hast du mitten am Tag das Gefühl »Ich bin müde. Ich möchte eine kleine Ruhepause einlegen.« Sofort denkst du: »Ich kann jetzt keine Pause machen, ich habe zu viel Arbeit.« Du trinkst einen Kaffee und zwingst dich dazu, weiterzuarbeiten. Am Abend fühlst du dich müde, erschlagen und gereizt. Hättest du dagegen deinem ursprünglichen Gefühl nachgegeben und dich eine halbe Stunde lang ausgeruht, dann hättest du erholt und erfolgreich deine Aufgaben erledigt. Du könntest den Tag in einem Gefühl innerer Ausgeglichenheit beenden.

Wenn du dir über diesen inneren Dialog zwischen deiner Intuition und den anderen inneren Stimmen bewusst wirst, ist es sehr wichtig, dass du dich während dieser Erfahrung nicht negativ bewertest. Versuche, eine Art objektiver Beobachter zu bleiben. Achte darauf, was passiert, wenn du deiner Intuition folgst. Das Ergebnis ist gewöhnlich ein Zuwachs an Energie und Kraft, ein Gefühl, dass die Dinge in Fluss sind. Achte dann einmal darauf, was geschieht, wenn du deine Gefühle anzweifelst, unterdrückst oder gegen sie arbeitest. Du wirst immer feststellen, dass deine Energie nachlässt, dass du dich hilflos oder machtlos fühlst und emotionalen oder physischen Schmerz empfindest. Was auch immer du machst, du bist dabei, etwas zu lernen. Deshalb versuche, dich nicht zu verachten, wenn du nicht deiner Intuition folgst (und dadurch deinen Schmerz noch verstärkst!). Hab Geduld, es braucht seine Zeit, neue Verhaltensweisen zu erlernen, denn die alten sind tief in dir eingeprägt. Ich selbst arbeite seit Jahren sehr intensiv an meinem Umerziehungsprozess. Obwohl die Resultate wunderbar sind, passiert es mir immer noch, dass ich nicht den Mut und die Bewusstheit besitze, mir absolut zu vertrauen und genau das zu tun, was ich fühle. Ich lerne, geduldig und verständnisvoll mit mir umzugehen, während ich den Mut entwickle, mir selbst treu zu sein.

Angenommen, du versuchst zu entscheiden, ob du deine Arbeitsstelle wechseln sollst. Vielleicht gibt es dabei in dir ein sicherheitsbedürftiges Selbst, das am liebsten nichts verändern würde, ein abenteuerlustiges Selbst, das gern etwas Neues ausprobieren möchte, ein unsicheres Selbst, das sich Sorgen macht, was andere davon halten, und noch viele andere Stimmen. Eine Möglichkeit, damit umzugehen, besteht darin, all diesen Stimmen zu lauschen und das aufzuschreiben, was sie zu sagen haben (vielleicht mit Stiften in unterschiedlichen Farben). Dann erlaube dir, die unterschiedlichen Standpunkte eine Zeit lang einfach nur wahrzunehmen, ohne den Versuch, eine bewusste Entscheidung zu treffen. Irgendwann wird in dir ein intuitives Gefühl für deinen nächsten Schritt auftauchen.

Wenn du die verschiedenen Selbste in dir besser kennen lernst, wirst du feststellen, dass dein intuitives Selbst eine ganz eigene Energie hat, die du mit der Zeit ganz leicht von den anderen unterscheiden kannst.

Ein wichtiger Schritt, seiner Intuition vertrauen zu lernen, besteht darin, regelmäßig ›nach innen zu gehen‹. Nimm dir mindestens zweimal am Tag die Zeit, wenn möglich sogar öfter (einmal pro Stunde wäre ideal), dich für einen Augenblick zu entspannen und deinen Gefühlen aus dem ›Bauch‹ nachzuspüren. Gewöhne dir an, mit deinem inneren Selbst Zwiesprache zu halten. Bitte um Hilfe und Führung, wenn du sie brauchst. Übe dich darin, auf die Antworten zu hören, die viele Formen haben können: Worte, Bilder, Gefühle oder eine äußere Botschaft, die du über ein Buch, einen Freund oder einen Lehrer zugetragen bekommst. Dein Körper hilft dir sehr gut, wenn du lernen willst, deiner inneren Stimme zu folgen. Immer wenn du dich elend oder unwohl fühlst, ist dies ein Hinweis darauf, dass du deine Gefühle missachtet hast. Benutze dies als einen Hinweis, in dich hineinzuspüren und dich zu fragen, was du dir bewusst machen sollst.

Wenn du lernst, aus deiner Intuition heraus zu leben, hörst du auf, Entscheidungen vom Kopf her zu treffen. Du handelst von einem Augenblick zum nächsten nach deinem Gefühl und lässt die Dinge sich entwickeln. Auf diese Weise wirst du in die Richtung geführt, die für dich richtig ist. Entscheidungen werden leicht und ergeben sich ganz natürlich. Du brauchst keine großartigen Entscheidungen für die Zukunft zu treffen. Konzentriere dich darauf, deiner Energie im Augenblick zu folgen, und du wirst feststellen, dass sich alles zu seiner Zeit und auf seine Weise regeln wird. Wenn du eine Entscheidung treffen musst, die mit etwas Zukünftigem in Zusammenhang steht, handle nach dem Gefühl aus deinem ›Bauch‹, das du in dem Moment hast, wo du die Entscheidung treffen musst.

Es ist wichtig zu wissen, dass die meisten Menschen ihre ›innere Stimme‹, von der ich spreche, nicht als wirkliche ›Stimme‹ hören. Oft ist sie eher ein Gefühl, ein Impuls, der einem sagt: »Ich möchte dies tun oder ich möchte dies nicht tun.« Mach sie nicht zu einer großartigen Angelegenheit, zu einem mystischen Ereignis, einer geheimnisvollen Stimme aus dem Jenseits! Die innere Stimme ist eine einfache menschliche Erfahrung. Wir haben nur die Verbindung mit ihr verloren und müssen sie wiedererlangen.

Das beste Anzeichen dafür, dass du deiner Intuition folgst, ist, dass dein Leben immer lebendiger wird. Es ist, als ob immer mehr Lebensenergie durch deinen Körper fließt. Manchmal ist die Intensität des Gefühls fast zu stark, so als könne dein Körper mit diesem Zuwachs an Energie kaum umgehen. Es kann sogar passieren, dass dich das Zuviel an Energie, das durch dich strömt, erschöpft. Du wirst nicht mehr Energie bekommen, als du umsetzen kannst, aber manchmal dauert es ein wenig, bis sich der Körper daran gewöhnt und seine Kapazität erweitert hat, um diese kosmische Energie zu kanalisieren. Entspanne dich einfach in die neue Situation hinein und ruhe dich aus, wann immer du es brauchst. Bald wirst du dich wieder mehr im Gleichgewicht fühlen und die neugewonnene Lebendigkeit und die zunehmende Intensität des Lebensgefühls genießen.

Zu Anfang wirst du die Erfahrung machen, dass immer mehr Dinge in deinem Leben durcheinandergeraten, je mehr du deiner Intuition folgst. Möglicherweise verlierst du deine Stellung, deine Beziehung zerbricht, Freunde trennen sich von dir oder dein Auto geht kaputt. Tatsache ist, dass du dich sehr schnell veränderst und alles Alte abschüttelst, was nicht mehr zu dir passt. Solange du diese Dinge nicht losgelassen hast, haben sie dich behindert und eingeschränkt. Jetzt, wo du deinen Weg gehst und deiner Energie von Augenblick zu Augenblick folgst, siehst du neue Dinge Gestalt annehmen. Du wirst dich dafür nicht anstrengen müssen. Alles geht ganz einfach und wie von selbst. Du wirst einfach das machen, wozu du die Energie hast, und eine wundervolle Zeit erleben. Du kannst beobachten, wie das Universum durch dich neue Schöpfungen vollbringt. Du beginnst, die Freude zu erfahren, ein Kanal für die schöpferische Energie des Kosmos zu sein!

Beispiele

Nun möchte ich einige Beispiele aus meinem Leben oder dem Leben von Freunden und Klienten geben und typische Situationen schildern, wie es ist, wenn man seiner Intuition folgt. Die Aussagen in Klammern sind die Gedanken und Gefühle, die dich in der Vergangenheit davon abgehalten hätten, auf deine intuitive Stimme zu hören.

– Du verlässt eine Party oder ein anderes Treffen, weil du erkennst, dass du in Wirklichkeit gar nicht hier sein willst (obgleich du Angst hast, was die anderen von dir denken könnten, oder obwohl du etwas verpassen könntest).

– Du sagst jemandem, dass du ihn anziehend findest, ihn kennenlernen möchtest, ihn liebst oder was auch immer du für ihn fühlst, weil es gut ist, offen zu sein und die Wahrheit auszusprechen (obwohl du Angst hast, zurückgewiesen zu werden, dadurch sehr verletzbar wirst, und ›man das einfach nicht tut‹).

– Du entscheidest dich, keine Dissertation zu schreiben, weil du in Wirklichkeit kein besonderes Interesse daran hast. Jedes Mal, wenn du daran denkst, fühlst du eine schreckliche Last auf deinen Schultern (obwohl du fünf Jahre daran gearbeitet hast, deine Eltern sich aufregen werden, dass du keinen Abschluss bekommst, obgleich du den Doktortitel wirklich gerne hättest und glaubst, dadurch eine bessere Stelle bekommen zu können).

– Du nimmst Gesangsunterricht, Musikunterricht oder Tanzstunden, weil du dir vorstellen kannst, dass es dir Freude macht, zu singen, ein Instrument zu spielen oder zu tanzen (obwohl du glaubst, kein Talent dafür zu haben, du schon zu alt dafür bist oder es dumm aussehen könnte).

– Du gehst einfach einen Tag nicht zur Arbeit, weil du das Gefühl hast, du musst dir einen faulen Tag daheim machen, in der Sonne liegen, einen Spaziergang machen oder einfach im Bett bleiben (obwohl du immer zur Arbeit gehst und dies für unverantwortlich hältst, weil du ja nicht wirklich krank bist; oder du hast Angst, deine Stelle zu verlieren, oder du glaubst, es sei dumm und leichtfertig).

– Du gibst deine Stellung auf, weil du deine Arbeit hasst und erkennst, dass du nichts zu tun brauchst, was du nicht willst (auch wenn du dir nicht sicher bist, was du als nächstes tun willst, und obwohl dein Geld nur für kurze Zeit reicht und du darüber besorgt bist, dass du nun nicht mehr die Sicherheit eines geregelten Einkommens hast).

– Du schlägst jemandem einen Gefallen aus, weil du es nicht wirklich gerne tust und das Gefühl hast, du würdest ihm später grollen, wenn du ihm den Gefallen tun würdest (obwohl du Angst hast, egoistisch zu sein, einen Freund zu verlieren oder dir einen Mitarbeiter zum Feind zu machen).

– Du gibst Geld für dich selbst oder jemand anderen aus und kaufst etwas, einem Impuls folgend, nur weil du dich gut dabei fühlst (obwohl du normalerweise sehr sparsam bist und das Gefühl hast, du kannst es dir eigentlich nicht leisten).

– Du sagst jemandem deine Meinung, weil du es satt hast, immer so zu tun, als seist du mit allem einverstanden (obwohl du normalerweise nicht wagen würdest, dich so deutlich auszudrücken).

– Du teilst deiner Familie mit, dass du kein Abendessen kochst, weil du keine Lust hast (auch wenn du Angst hast, eine schlechte Ehefrau und Mutter zu sein oder dass deine Familie herausfindet, dass sie auch ohne dich auskommen kann und deine Identität infrage gestellt ist).

– Du verschiebst eine Entscheidung, weil du dir noch nicht ganz sicher bist, was du wirklich fühlst (obwohl es sehr schwierig für dich ist, in einem Zustand der Unentschiedenheit zu leben).

– Du gründest ein eigenes Unternehmen, weil du in dir das starke Gefühl hast, du bist dazu in der Lage (obwohl du noch nie etwas Ähnliches getan hast).

Nun hast du eine Vorstellung davon bekommen, was es bedeutet, seiner Intuition zu folgen. Es heißt, dich so stark wie möglich auf die Energie einzustimmen, die du in dir spürst, ihr von Augenblick zu Augenblick zu folgen und darauf zu vertrauen, dass sie dich dahin führt, wo du sein möchtest, und dir das bringt, was du dir wünschst. Es bedeutet, du selbst zu sein, aufrichtig und authentisch in deiner Art, dich mitzuteilen, bereit zu sein, Neues zu versuchen, weil du das Gefühl hast, dass es so richtig ist. Es bedeutet schlicht und einfach, das zu tun, was dir Spaß macht!

Menschen mit einer starken Intuition

Viele Menschen besitzen bereits eine ausgeprägte Intuition, sie haben eine starke Verbindung zu ihrer intuitiven Stimme, haben aber Angst, dies in der Welt auszuleben. Oft folgen diese Menschen ihren intuitiven Eingebungen in einem speziellen Lebensbereich, in anderen aber nicht. Viele Künstler, Musiker, Schauspieler und andere kreative Menschen fallen unter diese Kategorie. Innerhalb der Grenzen ihrer Kunst vertrauen sie ihrer Intuition sehr stark und handeln spontan nach ihrem Gefühl. Deshalb sind sie ausgesprochen kreativ und produktiv. Doch in anderen Bereichen ihres Lebens besitzen sie nicht dasselbe Maß an Selbstvertrauen und Bereitschaft, ihren Gefühlen zu folgen, besonders nicht in Beziehungen und geschäftlichen oder finanziellen Angelegenheiten. Darin sehen wir den klassischen Fall eines Künstlers, der chaotisch und emotional aus dem Gleichgewicht und/oder in finanziellen Dingen unbegabt ist und ausgenutzt wird.

Ein gutes Beispiel für dieses Problem gibt der Film ›Lady Sings The Blues‹, der auf der Lebensgeschichte der berühmten Sängerin Billie Holiday basiert. In einer Szene befindet sie sich auf einer Tournee. Sie ist völlig erschöpft und möchte nach Hause zu ihrem Mann, um auszuruhen. Sie beschließt, die Tournee abzubrechen und ihrem Herzen zu folgen. Doch ihre Manager überzeugen sie davon, dass dieser Schritt ihre Karriere ruinieren würde und sie dabei bleiben müsse. Kurz nachdem sie diesen Argumenten nachgegeben hat, beginnt sie, Drogen zu nehmen. Von diesem Augenblick an nimmt ihr Leben einen tragischen Verlauf.

Selbstverständlich muss ein solcher Vorfall nicht gleich das ganze Leben ruinieren. Doch dieser Film illustriert, auf welche Weise sich viele Künstler einer fremden Autorität unterwerfen und unter den Folgen zu leiden haben, indem sie in innere Konflikte geraten und ihre Kraft verlieren. Um wieder in Harmonie zu gelangen, müssen diese Menschen lernen, ihrer Intuition zu vertrauen und sich in allen Bereichen ihres Lebens durchzusetzen.

Auch viele medial begabte Menschen leiden unter diesem Problem. Sie sind sehr offen, rezeptiv und intuitiv und lassen diese Eigenschaften zu, im Gegensatz zu vielen anderen von uns. Sie überlassen sich bei ihrer Arbeit oder unter bestimmten Bedingungen vollkommen der Führung ihrer Intuition. Doch auch hier besteht das Problem, dass sie nicht in jedem Lebensbereich und in jedem Augenblick ihren intuitiven Gefühlen folgen, besonders in ihren Beziehungen. Sie sind für die Energien anderer Menschen zu empfänglich und wissen oft nicht, wie sie in Verbindung mit ihren eigenen Gefühlen und Bedürfnissen bleiben können. Sie können sich nicht selbst behaupten und ihre Grenzen setzen. Meiner Erfahrung nach leiden diese höchst sensiblen Menschen oft unter körperlichen Beschwerden – unter Gewichtsproblemen oder chronischen Krankheiten. Sie werden geheilt, wenn sie lernen, ihren rezeptiven intuitiven Wesensanteil auszugleichen durch eine gleich stark entwickelte Bereitschaft, nach diesen Gefühlen zu handeln und sich in Beziehungen durchzusetzen.

Auch viele spirituelle Menschen, die sehr viel meditiert haben und sehr sensibel für ihre innere Energie sind, leiden unter diesem Ungleichgewicht. Wenn man sich auf der spirituellen Suche befindet, besitzt man eine sehr starke Vorstellung davon, was es bedeutet, ›spirituell‹ zu sein, nämlich liebevoll, offen und zentriert. So versuchen diese Menschen, immer dieser Vorstellung gemäß zu leben. Sie haben Angst, ihre Gefühle spontan und ehrlich zum Ausdruck zu bringen, aus Furcht, sie könnten grob, hart, ärgerlich, egoistisch oder lieblos sein.

Keiner von uns ist vollkommen erleuchtet. Daher werden wir oft ungehobelt, chaotisch, dumm oder gedankenlos reagieren, wenn wir es wagen, uns freier und ehrlicher zu entfalten. Indem wir lernen, unseren inneren Gefühlen nachzugeben, reinigen wir uns von allen alten Blockaden, die uns bisher daran gehindert haben. Während dieses Prozesses kommt eine Menge alten ›Mülls‹ an die Oberfläche und löst sich auf. Viele alte Glaubensvorstellungen und Verhaltensweisen kommen zum Vorschein und werden geheilt. Wenn dies geschieht, müssen wir bereit sein, uns mit unserem Unbewussten zu konfrontieren (mit der Zeit erkennen wir, dass es sich bereits verändert). Machen wir uns aber vor, dass wir schon mehr eins mit uns selbst sind, als es wirklich der Fall ist, verpassen wir die Gelegenheit, geheilt zu werden. Ich habe festgestellt, dass dieses Gefühl sehr verletzbar macht und man nichts mehr im Griff zu haben scheint. Doch ich kümmere mich überhaupt nicht mehr darum, wie ich auf andere wirke oder ob ich immer das Richtige tue. Ich muss so sein, wie ich nun einmal gerade bin. Ich tue mein Bestes und akzeptiere die Mischung aus erleuchteten Bewusstheit und menschlicher Beschränktheit, die ich in diesem Augenblick verkörpere.

Um ein Kanal für die kosmische Energie zu sein, ist es nicht notwendig, dass wir vollkommen sind. Wir müssen nur ehrlich wir selbst sein. Je aufrichtiger und spontaner wir sind, desto freier kann die kreative Kraft durch uns fließen. Dabei reinigt sie uns von allen alten Blockaden. Das Ergebnis ist manchmal unbequem oder unangenehm, doch die Energie, die einen durchströmt, verursacht ein großartiges Gefühl! Je mehr wir dies zulassen, umso klarer wird unser Kanal und das Resultat ist ein immer vollkommener werdender Ausdruck des Universums.

Sei dir auch bewusst, dass viele unserer spirituellen Vorstellungen eher unsere Idealbilder widerspiegeln, als dass sie eine tatsächliche Darstellung von Erleuchtung sind. Die Vorstellung vieler Menschen, dass sie immer sanftmütig, positiv und liebevoll sein sollen, ist in Wirklichkeit nur ein Ausdruck für ihr Bedürfnis, alles unter Kontrolle zu haben, ›gut‹ und im Recht zu sein. Der Kosmos hat viele Gesichter und zeigt sich in vielen Schattierungen und ständig wechselnden Gewändern. Nur wenn wir die Kontrolle aufgeben und es wagen, uns furchtlos mit dem Fluss des Universums zu bewegen, können wir die ekstatische Erfahrung machen, ein wahrer Kanal zu sein.

Übung

1. Schreib all die Gründe auf, die dich daran hindern, deiner Intuition zu vertrauen und ihr zu folgen. Nimm in die Aufstellung all die Ängste mit auf, was passieren könnte, wenn du immer nach deiner Intuition lebst.

2. Lies dir noch einmal die Meditation am Ende von Kapitel 3 (Intuition) durch.

3. Nimm dir mindestens zweimal pro Tag Zeit, dich einige Minuten zu entspannen, deine Augen zu schließen und nach innen zu gehen. Fühle in deinem ›Bauch‹, ob du auch das tust, was du tun möchtest (mache diese Übung wenn möglich öfter als nur zweimal am Tag!).

4. Geh einen Tag oder eine Woche lang davon aus, dass deine intuitiven Gefühle hundert Prozent richtig sind. Handle, als wäre es tatsächlich so.

Kapitel 12

Gefühle

Eines der häufigsten Probleme, denen ich in meiner Arbeit begegne, ist, dass so viele Menschen den Kontakt mit ihrer Gefühlswelt verloren haben. Wenn wir unsere Gefühle unterdrücken und uns von ihnen abgespalten haben, können wir nicht mit dem Universum in unserem Innern in Berührung sein. Wir können unsere intuitive Stimme nicht vernehmen und unser Lebendigsein nicht genießen.

Es scheint mir, dass viele von uns als Kinder nicht genügend gefühlsmäßige Zuwendung bekommen haben. Unsere Eltern wussten nicht, wie sie mit ihren eigenen Gefühlen umgehen sollen, und noch weniger mit unseren. Vielleicht waren sie mit den Schwierigkeiten und Verpflichtungen in ihrem Leben so überlastet, dass sie uns nicht die Liebe und Geborgenheit geben konnten die wir gebraucht hätten.

Was auch immer der Grund gewesen sein mag, Tatsache ist, dass wir sehr bald lernen, unsere Gefühle zu unterdrücken, wenn niemand da ist, der auf unsere Gefühle in positiver Weise eingeht. Wenn wir unsere Gefühle verschließen, blockieren wir aber auch die Lebensenergie, die unseren Körper durchströmt. Die Energie der unterdrückten Gefühle bleibt als Blockade in unserem Körper erhalten und verursacht seelisches und körperliches Unwohlsein. Schließlich werden wir davon krank. Wir werden abgestumpft und gefühllos.

Jeden Tag begegne ich in meinen Workshops und privaten Beratungen Menschen, die ihr ganzes Leben lang ihre Gefühlswelt vernachlässigt haben. Viele haben Angst, ihre sogenannten ›negativen‹ Gefühle zuzulassen – Traurigkeit, Schmerz, Wut, Angst und Verzweiflung. Sie befürchten, dass sie von diesen Gefühlen überwältigt werden, wenn sie sich für sie öffnen. Sie schrecken davor zurück, weil sie glauben, dass sie in der Erfahrung dieser Gefühle für immer steckenbleiben, wenn sie sich darauf einlassen.

Tatsächlich aber ist genau das Gegenteil der Fall. Wenn du bereit bist, ein bestimmtes Gefühl voll zuzulassen, befreit sich die blockierte Energie sehr schnell und das Gefühl löst sich auf. In meiner Therapie unterstütze ich die Menschen darin, ihren blockierten Gefühlen freien Lauf zu lassen. Wenn das Gefühl erst einmal an die Oberfläche gekommen ist und voll ausgelebt wurde, verschwindet es gewöhnlich innerhalb von Minuten. Es ist erstaunlich zu sehen, wie sich ein schmerzliches Gefühl in ein paar Minuten auflöst, das vorher dreißig, vierzig oder fünfzig Jahre lang unterdrückt worden ist. Nachdem es durchlebt wurde, tritt ein Gefühl der Befreiung und des inneren Friedens an seine Stelle. (Es ist gut, sich für solche Prozesse die Unterstützung eines Therapeuten oder einer Selbsthilfegruppe zu suchen.)

Wenn man die blockierten Emotionen aus der Vergangenheit erst einmal befreit hat, verspürt man viel mehr Lebensenergie und Vitalität. Dann muss man lernen, mit den Gefühlen in Kontakt zu bleiben, sowie sie auftauchen. Auf diese Weise können sie ungehindert durch uns hindurch fließen und unser Kanal bleibt frei und offen.

Gefühle sind wie das Wetter bestimmten Zyklen und ständigen Veränderungen unterworfen. Im Verlauf einer

Stunde, eines Tages oder einer Woche durchleben wir eine breite Gefühlspalette. Wenn wir dies einmal verstanden haben, lernen wir, alle unsere Gefühle zu genießen und zuzulassen, dass sie sich ständig verändern. Haben wir aber Angst vor bestimmten Gefühlen, wie Traurigkeit oder Wut, dann ziehen wir die emotionale Notbremse, sobald sie in uns aufkommen. Wir wollen diese Gefühle nicht voll und ganz durchleben. Deshalb bleiben wir auf halber Strecke darin stecken. Wir gehen niemals völlig durch sie hindurch.

Oft kommen Menschen in meine Workshops, um das ›positive Denken‹ zu erlernen, weil sie nicht in ihren negativen Gefühlen verstrickt bleiben wollen. Sie sind dann sehr erstaunt, wenn ich sie dazu auffordere, ihre negativen Gefühle mehr, nicht weniger zum Ausdruck zu bringen! Nur wenn wir alle Teile von uns selbst lieben und akzeptieren, können wir frei und erfüllt sein.

Wir neigen dazu, bestimmte Gefühle als ›schmerzhaft‹ zu betrachten, und möchten sie deshalb am liebsten vermeiden. Ich habe jedoch herausgefunden, dass Schmerz nichts anderes ist als Widerstand gegen ein Gefühl. Schmerz ist eine Reaktion des Körpers, die uns hilft, uns vor physischem Schaden zu bewahren. Wenn du auf eine heiße Herdplatte fasst, empfindest du Schmerz. Dies ist der Widerstand gegen die Empfindung der Hitze, die du spürst. Er veranlasst dich, die Hand zurückzuziehen und damit eine Verletzung deines Körpers zu verhindern. Und wenn du dich doch verbrannt hast, zeigt dir der Schmerz, dass dein Körper Heilung benötigt.

Auf körperlicher Ebene ist Schmerz also ein nützlicher Mechanismus, der uns vor Gefahren schützt. Wenn ein Gefühl jedoch nicht wirklich gefährlich ist, kannst du dich entspannen und der Schmerz wird verschwinden. Wenn du zum Beispiel einen Muskel mehr dehnst, als du es gewöhnt bist, tut dies erst einmal weh. Entspannst du dich dann aber in der angespannten Lage mehr und mehr, lässt der Schmerz nach. Wenn eine Frau bei einer Geburt gegen die körperliche Empfindung Widerstand leistet, wird sie Schmerzen haben. Je mehr sie sich in das Gefühl hinein entspannen kann, umso schmerzloser wird die Geburt sein.

Auch im emotionalen Bereich verursacht der Widerstand gegen ein Gefühl Schmerzen. Wenn wir ein Gefühl unterdrücken, weil wir Angst davor haben, werden wir seelischen Schmerz empfinden. Wenn wir das Gefühl zulassen und es ganz annehmen, wird es zu einer intensiven Empfindung, die aber nicht schmerzhaft ist.

Es gibt keine ›negativen‹ oder ›positiven‹ Gefühle – wir machen sie negativ oder positiv, indem wir sie ablehnen oder annehmen. Für mich sind alle Gefühle ein Teil der sich ständig verändernden Wahrnehmung, lebendig zu sein. Wenn wir all die verschiedenen Gefühle lieben, dann werden sie zu den Regenbogenfarben des Lebens.

Im folgenden sind einige der Gefühle beschrieben, vor denen die Menschen am meisten Angst zu haben scheinen. Ich gebe einige Hinweise dazu, wie man mit ihnen umgehen kann.

Angst: Es ist besonders wichtig, deine Ängste zu beachten und anzunehmen. Wenn du dich in deiner Angst akzeptieren kannst und nicht versuchst, die Angst zu überwinden, wirst du dich sicherer fühlen und die Angst wird schwächer. Gehe Risiken ein, wenn du dich bereit dazu fühlst, doch zwinge dich zu nichts.

Traurigkeit: Traurigkeit hat mit dem Öffnen des Herzens zu tun. Wenn du deine Traurigkeit zulässt, besonders, wenn du weinen kannst, wirst du feststellen, dass sich dein Herz immer mehr öffnet und du mehr Liebe empfinden kannst. Wenn möglich, lasse dich von jemanden unterstützen, der deine Traurigkeit akzeptieren und einfach bei dir sein kann.
Kummer: Kummer oder Trauer ist eine Steigerungsform von Traurigkeit, die im Zusammenhang mit dem Tod eines Menschen oder dem Ende einer Sache steht. Es ist sehr wichtig, dass du deinen Kummer voll auslebst und den Prozess nicht abkürzt. Kummer dauert oft sehr lange oder taucht über lange Zeit periodisch immer wieder auf. Nimm den Kummer an und gib dir so viel Zuwendung, wie du brauchst, wenn er dich überkommt.
Schmerz: Schmerz ist ein Ausdruck von Verletzbarkeit. Wir neigen dazu, ihn durch defensives Verhalten zu tarnen und andere anzuklagen, um nicht zugeben zu müssen, wie verletzlich wir uns in Wirklichkeit fühlen. Es ist wichtig, Gefühle der Verletztheit direkt und ohne Anklage zum Ausdruck zu bringen (Zum Beispiel: »Es hat mich wirklich sehr verletzt, als du mich nicht gefragt hast, ob ich mit dir komme«, anstatt: »Du nimmst keine Rücksicht auf meine Gefühle. Wie kannst du nur so gefühllos sein.« usw.).
Hoffnungslosigkeit: Sie ist oft darauf zurückzuführen, dass wir uns selbst nicht vertrauen, unsere Gefühle und Bedürfnisse nicht achten und uns nicht genügend um uns selbst kümmern. In diesem Fall ist es notwendig, mehr zu uns selbst zu stehen. Ein Gefühl von Hoffnungslosigkeit kann aber auch auftauchen, wenn wir anfangen, unsere alten Verhaltensmuster loszulassen, die Kontrolle aufzugeben und uns der Kraft des Universums zu überlassen.

Wut: Wenn wir unsere wirkliche Kraft unterdrücken und anderen Menschen eine Macht über uns geben, die ihnen nicht zusteht, werden wir wütend. Gewöhnlich unterdrücken wir auch das Gefühl der Wut und werden gleichgültig. Wenn wir beginnen, uns unserer eigenen Kraft wieder bewusst zu werden, und sie in uns spüren, ist das erste, was wir fühlen, die angestaute Wut. Deshalb ist es bei vielen Menschen, die auf dem Weg zu mehr Bewusstheit sind, ein gutes Zeichen, wenn sie mit ihrer Wut in Kontakt kommen. Es bedeutet, dass sie ihre innere Kraft wiedererlangen.

Wenn du dir in deinem Leben bislang nicht zugestanden hast, deine Wut zum Ausdruck zu bringen, wirst du Situationen herbeiführen und Menschen anziehen, die dich wütend machen. Schenke der äußeren Situation nicht allzu viel Beachtung, sondern lass vielmehr deine Wut zu und erkenne, dass es deine Kraft ist. Stell dir vor, in dir bricht ein Vulkan aus, der dich mit Kraft und Energie fasst.

Oftmals haben die Menschen große Angst vor ihrer Wut – sie befürchten, sie könnten etwas Schreckliches tun. Wenn du diese Angst hast, lass dieses Gefühl zu. Schaffe dir eine sichere Situation, in der du deine Wut ausdrücken kannst – entweder allein, mit einem Therapeuten oder einem engen Freund. Erlaube dir, zu toben und zu rasen, zu schlagen und zu schreien, Gegenstände zu schmeißen oder auf ein Kissen einzuschlagen, alles, was du willst. Wenn du dies in einer Umgebung machst, in der nichts passieren kann (vielleicht musst du deine Wut auf diese Weise öfter ablassen), wirst du nicht länger Angst haben, dass du destruktiv handeln könntest. Du wirst mit anderen Situationen in deinem Leben viel besser umgehen können.

Wenn du in deinem Leben sehr viel Wut und Ärger ausgelebt hast, dann suche den Schmerz in dir, der deiner Wut zugrunde liegt und bringe ihn zum Ausdruck. Denn in diesem Fall benutzt du die Wut als Abwehrmechanismus, um deine Verletzbarkeit zu vermeiden.

Ein wichtiger Schritt, Wut in Kraft zu transformieren, liegt darin, zu lernen, sich selbst zu behaupten und durchzusetzen. Lerne erkennen, was du willst, und handle danach, ohne dich von anderen Menschen beeinflussen zu lassen. Wenn du damit aufhörst, anderen Menschen deine Kraft zu überlassen, wirst du nicht mehr wütend sein.

Das Annehmen unsere Gefühle steht in direktem Zusammenhang mit der Fähigkeit, ein Kanal für die kreative Energie zu werden. Wenn du deine Gefühle nicht fließen lässt, ist dein Kanal blockiert. Wenn du viele Gefühle angestaut hast, werden in dir eine Menge schreiender und wimmernder Stimmen laut, die dich daran hindern, die feine Stimme deiner Intuition zu vernehmen.

Oft braucht man bei der Auflösung seiner emotionalen Blockaden Hilfe. Man braucht jemanden, der einem dabei hilft, mehr den eigenen Gefühlen zu vertrauen. Wenn du einen Therapeuten suchst, frage in deinem Bekanntenkreis nach Empfehlungen. Zögere nicht, mehrere Therapeuten erst einmal kennenzulemen, bevor du dich für einen entscheidest, der dir sympathisch ist. Versuche jemanden zu finden, der in Kontakt mit seinen Gefühlen zu sein scheint und dir in ehrlicher und aufrichtiger Weise begegnet. Er sollte dich darin unterstützen, deine Gefühle zu erfahren und auszudrücken und dir selbst immer mehr zu vertrauen.

Ob du nun professionelle Hilfe suchst oder nicht, frage dich öfters am Tag, wie du dich fühlst. Lerne zu unterscheiden, was du denkst und was du fühlst (viele Menschen haben damit Schwierigkeiten). Akzeptiere und genieße deine Gefühle, so intensiv du kannst. Dann wirst du herausfinden, dass sie dir die Tür zu einem reichen, erfüllten und leidenschaftlichen Leben öffnen.

Übung

Mach diese Übung kurz nachdem du morgens aufgewacht bist. Schließe deine Augen und lenke deine Aufmerksamkeit auf die Mitte deines Körpers – in die Gegend um dein Herz, den Solarplexus, den Bauch. Frage dich, wie du dich gerade fühlst. Versuche die Gefühle von den Gedanken zu unterscheiden, die du gerade im Kopf hast. Fühlst du dich friedlich, aufgeregt, ängstlich, traurig, ärgerlich, fröhlich, frustriert, schuldig, liebevoll, einsam, erfüllt, ernst oder verspielt?

Wenn du ein unglückliches oder aufgebrachtes Gefühl in dir entdeckst, gehe in das Gefühl hinein und gib ihm eine Stimme. Lass dir von ihm berichten, wie es sich fühlt. Versuche, ihm wirklich zuzuhören und dir seine Meinung sagen zu lassen. Sei mitfühlend und liebevoll und unterstütze deine Gefühle. Frage sie, ob du irgendetwas tun kannst, um besser für dich zu sorgen.

Wiederhole diese Übung vor dem Einschlafen und zu jeder anderen Tageszeit, die dir geeignet erscheint.

Kapitel 13

Aktivität und Passivität

Als Kanal für den Kosmos müssen wir unser ganzes Ausdrucks- und Gefühlspotential zur Verfügung haben. Wenn uns die kosmische Kraft dazu ermuntert, uns auf eine Gelegenheit zu stürzen, müssen wir den Sprung wagen, ohne innezuhalten und Fragen zu stellen. Wenn sie uns rät, zu warten, müssen wir uns entspannen können und eine Phase des Nichtstuns genießen, bis wir die nächste Botschaft erhalten. Wir werden immer auf Aspekte unseres Selbst gestoßen, die wir noch nicht entwickelt haben, um uns neu zu erfahren und zum Ausdruck zu bringen. Wenn wir unsere inneren Impulse ignorieren, werden wir durch äußere Umstände dazu gezwungen, uns mit unserer Innenwelt auseinanderzusetzen und die Polaritäten des Lebens zu erfahren. So oder so, unser höheres Selbst sorgt immer dafür, dass wir die Botschaft, was wir zu tun haben, auch empfangen. Manchmal müssen wir von einem Extrem ins andere fallen, bis wir unsere innere Harmonie erlangen.

Du kannst davon ausgehen, dass dich deine Intuition immer in eine Richtung lenkt, die neue Erfahrungen für dich bereithält. Wenn du dich in einer Persönlichkeitsstruktur gerade wohl fühlst, musst du vielleicht genau das Gegenteil davon verwirklichen. Es ist gut, dies zu wissen, besonders, wenn man gerade lernt, auf seine innere Stimme zu hören. Eine hilfreiche Regel ist hierbei, ›immer das Unerwartete zu erwarten‹.

Eines der wichtigsten Gegensatzpaare in uns bilden die Energien von Sein und Handeln. Die meisten Menschen sind mehr mit einer dieser beiden Energien identifiziert und verleugnen die andere, doch wir müssen beide in uns integrieren und in Harmonie bringen. Entsprechend könnte man die Menschen in zwei Gruppen einteilen, die mehr ›Aktiven‹, nach außen orientierten, Handelnden, und die ›Passiven‹, die mehr nach innen und auf das Sein hin orientierten Charaktere. Sie entsprechen grob der Unterscheidung in Typ A (aktiv) und Typ B (passiv) in der psychologischen Terminologie.

Zu den ›Aktiven‹ zählen diejenigen Menschen, die vorwiegend handlungsorientiert sind. Sie wissen, wie man die Dinge anpackt. Gewöhnlich scheuen sie kein Risiko, sich selbst zu verwirklichen oder Neues auszuprobieren. Grundsätzlich können sie ihre extrovertierte Energie gut umsetzen. Doch mit dem Nehmen haben sie Schwierigkeiten. Sie zeigen nur ungern ihre Verletzlichkeit. Am schwersten fällt ihnen das Nichtstun, wenn sie in keiner konstruktiven Aktivität engagiert sind. Wenn sie ihre Zeit nicht verplant haben, fühlen sie sich unwohl. Gewöhnlich füllen sie auch ihre Freizeit mit unzähligen Aktivitäten. Sie fühlen sich immer zu etwas getrieben und können sich nur sehr schwer entspannen. Bei diesem Charaktertypus ist der männliche Anteil, die aktive Energie, wesentlich stärker ausgeprägt. Die weibliche, rezeptive Seite ihrer Persönlichkeit wird von den ›Aktiven‹ eher als unangenehm empfunden.

Zu den ›Passiven‹ gehören die Menschen, die eher introvertiert sind. Sie können sich gut entspannen und die Dinge leicht nehmen. Sie genießen die kleinen Freuden des Lebens. Sie wissen, wie man es sich und anderen schön und angenehm machen kann. Sie können spielerisch mit dem Leben umgehen. Im Allgemeinen sind sie sehr flexibel und können ihre Freizeit genießen. Dagegen haben sie Schwierigkeiten mit aktivem Handeln. Sie haben Angst, sich auf Neues einzulassen. Sie neigen dazu, viel von sich zurückzuhalten, können sich nur schwer durchsetzen und ihre Gefühle und Meinungen schlecht zum Ausdruck bringen. Sie machen sich ständig Gedanken darüber, was andere von ihnen halten. In der Außenwelt fühlen sie sich unwohl. Es mangelt ihnen an Vertrauen im Umgang mit Menschen, geschäftlichen Angelegenheiten und Geld und ähnlichem. Bei ihnen dominiert die weibliche rezeptive Energie. Mit der männlichen, extrovertierten Seite ihrer Persönlichkeit kommen diese Menschen nur schwer zurecht.

Wenn du überwiegend zum aktiven Charaktertyp gehörst, wirst du von deiner Intuition sehr wahrscheinlich dahin geführt, weniger zu tun. Deine Gefühle werden dich dazu auffordern, eine Pause einzulegen und dich zu entspannen, dir einen Tag (oder eine Woche oder ein halbes Jahr) freizunehmen, um mehr Zeit mit dir selbst und in der Natur zu verbringen, ohne Zeitplan zu leben und deiner Energie zu folgen, wie du sie gerade spürst. Wenn du diese innere Botschaft ignorierst, wird möglicherweise eine gesundheitliche Störung auftauchen, die dich schließlich zwingt, mehr Gleichgewicht in dein Leben zu bringen. Die härteste Prüfung für den ›Aktiven‹ ist, gar keine Botschaft zu erhalten und warten zu müssen. Es fällt ihm am schwersten, ›nichts zu tun‹, bis etwas geschieht. Ich selbst gehöre vorwiegend zu Typ A. Ich bin ein ausgesprochen aktiver Mensch und eine meiner schwierigsten Lektionen lernte ich in einer Zeit, als mich das Universum zum Nichtstun zwang. Doch inzwischen habe ich erkannt, dass diese Phasen am energiereichsten und inspirierendsten sind, weil ich dann genügend Zeit habe, mit meinem höheren Bewusstsein in Kontakt zu kommen. Tatsächlich habe ich schließlich zugeben müssen, dass ich mein ganzes Leben lang so beschäftigt war, nur um meine innere Kraft nicht spüren zu müssen. Ich hatte Angst vor einem ›Leerlauf‹ in meinem Zeitplan, weil diese Phase in Wirklichkeit so voller kosmischer Kraft ist.

Wenn du eher ein passiver Mensch bist, wird dich dein inneres Selbst zweifellos zu stärkerer Aktivität, Selbstausdruck und Risikobereitschaft antreiben. Hier liegt die Lösung darin, deinen inneren Impulsen nachzugeben und Dinge auszuprobieren, die du normalerweise nicht versuchen würdest. Anfangs ist es dabei gar nicht wichtig zu wissen, warum du etwas tust oder welche Resultate du mit deiner Handlung erzielen wirst. Wichtig ist, dass du übst, spontan nach deinen Gefühlen zu handeln, besonders, wenn es darum geht, sich mit Menschen und weltlichen Angelegenheiten zu konfrontieren, die eigene Kreativität auszudrücken, Geld zu verdienen oder sich mit Dingen zu beschäftigen, denen du normalerweise aus dem Weg gehen würdest.

Zwinge dich aber nicht zu mehr, als du bereit bist zu tun. Es ist von großer Wichtigkeit, die eigenen Grenzen und Wachstumsrhythmen zu respektieren. Vergewissere dich deshalb, ob die innere Stimme nicht von deinem Tyrannen stammt, der dir befiehlt, was du zu tun hast (wenn die Stimme das Wort ›sollen‹ oder ›müssen‹ gebraucht, ist es niemals der Kosmos, der zu dir spricht!). Folge vielmehr deinen Gefühlen, die dich dazu führen wollen, dich zu verwirklichen, und die dich darin unterstützen, dein Selbstvertrauen zu entwickeln.

Meditation

Mache es dir bequem und schließe deine Augen, atme tief ein und aus. Jedes Mal, wenn du ausatmest, entspannst du dich mehr und mehr, bis du eine ruhige Ebene deines Bewusstseins erlangt hast. Stell dir vor, dass du völlig in deinem inneren Gleichgewicht bist. Du kannst dich entspannen und dir ein schönes Leben machen. Du genießt die Zeit in deinem Leben, in der es nichts Bestimmtes zu tun gibt. Auf der anderen Seite kannst du deinen spontanen Eingebungen folgend aktiv werden. Du kannst dich verwirklichen und wagen, Neues zu versuchen, wann immer du dich dazu inspiriert fühlst. Du lebst dein ganzes Potential an Aktivität und Passivität, sodass du deiner inneren Führung folgen kannst, in welche Richtung auch immer sie dich lenkt.

Übung

Wenn du vorwiegend dem aktiven Charaktertyp angehörst, verbringe einen ganzen Tag damit, so wenig wie möglich zu tun. Achte darauf, wie du dich fühlst und was geschieht.

Wenn du eher zu den ›Passiven‹ zählst, dann folge einen ganzen Tag lang jedem Impuls und jeder Inspiration, die in dir auftaucht, ohne irgendein bestimmtes Resultat zu erwarten. Probiere Dinge aus, die für dich neu und ungewöhnlich sind, besonders solche, die voraussetzen, dass du mit Menschen Kontakt aufnimmst oder dich mit weltlichen Angelegenheiten beschäftigst. Achte darauf, wie du dich fühlst, bevor, während und nachdem du so gehandelt hast.

Kapitel 14

Tyrann und Rebell

Der Tyrann und der Rebell sind zwei Persönlichkeitsanteile, die bei vielen von uns in der einen oder anderen Form auftreten. Wenn sie sehr stark sind, können sie es sehr schwierig für uns machen, die Stimme der Intuition wahrzunehmen. Wenn wir uns ihrer nicht bewusst sind, kontrollieren sie möglicherweise unser Verhalten und machen es uns unmöglich, mit unseren wahren Wünschen in Kontakt zu kommen. Der Kampf zwischen diesen beiden Teilen kann außerdem zu schweren inneren Konflikten führen.

Wie bei allen inneren Anteilen ist der wichtigste Schritt, dass wir uns ihrer bewusst werden, denn dann sind wir schon nicht mehr völlig mit ihnen identifiziert. Wir erkennen sie als Anteile von uns und können uns frei entscheiden, wie viel Macht wir ihnen über uns geben.

Der innere Tyrann repräsentiert unser Bedürfnis nach Ordnung und Struktur sowie die Verhaltensregeln, die wir gelernt haben. Menschen, die mit sehr autoritären Eltern oder einer autoritären Religion aufwachsen, entwickeln immer einen starken inneren Tyrannen, der die Wertvorstellungen und Regeln der äußeren Autoritäten übernommen hat. Er versucht uns zu beschützen, indem er sicherstellt, dass wir den Regeln folgen, die Ordnung aufrechterhalten und verantwortungsbewusst handeln.

Wer einen starken inneren Tyrannen besitzt, wird entweder versuchen, sich an seine Vorschriften zu halten, oder aber dagegen rebellieren. Wer sich an die Regeln hält, ist meist verantwortungsvoll, ordnungsliebend und erfolgreich. Oft verliert man dabei jedoch den Kontakt mit den spontanen, spielerischen und kreativen Energien und fühlt sich schließlich leer und verloren.

Manche Menschen reagieren auf eine autoritäre Erziehung, indem sie einen starken inneren Rebellen entwickeln. Sie identifizieren sich mit diesem Anteil und verdrängen ihren inneren Tyrannen, doch in ihrem Unterbewusstsein bleibt er vorhanden und beeinflusst laufend ihr Verhalten, indem er den inneren Rebellen auslöst.

Der innere Rebell entwickelt sich meist in der Kindheit oder Pubertät und ist ein Versuch, sich angesichts erdrückender Vorschriften und Regeln ein Gefühl der inneren Freiheit zu bewahren. Zu diesem Zeitpunkt kann er tatsächlich lebensnotwendig sein und unser inneres Selbst schützen, doch leider ist er nur eine primitive Gegenreaktion gegen die Regeln des Tyrannen, der automatisch immer das Gegenteil von dem tut, was von ihm erwartet wird. Daher besitzt er keine wirkliche Freiheit und ermöglicht keinen Kontakt mit den wahren inneren Wünschen. Er kann schließlich zu einer Kraft werden, die das eigene Selbst sabotiert und zu süchtigem und destruktivem Verhalten führt.

Menschen, die sich mit dem inneren Rebellen identifizieren, sind oft ›schwarze Schafe‹, die die verdrängten Energien der anderen Familienmitglieder ausagieren. Unter Umständen setzt sich dieses Muster im späteren Leben fort, wobei sie immer zum Sündenbock werden und in allen ihren Beziehungen die Schattenenergie übernehmen.

Der Rebell kämpft gegen jede kontrollierende Energie, auch gegen legitime Autoritäten oder die eigenen inneren Versuche, gesunde Strukturen im Leben aufzubauen. Wenn zum Beispiel ein Vorgesetzter etwas verlangt, wird er ärgerlich und verweigert sich. Wenn du dich entscheidest, in Zukunft gesünder zu leben, stürzt er sich sofort auf die nächste Schokolade. Wenn du beschließt, am Wochenende früh aufzustehen und joggen zu gehen, bleibt er bis Mittag im Bett liegen.

Wenn wir mit einer Energie stark identifiziert sind, ziehen wir in unseren Beziehungen immer den gegenteiligen Aspekt an. Wenn du dich mit deinem Tyrannen identifizierst, hast du wahrscheinlich einen rebellischen Partner, rebellische Kinder oder rebellische Untergebene. Wenn du dich mit dem Rebellen identifizierst, ziehst du ständig autoritäre Energien an, die Polizei, die Steuerprüfung, einen strengen Chef, einen tyrannischen Partner.

Wenn diese Identifikation unbewusst ist, dann haben wir keine wirkliche innere Freiheit, sondern befinden uns in einem ständigen inneren Kampf, der es uns unmöglich macht, mit unseren intuitiven Gefühlen oder wirklichen Wünschen in Kontakt zu kommen.

Der Schlüssel besteht darin, uns dieser Energien bewusst zu werden und sie erkennen zu lernen. Dann kannst du versuchen, dich auf eine tiefere Ebene sinken zu lassen, auf der du intuitiv spürst, was du in der jeweiligen Situation wirklich brauchst und willst.

Die beste Technik zum Umgang mit diesen schwierigen Energien in uns ist nach meiner Erfahrung die Voice-Dialogue-Methode von Hal und Sidra Stone (siehe Literaturhinweise).

Eine meiner Klientinnen war mit ihrer beruflichen Karriere unzufrieden und sah, dass sie ihre Kündigung provozierte. Sie arbeitete in einem Büro als Verwaltungsangestellte. Obwohl sie ein gutes Organisationstalent besaß, ertappte sie sich dabei, dass sie häufig Dinge vergaß. Ihr Chef erinnerte sie an das, was sie vergessen hatte, und sie kochte vor Wut. Sie erkannte, dass sie jedes Mal wütend wurde, wenn ihr Chef etwas zu ihr sagte, auch wenn es einsichtig war. Einerseits hatte sie Angst, ihre Stellung zu verlieren, andererseits wollte sie nicht länger bleiben. So war sie in ihrer eigenen Falle gefangen. Während unseres Gesprächs fing sie an, den Rebellen in ihrem Innern zu erkennen. Sie sah, dass er mit dem Tyrannen kämpfte, der ihr befahl, die Stellung zu behalten, und auch gegen ihren Chef, der eine Machtposition innehatte. Sie ging zurück in ihre Kindheit, um herauszufinden, wann sie das erste Mal einen Rebellen in sich entwickelt hatte. Sie erkannte, dass sie Schwierigkeiten in der Schule und mit Autoritätspersonen in anderen Stellungen gehabt hatte. Sie wurde sich darüber klar, dass sie von alten Verhaltensmustern bestimmt wurde.

Diese Erkenntnis veranlasste sie dazu, diese beiden Teile in sich sofort verändern zu wollen. Ich erklärte ihr, dass sie mit ihren Gefühlen auf diese Weise nicht umgehen dürfe. Immer, wenn sie versuchen würde, ihren Rebellen zu verändern, würde sie ihren Tyrannen stärken. Der Rebell wäre gezwungen, weiter zu kämpfen. Für sie war es wichtig, ihre Reaktion zu beobachten und zu akzeptieren, dass sie dieses Verhaltensmuster auslebte. Als sie verstanden hatte, was ich meinte, bat ich sie, die Augen zu schließen und sich an einen ruhigen Ort in ihrem Innern zu begeben. Sie musste ihre Intuition fragen, was sie wirklich wollte.

Es stellte sich heraus, dass sie eigentlich viel lieber in den Verkauf gehen wollte, als hinter einem Schreibtisch sitzen zu müssen. Sie war ärgerlich auf sich selbst und hatte gleichzeitig Angst vor diesem neuen Schritt.

Nachdem sie erkannt hatte, was sie wirklich wollte, konnte sie einige Schritte unternehmen, die sie ihrem Ziel näher brachten. Sie beschloss, ihre Stellung vorübergehend noch zu behalten und die Hilfe ihres Chefs in Anspruch zu nehmen. Sie entschied, einige Informationsgespräche mit Firmen zu führen, um eine Vorstellung davon zu bekommen, wo sie künftig gerne arbeiten würde. Nachdem sie nun genau wusste, was ihr Ziel war und ihre Vorgehensweise ausgelotet hatte, ging es ihr viel besser.

Eine Woche später rief sie mich an, um mir zu erzählen, dass ihr Rebell und Tyrann schon viel weniger Kraft hätten, obwohl sie immer noch miteinander kämpften. Sie verfolgte ihr berufliches Ziel weiter und ihr Chef hatte ihr seine volle Unterstützung zugesagt.

Übung

Finde einige deiner Vorschriften und Verhaltensmaßregeln, die fordernd und beherrschend auf dich wirken (die dich tyrannisieren). Verwende die im folgenden aufgeführten Bereiche, und schreibe alle Forderungen auf. Die Beispiele sollen dir dabei helfen.

Beruf:
Ich muss vierzig bis sechzig Stunden in der Woche arbeiten.
Ich muss hart arbeiten, um es zu etwas zu bringen.
Ich kann kein Geld verdienen, wenn ich tue, was mir Spaß macht.

Geld:
Ich werde nie genug Geld haben.
Ich muss Geld sparen, falls etwas passiert.
Ich darf mit Geld nicht leichtsinnig umgehen.

Beziehungen:
Ich muss einen Ehepartner finden.
Ich muss es meinem Ehepartner recht machen.
Ich muss monogam leben.
Ich sollte mit dem zufrieden sein, was ich habe.

Sex:
Ich muss jedes Mal einen Orgasmus haben.
Um mit jemandem Sex zu haben, muss ich ihn auch lieben.
Ich muss der beste und sinnlichste Liebhaber sein.

Schreibe nun daneben auf, welche rebellischen Gedanken du hast. Zum Beispiel: »Wer braucht schon Arbeit. Ich werde meine Stellung aufgeben.« Oder: »Was kümmert mich Geld. Ich brauche kein Geld.« Oder: »Hinter dem Rücken meines Ehepartners tue ich, was ich will.«

Wenn du die Dialoge deines Rebellen und deines Tyrannen niedergeschrieben hast, geh in dich und frage dich, was du wirklich möchtest. Finde heraus, was deine Wahrheit ist. Schreibe alle Gedanken und Gefühle auf, die hierzu in dir entstehen.

KAPITEL 15

Partnerschaft

Die Beziehungen der alten Welt konzentrierten sich auf das Außen – wir versuchten, ganz zu werden, indem wir etwas von außen bekommen wollten. Diese Erwartung führt unvermeidlich zu Enttäuschung, Groll und Frustration. Entweder kommen diese Gefühle in einem ständigen Kampf zum Ausdruck oder sie führen zu emotionaler Gleichgültigkeit, wenn wir sie unterdrücken. Doch immer noch suchen wir aus unserer gefühlsmäßigen Unsicherheit in Beziehungen das zu finden, was uns zu unserem ›Ganz-Sein‹ fehlt.

In dieser tragischen Situation befinden wir uns nun schon seit Jahrtausenden. Im Augenblick scheinen wir auf einen kritischen Punkt zuzusteuern. Beziehungen und Familien, wie wir sie kennen, gehen zunehmend in die Brüche. Viele Menschen geraten deswegen in Panik. Manche versuchen, die alten Wertsysteme wiederherzustellen, um ein Gefühl der Ordnung und Stabilität in ihr Leben zu bringen.

Aber es ist sinnlos zurückzugehen, weil sich unser Bewusstsein bereits über den Punkt hinaus entwickelt hat, wo wir bereit sind, die für diese Lebensweise notwendigen Opfer zu bringen. In der Vergangenheit waren die meisten Menschen dazu bereit, eine im Grund genommen tote Beziehung ein Leben lang aufrechtzuerhalten, nur weil sie physische und emotionale Sicherheit daraus bezogen.

Heutzutage erkennen immer mehr Menschen, dass in einer Beziehung mehr Intimität, dauerhafte Lebendigkeit und Leidenschaft möglich sind. Wir sind bereit, die alten Beziehungsformen aufzugeben, um nach diesen Idealen zu suchen, aber wir wissen nicht, wo wir damit anfangen sollen. Die meisten von uns suchen immer noch außen – in dem sicheren Glauben, dass wir in dem Moment vollkommen glücklich sind, in dem wir den richtigen Mann oder die richtige Frau für uns gefunden haben. Wir sind verwirrt und frustriert und unsere Beziehungen sind ein einziges Chaos. Es gibt nichts Altes mehr, an dem wir uns festhalten können, und nichts Neues, das die alten Traditionen ersetzt. Da wir nicht mehr zurück können, müssen wir den Schritt in das Unbekannte wagen, um eine völlig neue Beziehungsebene zu schaffen.

Beziehungen sind nicht außen – sie sind in uns. Dies ist die einfache Wahrheit, die wir erkennen und akzeptieren müssen. Meine wahre Beziehung ist die Beziehung zu mir selbst – alles andere ist nur ein Spiegel dafür. Sowie ich lerne, mich selbst zu lieben, erhalte ich automatisch die Liebe und Anerkennung von anderen, nach der ich mich sehne. Wenn ich auf mich und meine Wahrheit vertraue, ziehe ich andere Menschen an, die dasselbe Vertrauen haben. Meine Bereitschaft, mich tief auf meine eigenen Gefühle einzulassen, schafft die Voraussetzungen für Intimität mit anderen. Wenn ich mich in Gesellschaft mit mir selbst wohl fühle, kann ich mit jedem anderen Spaß haben, mit dem ich gerade zusammen bin. Und das Gefühl der Lebendigkeit und Kraft des Universums, die durch mich fließen, schafft ein Leben voller Leidenschaft und Erfüllung, die ich mit jedem teile, mit dem ich in Beziehung bin.

Wie man gut zu sich selbst ist

Weil viele von uns niemals gelernt haben, wie man gut zu sich selbst ist, basieren unsere Beziehungen darauf, dass wir jemanden suchen, der gut zu uns ist.

Als Säugling sind wir sehr bewusst und intuitiv. Von Geburt an spüren wir das Leid und die emotionale Bedürftigkeit unserer Eltern. Wir gewöhnen uns an, ihnen gefallen und ihre Bedürfnisse erfüllen zu wollen, damit sie weiterhin für uns sorgen.

Später laufen unsere Beziehungen nach demselben Schema ab. Wir haben eine Art telepathische Übereinkunft mit unseren Partnern: »Ich versuche, so zu sein, wie du mich haben willst, und das zu tun, was du von mir verlangst, wenn du für mich da bist, mir das gibst, was ich brauche, und mich nicht verlässt.«

Aber dieses System funktioniert nicht richtig. Andere Menschen sind nur selten dazu in der Lage, ständig unsere Bedürfnisse zu erfüllen. Deshalb sind wir frustriert und versuchen, entweder den anderen so zu ändern, dass er unseren Erwartungen besser entspricht (was nie klappt!), oder wir schrauben zurück und geben uns mit weniger zufrieden, als wir in Wirklichkeit wollen. Und auf der anderen Seite tun wir fast immer Dinge, die wir gar nicht wollen, wenn wir versuchen, die Erwartungen anderer zu erfüllen. Das endet schließlich damit, dass wir sie bewusst oder unbewusst ablehnen.

An diesem Punkt müssen wir erkennen, dass der Versuch scheitern muss, dadurch für uns selbst zu sorgen, dass wir für andere sorgen.

Ich bin der Einzige, der wirklich gut für mich sorgen kann. Deshalb kann ich es auch gleich tun und anderen gestatten, es ebenso zu machen.

Was bedeutet es nun, gut zu sich selbst zu sein? Für mich heißt es, meiner Intuition zu vertrauen und ihr zu folgen. Es bedeutet, mir Zeit zu nehmen, auf meine Gefühle zu achten, einschließlich der Gefühle des oft verletzten oder verschreckten Kindes in mir, und liebevoll darauf zu reagieren. Es bedeutet, meine eigenen Bedürfnisse an die erste Stelle zu setzen und darauf zu vertrauen, dass auch die Bedürfnisse der anderen erfüllt werden und alles, was notwendig ist, schon erledigt werden wird.

Wenn ich zum Beispiel traurig bin, dann nehme ich mir die Zeit, mich im Bett zu verkriechen und liebevoll zu mir selbst zu sein. Oder ich finde jemand anderen, der mit mir mitfühlt und mir zuhört, bis das Gefühl der Traurigkeit nachlässt und ich mich besser fühle.

Wenn ich zu hart gearbeitet habe, lerne ich, die Arbeit beiseite zu legen, gleich, wie wichtig sie scheint. Ich nehme mir die Zeit zu spielen, ein heißes Bad zu nehmen oder einen Roman zu lesen.

Wenn jemand, den ich liebe, etwas von mir will, was ich nicht geben möchte, dann lerne ich, ›nein‹ zu sagen. Ich vertraue darauf, dass es so auch für ihn besser ist. Auf diese Weise meine ich es auch wirklich, wenn ich ›ja‹ sage.

An dieser Stelle möchte ich einen besonders wichtigen Hinweis geben. Es geht um etwas, was mich lange Zeit verwirrt hat und was ich endlich begriffen habe. Gut zu sich selbst zu sein bedeutet nicht, alles allein zu machen. Eine gute Beziehung zu sich selbst zu schaffen geschieht nicht in einem Vakuum ohne Beziehung zu anderen Menschen. Wenn dies so wäre, dann könnten wir ein paar Jahre als Einsiedler leben, bis wir die perfekte Beziehung mit uns selbst gefunden haben, und dann wieder in die Welt zurückkehren und plötzlich vollkommene Beziehungen zu anderen Menschen eingehen.

Natürlich ist es wichtig, dass wir allein sein können. Oft ziehen sich Menschen von ihren äußeren Beziehungen zurück, bis sie sich mit sich selbst wieder in Einklang fühlen. Dennoch brauchen wir früher oder später einen Spiegel von außen. Wir müssen unsere Beziehung zu uns selbst in der physischen Welt durch das Zusammenwirken mit anderen Menschen aufbauen und festigen.

Der Unterschied liegt im Schwerpunkt einer Beziehung. In den Beziehungen der alten Welt lag die Betonung auf dem Partner und der Beziehung an sich. Unsere Kommunikation hatte den Zweck, das Verständnis des anderen zu erlangen und ihn dazu zu bringen, uns das zu geben, was wir brauchen. In den Beziehungen der neuen Welt liegt der Schwerpunkt darauf, eine Beziehung zu sich und dem Kosmos aufzubauen. Wir kommunizieren, um uns selbst das zu geben, was wir brauchen. Die Worte können dabei sogar dieselben sein, doch die Energie ist anders und ebenso das Ergebnis.

Nehmen wir zum Beispiel einmal an, ich fühle mich einsam und möchte, dass mein Partner den Abend mit mir verbringt, obwohl ich weiß, dass er andere Pläne hat. Früher hätte ich wahrscheinlich Angst gehabt, ihm mein Bedürfnis offen mitzuteilen. Ich wäre wahrscheinlich allein zu Hause geblieben und hätte mich damit beschäftigt, zu lernen, mein Alleinsein zu genießen. Später würde ich ihm gegenüber zwar einen gewissen Groll hegen, was ich aber weder ihm noch mir gegenüber zugegeben hätte. Dennoch würde mein Partner diesen Groll spüren, sich schuldig fühlen und nun seinerseits auf mich böse werden. Keiner von uns würde dies offen aussprechen, bis wir in Streit geraten und ich zu ihm sage: »Du nimmst keine Rücksicht auf meine Gefühle. Du willst nie mit mir zusammen sein.« An dieser Stelle übermittle ich ihm indirekt, dass er für mein Glück verantwortlich sei.

Heute wäre ich (hoffentlich) von Anfang an viel direkter. Ich würde sagen: »Ich weiß, dass du andere Pläne hast, aber ich fühle mich gerade so einsam und möchte gerne, dass du den Abend mit mir verbringst.« Ich übernehme die Verantwortung für meinen Wunsch und sorge damit für mich selbst und wenn ich dazu meinen Partner um etwas bitten muss! In diesem Fall liegt der Schwerpunkt auf mir selbst – es geht um mein Gefühl und mein Bedürfnis und das bringe ich zum Ausdruck. Dafür muss ich aber auch bereit sein, mich verletzbar zu machen. Ich habe jedoch festgestellt, dass mir die Bereitschaft, meine Gefühle auszusprechen, das Gefühl der Ganzheit gibt. In gewisser Weise fühle ich mich bereits in dem Moment erfüllter, weil ich bereit war, zu mir selbst zu stehen.

Nun ist alles offen und mein Partner kann mir aufrichtig antworten. Er kann in sich nachforschen und herausfinden, was sich für ihn richtig anfühlt. Wenn er meinem Wunsch entspricht, ist das die Krönung des Ganzen. Wenn nicht, bin ich vielleicht traurig oder verletzt. Ich teile ihm auch diese Gefühle mit (auch in diesem Fall tue ich es um meiner selbst willen, um klar zu bleiben) und dann lasse ich los. Ich nutze den Abend, um mehr in Kontakt mit mir und dem Kosmos zu kommen.

Ich habe eine sehr interessante Entdeckung gemacht: Wenn ich mich offen und ehrlich mitteile und alles sage, was ich sagen möchte, ohne anzuklagen oder zu verurteilen, scheint es gar nicht mehr so viel auszumachen, wie der andere reagiert. Auch wenn er mir meinen Wunsch nicht erfüllt, fühle ich mich klar und kraftvoll, weil ich gut zu mir selbst war, sodass ich auf mein Ziel viel leichter verzichten kann. Wenn ich meinem Partner, meiner Familie und meinen Freunden gegenüber aufrichtig und verletzbar bleibe, muss es nicht zum Groll gegen sie kommen.

Wenn du so für dich sorgst, dann bekommst du viel häufiger als sonst, was du brauchst. Wenn nicht, ist Loslassen der nächste Schritt. Geh in dich und spüre, was dir deine innere Stimme rät. Lass dich in einen tiefen Kontakt mit dir selbst und dem Kosmos führen.

Wenn man eine liebevolle Beziehung zu sich selbst aufbauen will, ist es also sehr wichtig, seine Bedürfnisse anzuerkennen und zu lernen, sie auszusprechen. Oft haben wir davor Angst, weil wir nicht ›bedürftig‹ erscheinen wollen. Jedoch sind es gerade die versteckten Bedürfnisse, die uns den Anschein der Bedürftigkeit geben. Wenn sie nicht offen zum Ausdruck gebracht werden, übermitteln wir unsere Wünsche indirekt oder telepathisch. Unsere Mitmenschen spüren das und wenden sich von uns ab, weil sie intuitiv wissen, dass sie uns nicht helfen können, solange wir noch nicht einmal unser Bedürfnis nach Hilfe akzeptieren!

Paradoxerweise werden wir in Wirklichkeit immer stärker, wenn wir unsere Bedürfnisse anerkennen und offen um Hilfe bitten. Es ist unser innerer Mann, der unsere innere Frau unterstützt. Unseren Mitmenschen fällt es dann leicht, uns etwas zu geben und wir fühlen uns immer mehr ›ganz‹.

Wie man seiner Energie folgt

Ich habe festgestellt, dass mich meine Energie immer zu Beziehungen mit Menschen führt, von denen ich am meisten lernen kann, vorausgesetzt ich bin bereit, meiner Energie zu vertrauen und ihr zu folgen. Je stärker die Anziehung eines Menschen auf mich ist, umso stärker spiegelt er mich wider. So führt mich die Energie immer zur intensivsten Lernerfahrung.

Anfangs kann es beängstigend sein, wenn man versucht, so zu leben. Wir haben immer Angst davor gehabt, unseren eigenen Gefühlen zu vertrauen, vor allem im Bereich Partnerschaft und Sexualität. Weil diese Energie so intensiv, wechselhaft und unberechenbar ist, fürchten wir, dass das totale Chaos ausbricht. Wir haben Angst, verletzt zu werden oder jemand anderem wehzutun. Wir haben kein Vertrauen darauf, dass das Universum weiß, was es tut, oder wir glauben nicht daran, dass wir in der Lage sind, unserer inneren Führung richtig zu folgen. Dafür gibt es gute Gründe. Gerade was Beziehungen angeht, sind wir von so vielen alten Mustern überfrachtet, dass es oft schwer ist, die wahre innere Stimme zu vernehmen.

Der inneren Energie zu folgen bedeutet nicht, dass man nun jeden Impuls, jedes Gefühl oder jede Fantasievorstellung ausagieren sollte das würde nur zu Chaos führen. Um deiner Energie konstruktiv zu folgen, musst du dir der unterschiedlichen Stimmen in dir bewusst werden, die manchmal gegensätzliche Ansichten und Bedürfnisse haben. Mit Hilfe dieser Bewusstheit kannst du das tiefere intuitive Gefühl erkennen, das dir zeigt, wohin die Lebenskraft dich führen will. Gleichzeitig kannst du dabei allen wichtigen Verpflichtungen anderen gegenüber treu bleiben und deine eigenen Grenzen sowie die der anderen achten.

Bis jetzt haben es die meisten von uns vermieden, sich mit ihren Ängsten auseinanderzusetzen, indem sie all ihre Beziehungen in eine strenge Rollenstruktur gezwängt haben. Jede Beziehung wird einer bestimmten Kategorie zugeordnet. Und mit jeder dieser Kategorien ist eine ganze Liste von Verhaltensnormen verbunden. Dieser Mensch ist mein Freund, deshalb verhalte ich mich entsprechend. Dies ist mein Ehemann, deshalb erwarte ich bestimmte Dinge von ihm. Dies ist meine Familie, deshalb gehen wir entsprechend miteinander um. Wenn man nach diesem Schema verfährt, bleibt nur wenig Raum, den wahren Kern jeder Beziehung zu finden.

Manche Menschen lehnen sich gegen diese Verhaltensnormen auf. Sie schaffen sich absichtlich Beziehungen, die gegen gesellschaftliche Normen verstoßen – wie Beziehungen zu mehreren Menschen gleichzeitig, homosexuelle und bisexuelle Beziehungen. Wenn Rebellion die Motivation für solche Beziehungen ist, sind diese vorwiegend eine Gegenreaktion gegen die Normen und beruhen nicht unbedingt auf einem echten Gefühl und einer Einstimmung auf den inneren Energiefluss.

So wie jeder Mensch einzigartig ist und keinem anderen entspricht, ist auch jede Verbindung zwischen Menschen einmalig. Keine Beziehung gleicht einer anderen. Darüber hinaus ist der Kosmos in ständiger Veränderung begriffen. Menschen verändern sich und genauso verhält es sich auch mit Beziehungen.

Wenn wir also versuchen, unsere Beziehungen in ein bestimmtes Muster zu pressen, zerstören wir sie. Wir verschwenden dann viel Zeit und Energie für den sinnlosen Versuch, sie wieder lebendig zu machen.

Wir müssen bereit sein zuzulassen, dass sich die Wahrheit einer Beziehung von selbst enthüllt. Wenn wir im Einklang mit uns selbst leben, uns gegenseitig vertrauen und ehrlich und aufrichtig zueinander sind, wird die Beziehung ihre eigene Einzigartigkeit und Faszination entfalten. Jede Beziehung ist ein Abenteuer. Man weiß niemals genau, wohin sie führen wird. Von Minute zu Minute, von Tag zu Tag und von Jahr zu Jahr verändert sie ihren Charakter. Manchmal bringt sie zwei Menschen einander näher, dann wieder mehr auseinander.

Verpflichtung und Intimität

Ich werde oft gefragt, wie das Konzept der Verpflichtung, die man mit einer festen Bindung eingeht, zu der Idee passt, dass man auch in Beziehungen seiner Energie vertrauen und ihr folgen sollte.

Weil wir uns auf äußere Dinge konzentriert haben, haben die meisten von uns versucht, sich in einer äußeren Beziehung zu binden. In Wirklichkeit verpflichten wir uns dabei bestimmten Verhaltensregeln – »Ich bin damit einverstanden, mich so und so zu verhalten, damit wir uns unserer Beziehung sicher sein können.« Gewöhnlich werden diese Regeln nicht ausgesprochen, sondern aufgrund einer stillen Übereinkunft befolgt. Die Menschen erklären, dass sie sich zu einer festen Bindung verpflichtet hätten, stellen aber selten klar, wozu sie sich nun genau verpflichtet haben und wozu nicht.

Im Allgemeinen gehört die sexuelle Treue zu dieser stillen Abmachung. Doch auch dieser Begriff ist sehr vage, weil niemand genau definiert, was ›Sex‹ eigentlich bedeutet. Beinhaltet diese Übereinkunft, dass man einem anderen gegenüber keine sexuelle Anziehung empfindet? Doch wie kann man ein Abkommen treffen, etwas nicht zu fühlen? Gefühle entziehen sich der bewussten Kontrolle. Wir können uns aber zu einem bestimmten Verhalten verpflichten, denn unsere Handlungen können wir bewusst bestimmen. Die meisten Menschen brauchen eine Verpflichtung zur Monogamie, um in einer Partnerschaft das

Gefühl von Intimität entwickeln zu können, nach dem sie sich sehnen. Die Frage dabei ist, ob wir diese Verpflichtung eingehen, um unseren Partner zu kontrollieren (»Ich werde dir treu sein und darum musst du mir ebenfalls treu bleiben«), oder um die eigene Integrität zu wahren (»Ich entscheide mich, dir treu zu sein, weil ich mir die Art von Intimität wünsche, die dadurch möglich wird«).

Das eigentliche Problem vieler unserer äußeren Verpflichtungen besteht darin, dass sie keinen Raum für die unvermeidbaren Veränderungen und das Wachstum der Partner und der Beziehung lassen. Wenn du versprichst, bestimmte Normen einzuhalten, musst du dich irgendwann entscheiden, ob du dir selbst oder den Regeln treu sein willst. Wenn du dir selbst gegenüber nicht mehr ehrlich bist, bleibt in der Beziehung nicht mehr viel von dir übrig. Du wirst zu einer leeren Hülle – hinter deinem lobenswerten Pflichtgefühl steckst nicht mehr du selbst!

Weil diese Art des Sich-Verpflichtens jede Veränderung der Beziehung zu verhindern versucht, ist sie selten von Dauer. Tatsache ist, dass sich eine Beziehung verändert und keine einzige Verpflichtung ist eine Garantie dafür, dass sie es nicht tut. Keine äußere Form kann uns die Sicherheit geben, nach der wir suchen. Du kannst fünfzig Jahre lang verheiratet sein und im einundfünfzigsten Jahr entscheidet sich dein Ehepartner, dich zu verlassen!

Wenn wir dies erst einmal erkannt haben, können wir uns viel Leid ersparen. Menschen, die sich scheiden lassen, haben fast immer das Gefühl, versagt zu haben, weil sie davon ausgehen, dass eine Ehe ewig dauern sollte. In den meisten Fällen jedoch war die Ehe ein absoluter Erfolg – sie hat beide Partner an den Punkt ihrer Entwicklung gebracht, an dem sie die alte Beziehungsform nicht mehr brauchen.

Was uns in vielen Fällen so viel Schmerz bereitet, ist, dass wir nicht wissen, wie wir der Veränderung unserer Beziehung entsprechen können, ohne deren Liebe und Verbundenheit zu missachten. Wenn man mit einem anderen Menschen tief verbunden ist, dann dauert diese Verbindung für immer. Dennoch nimmt die Intensität der Energie in der Beziehung in dem Maß zu oder ab, in dem man zu gegebener Zeit darin lernen kann. Wenn man aus dem Zusammenleben mit einem Menschen sehr viel gelernt hat, wird die Energie zwischen den Partnern schließlich schwächer. Sie nimmt bis zu dem Punkt ab, wo man die Interaktion auf einer Persönlichkeitsebene nicht mehr so stark oder gar nicht mehr braucht. Doch die Verbindung der beiden Seelen bleibt weiterhin erhalten. Manchmal erneuert sich die Energie zu einem späteren Zeitpunkt und manifestiert sich auf einer anderen Ebene.

Da wir dies noch nicht verstanden haben, fühlen wir uns oft schuldig, enttäuscht oder verletzt, wenn sich unsere Beziehungen verändern. Wir wissen nicht, wie wir unsere Gefühle positiv miteinander teilen sollen. Daher folgen wir oft unseren Gefühlen, indem wir uns von dem anderen Menschen trennen. Dies verursacht viel Schmerz, weil man sich in Wirklichkeit von seinen eigenen Gefühlen abschneidet. Ich habe festgestellt, dass sich Beziehungen relativ schmerzlos und sogar positiv verändern können, wenn wir aufrichtig zueinander sind und uns in diesem Prozess vertrauen.

Die meisten Menschen glauben, dass Opfer und Kompromisse für die Erhaltung einer Beziehung notwendig sind. Dies entspringt einem Missverständnis über die wahre Natur des Kosmos. Wir fürchten, dass nicht genug Liebe für uns da ist und die Wahrheit immer weh tut. Tatsächlich aber ist das Universum immer voller Liebe, und die Wahrheit ist immer heilsam, wenn wir sie erkennen können.

Wenn ich aufrichtig bin, ehrlich erkenne, was ich will, und meine Gefühle offen zum Ausdruck bringe, stellt sich immer heraus, dass die in einer Situation verborgene Wahrheit auf alle Beteiligten zutrifft. Zunächst mag es den Anschein haben, als wollten beide Parteien etwas anderes. Doch wenn wir fortfahren, die Wahrheit zu sagen, so wie wir sie fühlen, dann kristallisiert sich früher oder später heraus, was für uns beide das Richtige ist.

Ein Ehepaar zum Beispiel suchte mich auf, weil es große Probleme im gemeinsamen Arbeitsbereich hatte. Die beiden hatten ein gemeinsames Geschäft, das sehr erfolgreich war. Die Frau aber wollte das Geschäft aufgeben und etwas anderes machen. Er hingegen liebte seine Arbeit und wollte das Geschäft weiterführen, aber nicht ohne seine Frau. Sie lagen ständig im Streit darüber, ob sie das Geschäft verkaufen (ihr Wunsch) oder es weiterführen und erweitern (sein Wunsch) sollten.

Als sie begannen, sich auf einer tieferen Ebene zu unterhalten, kamen ihre Ängste zu Tage. Die Frau wollte sich gerne auf andere Weise kreativ entfalten, hatte aber Angst, dass sie ohne die Hilfe ihres Mannes nicht erfolgreich sein würde. Sie befürchtete auch, dass sie nicht mehr so viel Geld verdienen würde und ihr Mann darüber verärgert wäre, wenn sie zum Familieneinkommen weniger beitragen würde als bisher. Die Angst des Mannes bestand darin, dass er glaubte, das Geschäft ohne seine Frau nicht erfolgreich weiterführen zu können. Er war sehr von ihrer Kreativität abhängig und vertraute nicht auf seine eigene Intuition. Er fürchtete auch, dass sein Arbeitsleben trocken und eintönig werden würde, wenn die Wärme und der Humor seiner Frau darin fehlten.

Als beide ihre Gefühle voll und ganz zum Ausdruck gebracht hatten, konnten sie erkennen, dass sie beide an einem Wendepunkt in ihrem Leben standen und jeder eine neue Ebene der Unabhängigkeit und Kreativität für sich entdecken wollte. Sie waren bereit, sich aus ihrer gegenseitigem Abhängigkeit zu befreien und mehr Selbstvertrauen zu entwickeln. Die Frau zog sich allmählich aus dem Geschäft zurück und schlug eine ganz andere berufliche Laufbahn ein, die ihr schließlich viel Freude machte. Der Mann führte das Geschäft allein weiter und schlug auch hier neue und interessante Richtungen ein. Ihre Beziehung profitierte von der größeren Unabhängigkeit und dem stärkeren Selbstvertrauen, das sie beide entwickelt hatten.

Aus meiner Sicht muss jede Partnerschaft auf der Treue der Partner zu sich selbst gegründet sein, auf ihrer Verpflichtung sich selbst gegenüber, das eigene Sein zu lieben, zu achten und zu ehren. In einer Beziehung verpflichte ich mich dazu, meine eigene Wahrheit zu achten und mein Bestes zu tun, um auch die Wahrheit des Anderen zu respektieren. Jedem, den ich liebe, verspreche ich, so gut es mir möglich ist die Wahrheit zu sagen, meine Gefühle mitzuteilen, Verantwortung für mich selbst zu übernehmen und die Verbindung zu achten und zu erhalten.

Auch wenn wir uns bemühen, die Form einer Beziehung (zum Beispiel eine Ehe) aufrechtzuerhalten, kann es dafür keine Garantie geben. Eine echte Verpflichtung berücksichtigt die Tatsache, dass die Form sich ständig verändert und dass wir diesem Wandlungsprozess vertrauen können. Sie öffnet die Tür zu wahrer Intimität, die dadurch entsteht, dass Menschen aufrichtig zueinander sind. Wenn zwei Menschen auf dieser Basis zusammen sind, dann deshalb, weil sie es wirklich wollen. Bei allem Wachstum und aller Veränderung bleibt die Intensität ihrer Liebe und ihres gemeinsamen Lernens ständig erhalten.

Monogame und polygame Beziehungen

Oft werde ich gefragt, ob ich Treue in einer festen Beziehung für notwendig halte. Meist antworte ich darauf, indem ich von meiner eigenen Erfahrung erzähle. Wie bereits erwähnt, gab es eine Zeit in meinem Leben, in der ich mit offenen Partnerschaften experimentierte. Dabei stellte ich fest, dass ich trotz meiner wunderbaren Ideale von Liebe und Freiheit emotional sehr darunter litt. Auch wurde mir irgendwann klar, dass ich eigentlich große Angst und eine tiefe Ambivalenz gegenüber einer festen, monogamen Beziehung hatte.

Als ich die vielen verschiedenen Selbste in mir näher kennen lernte, stellte ich fest, dass einige davon monogam sind und andere nicht. Tatsächlich scheint dies bei allen Menschen so zu sein. In uns allen gibt es Anteile, die sich danach sehnen, ganz frei und spontan mit anderen in sexuellen Austausch zu gehen, wann immer wir uns das wünschen. Doch es gibt auch andere Anteile, die die Sicherheit und Exklusivität einer monogamen Beziehung brauchen. Vor allem das verletzte Kind in uns kann in einer ›offenen‹ Partnerschaft kein wirkliches Vertrauen entwickeln.

Da Verletzlichkeit ein wichtiger Schlüssel für Intimität ist, können wir nicht die Vertrautheit erleben, nach der wir uns zutiefst sehnen, wenn das verletzte Kind in einer Beziehung nicht da sein darf.

Diese Intimität ist mir persönlich sehr wichtig, weshalb ich in meiner Partnerschaft eine Verpflichtung zu gegenseitiger Treue brauche. Wir sind uns jedoch darüber im Klaren, dass das Gefühl der Anziehung gegenüber anderen Menschen unvermeidlich zum Leben gehört. Wir können solch eine Anziehung wahrnehmen und genießen und uns dabei trotzdem an die vereinbarten Grenzen halten. Wenn wir aufrichtig zu uns selbst und zueinander sind, können solche Erfahrungen Teil unseres persönlichen und gemeinsamen Wachstumsprozesses werden.

Verliebtheit

Wenn wir einem Menschen begegnen, der ein besonders starker Spiegel für uns ist, fühlen wir eine sehr starke Anziehung (oder wir erleben dieses Gefühl anfangs als Ablehnung oder Abneigung. Auf jeden Fall ist es ein sehr intensives Gefühl). Wenn der Betreffende das passende Geschlecht hat und bestimmte Eigenschaften besitzt, erleben wir dieses Gefühl als sexuelle Anziehung. Wenn die Energie besonders stark ist, dann ›verlieben‹ wir uns.

Sich zu verlieben ist tatsächlich ein ausgesprochen starkes Erlebnis. Man spürt, wie die kosmische Energie durch den Körper fließt. Der andere Mensch ist zu einem Kanal für uns geworden, zu einem Katalysator, der einen dazu bringt, sich für die Liebe, Schönheit und Leidenschaft in unserem Innern zu öffnen. Unser eigener Kanal öffnet sich weit, die kosmische Energie durchströmt uns und wir erleben einen beglückenden Augenblick der ›Erleuchtung‹, ähnlich dem Erlebnis, das manche Menschen nach langer Meditation haben.

Verliebtsein ist das erhebendste und leidenschaftlichste Erlebnis auf der Welt und natürlich würden wir es am liebsten für immer festhalten. Leider erkennen wir nicht, dass wir in Wahrheit das Universum in uns selbst erfahren. Wir sehen, dass der andere dieses Erlebnis herbeigeführt hat, und glauben, er wäre es, der so wundervoll ist! Natürlich nehmen wir in dem Moment, in dem wir uns verlieben, die Schönheit der Seele dieses Menschen wahr. Was wir aber nicht erkennen, ist, dass sie ein Spiegel für unsere eigene Seele ist. Wir wissen nur, dass wir dieses großartige Gefühl erleben, wenn wir mit dem anderen zusammen sind. Also übertragen wir unsere Kraft auf den anderen und verlagern die Quelle unseres Glücks nach außen.

Der andere wird dabei augenblicklich zu einem Objekt – zu etwas, dass wir besitzen und festhalten wollen. Die Beziehung wird zu einer Abhängigkeit: Wie bei einer Droge wollen wir immer mehr von dem, was uns ›high‹ macht. Das Problem dabei ist, dass wir von der äußeren Form unserer Beziehung zu dem anderen abhängig werden und nicht erkennen, dass es uns eigentlich um die Energie geht. Wir konzentrieren uns auf die Persönlichkeit und den Körper des anderen und versuchen, uns daran festzuklammern. Sobald wir das tun, wird die Energie blockiert. Indem wir an unserem Kanal festhalten, strangulieren wir ihn und sperren genau die Energie aus, die wir suchen.

Wahre Leidenschaft bringt uns zusammen, aber unsere Bedürftigkeit gewinnt bald die Oberhand. Die Beziehung stirbt fast schon mit ihrem Aufblühen. Dann geraten wir erst recht in Panik und versuchen, noch fester zu halten. Das ursprüngliche Gefühl der Verliebtheit war so stark, dass wir manchmal Jahre darauf verwenden, es wiederherstellen zu wollen. Aber je mehr wir es versuchen, umso weniger gelingt uns das. Erst wenn wir aufgeben und loslassen, beginnt die Energie wieder zu fließen und wir können das Gefühl wieder erleben.

Das ist die Tragik des Verliebtseins in der alten Welt. Seit Jahrtausenden versuchen wir, mit diesem Dilemma fertig zu werden. Wie viele unserer Lieblingslieder, Geschichten und Dramen reflektieren unsere äußere Abhängigkeit von Beziehungen und den Schmerz und die Frustration, die daraus entstehen.

In der neuen Welt machen wir eine einfache und wunderbare Entdeckung, die uns von unserem Leiden heilt: Wahre Verliebtheit gilt dem Leben.

Eine Liebesaffäre

Ich stelle immer wieder fest, dass Lebendigsein eine Liebesaffäre mit dem Universum ist. Ich glaube auch, dass es eine Liebesbeziehung zwischen dem Männlichen und dem Weiblichen in uns ist, zwischen unserem physischen Sein und unserer Seele.

Wenn ich meinen Kanal öffne, durchströmt mich immer mehr kosmische Energie. Ich fühle eine Intensivierung meiner Leidenschaft. Verliebt zu sein ist unabhängig von irgendeinem Menschen. Dennoch üben bestimmte Menschen eine Anziehung auf mich aus und scheinen meine Erfahrung der Lebenskraft in mir noch zu intensivieren und zu vertiefen. Ich weiß, dass diese Menschen ein Spiegel für mich sind und dass sie spezielle Energien in meinem Leben kanalisieren können.

Ich gehe eine Beziehung mit diesen Menschen ein, weil ich diese Intensivierung, die ich mit ihnen erlebe, erfahren möchte. Ich fühle, wie die kosmische Energie durch mich zu ihnen und durch sie zu mir fließt. Dies kann auf die verschiedenste Art geschehen. Die Energie selbst führt mich und durch sie weiß ich, was notwendig und angebracht ist.

Der Austausch ist dabei für beide gleichermaßen befriedigend und erfüllend, weil das Universum jedem von uns gibt, was er braucht. Es kann eine kurze, einmalige Erfahrung, ein Blick oder eine kurze Unterhaltung mit einem Fremden sein. Oder es ist eine tiefe und dauerhafte Beziehung, die über Jahre hinweg besteht. Das Universum, das mich ständig durchströmt, manifestiert sich durch viele verschiedene Kanäle.

Dies ist die Schilderung eines idealen Zustands. Auch ich lebe nicht in jedem Augenblick voll und ganz nach diesem Idealbild. Oft bin ich in meinen Ängsten und Abhängigkeiten gefangen, und doch erlebe ich diesen Zustand immer häufiger. Und wenn es so ist, dann ist es ein ganz wundervolles Erlebnis!

Übung

1. Stell dir vor, du hättest ein Rendezvous. Tu so, als ob du mit dem liebevollsten und aufregendsten Partner ausgehen würdest, den du dir vorstellen kannst. Gönne dir ein heißes entspannendes Bad, ziehe deine besten Kleider an, kaufe dir einen Blumenstrauß, geh in ein nettes Restaurant, mach einen Spaziergang im Mondschein, tu alles, was dir gefällt. Sage dir den ganzen Abend über, wie wunderbar du bist, wie sehr du dich liebst, einfach alles, was du gerne von deinem Geliebten hören möchtest. Stell dir vor, das Universum ist dein Geliebter und gibt dir alles, was du willst.

2. Wenn du dich das nächste Mal verliebst oder dich sexuell zu einem Menschen hingezogen fühlst, dann denke daran, dass es der Kosmos ist, den du fühlst. Was auch immer du tust, erinnere dich daran, dass es Teil deiner Liebesaffäre mit dem Leben ist.

Kapitel 16

Unsere Kinder

Als Kanal für die kosmische Energie zu leben, lässt sich auf die Elternschaft ebenso anwenden wie auf jeden anderen Lebensbereich. Obwohl ich selbst keine Kinder habe, hatte ich einige Jahre lang sehr viel mit Freunden zu tun, die diese Lebensprinzipien in Bezug auf ihre Kinder verwirklichen. Sicherlich ist es nicht leicht, unsere alten Vorstellungen von Erziehung zu wandeln, aber die Ergebnisse, die man erzielt, sind fantastisch: Die Kinder strahlen Klarheit und Licht aus, die Eltern sind erfüllt und zufrieden und zwischen Eltern und Kindern herrscht Tiefe und Nähe, gegenseitiges Geben und Nehmen.

Unsere herkömmliche Vorstellung von Elternschaft beinhaltet gewöhnlich, dass man sich für das Wohlergehen seiner Kinder absolut verantwortlich fühlt und versucht, dem Klischee von einem ›guten Vater‹ oder einer ›guten Mutter‹ zu entsprechen. Wenn du lernst, dir selbst zu vertrauen und spontan zu sein, wirst du feststellen, dass du gegen die meisten Regeln für die elterlichen Pflichten verstößt. Aber die Energie und Lebendigkeit, die du ausstrahlst, dein wachsendes Gefühl der Zufriedenheit in deinem Leben und dein Vertrauen in dich und das Universum werden deinen Kindern viel mehr helfen als alles andere.

In gewisser Weise musst du deine Kinder gar nicht ›aufziehen‹! Das Universum ist der wahre Vater und die wahre Mutter deiner Kinder. Du selbst bist nur ein Kanal.

Je mehr du dazu in der Lage bist, deiner Energie zu folgen, und das tust, was das Beste für dich ist, desto mehr kann das Universum durch dich auf deine ganze Umwelt wirken. Wenn du wächst und gedeihst, werden auch deine Kinder wachsen und gedeihen.

Ein neugeborenes Kind ist ein starkes und intuitives Wesen. Als Neuankömmling in der physischen Welt verbringt es die ersten Lebensjahre damit, in einem Körper leben zu lernen. Ihre physische Form ist jünger und unerfahrener als die unsere, aber ihr Geist ist genauso weit entwickelt wie bei uns. Tatsächlich glaube ich, dass unsere Kinder spirituell oft weiter entwickelt sind als wir, sodass wir von ihnen lernen können.

Unsere Kinder kommen als klare Wesen auf diese Welt. Sie wissen, wer sie sind und was sie hier zu tun haben. Ich glaube, dass auf einer bestimmten Bewusstseinsebene eine Übereinkunft zwischen Eltern und Kind getroffen wird. Die Eltern haben sich damit einverstanden erklärt, ihrem Kind bei der Entwicklung seines physischen Seins (Körper, Intellekt, Persönlichkeit) behilflich zu sein und es zu lehren, wie man in der physischen Welt lebt. Das Kind hat zugestimmt, den Eltern dabei zu helfen, mehr mit ihrem intuitiven Selbst in Kontakt zu kommen. Weil Kinder ihre bewusste Verbindung mit dem Göttlichen noch nicht verloren haben, sind sie eine beachtliche Hilfe für uns, um wieder mit unserem eigenen göttlichen Bewusstsein in Berührung zu kommen.

Grundsätzlich brauchen Kinder zwei Dinge von uns:

1. Wir müssen sie als das erkennen, was sie wirklich sind. Wenn wir uns darüber bewusst werden, dass sie starke und spirituell hoch entwickelte Wesen sind, und ihnen von Anfang an in diesem Bewusstsein gegenübertreten, brauchen

sie nicht ihre Kraft vor uns zu verbergen und den Kontakt mit ihrem höheren Selbst zu verlieren, wie die meisten von uns. Sie werden die Unterstützung und Anerkennung bekommen, die sie brauchen, um klar und stark zu bleiben.

2. Sie brauchen uns als Vorbild, wie man in der physischen Welt auf positive und konstruktive Weise lebt. Wenn wir dies tun, können sie diese Lebensweise an uns beobachten und sie nachahmen. Da sie eine sehr gute Wahrnehmungsfähigkeit besitzen und pragmatisch veranlagt sind, ahmen sie das nach, was wir wirklich tun, und nicht das, was wir sagen.

Wenn wir für diese zwei Dinge Verantwortung übernehmen, erhalten wir von unseren Kindern als Gegenleistung eine Unmenge Lebensenergie. Wenn wir unsere Kinder nicht schon in früher Kindheit durch mangelnde Zuwendung in ihrer Verwirklichung hemmen, dann sind sie klare und kraftvolle Kanäle für die kosmische Energie. Weil sie noch kein rationales Bewertungsschema ausgebildet haben, sind sie beinahe vollkommen intuitiv, spontan und aufrichtig. Indem wir sie beobachten, können wir eine Menge darüber lernen, wie man seiner Energie folgt und kreativ lebt.

Die meisten Eltern sind ihrer Verantwortung in dieser Hinsicht noch nicht so erfolgreich nachgekommen, wie sie es gerne möchten. Im Allgemeinen sind sie in Bezug auf ihre Rolle und ihre Verantwortung verwirrt. Sie hatten keine klare Orientierung oder Richtlinien, an die sie sich halten können. Bis vor kurzem gab es in der Menschheitsgeschichte kaum jemanden, der sich intensiv mit dem Thema ›Elternschaft‹ beschäftigt hätte. Auch heute noch gibt es nur wenige Quellen, die einem dabei helfen können, zu lernen, wie man ›Vater‹ oder ›Mutter‹ wird. Die meisten

Menschen übernehmen ihre Elternrolle völlig unvorbereitet und erfüllen sie aufs Geratewohl. Deshalb wurden viele Fehler gemacht.

Ich habe viele Eltern kennengelernt, die jetzt, da sie bewusster geworden sind, ein enormes Schuldgefühl und sehr viel Traurigkeit empfinden, wenn sie darauf zurückblicken, wie sie ihre Kinder erzogen haben. Für sie kann es sehr hilfreich sein, sich daran zu erinnern, dass Kinder starke spirituelle Wesen sind, die für ihr Leben selbst verantwortlich sind – sie haben sich ihre Eltern selbst ausgewählt, um Dinge zu lernen, die sie in diesem Leben lösen müssen.

Darüber hinaus ist es eine große Hilfe zu wissen, dass man auch seine Kinder sehr positiv beeinflusst, wenn man sich selbst transformiert. Die Kinder verändern sich in dem Maß, wie man sich selbst verändert, auch wenn sie schon erwachsen sind und weit entfernt wohnen. Alle Beziehungen sind telepathisch, deshalb spielt die physische Entfernung keine Rolle. Die Kinder spiegeln immer ihre Eltern wider.

Da wir uns noch nicht ausreichend auf unser eigenes Selbst einstimmen konnten, taten wir uns schwer, den höheren Geist in unseren Kindern zu erkennen und ihm zu vertrauen. Wir lebten bisher stets in dem Glauben, sie seien weniger bewusst und verantwortlich, als sie es in Wirklichkeit sind, weil sie körperlich und intellektuell noch wenig entwickelt sind.

An vielen Menschen habe ich beobachtet, dass sie ihre Kinder als hilflos und nicht vertrauenswürdig betrachten und sich als Eltern verpflichtet fühlen, sie zu kontrollieren und sie zu verantwortungsbewussten Menschen zu erziehen. Natürlich färbt diese Einstellung auf die Kinder ab und spiegelt sich in ihrem Verhalten. Wenn man seine Kinder aber als stark, spirituell reif und verantwortlich ansieht, werden sie entsprechend darauf reagieren.

Kinder sind unser Spiegel

Weil kleine Kinder noch relativ ›unverdorben‹ sind, dienen sie uns als absolut ehrlicher Spiegel. Als intuitive Wesen sind sie auf der Gefühlsebene eingestimmt und reagieren auf die Energie unverfälscht und gerade so, wie sie sie empfinden. Sie haben noch nicht gelernt, etwas zu verbergen oder zu verdrängen. Wenn die Erwachsenen nicht so sprechen oder sich verhalten, wie sie sich wirklich fühlen, spüren die Kinder die Diskrepanz sofort und reagieren dementsprechend darauf. Ihre Reaktionen zu beobachten, kann uns helfen, uns unserer eigenen unterdrückten Gefühle bewusster zu werden.

Wenn du beispielsweise ruhig und gelassen wirken möchtest, dich innerlich aber aufgebracht und ärgerlich fühlst, spiegeln dich deine Kinder wider, indem sie wild und aggressiv werden. Du versuchst, dich unter Kontrolle zu halten, sie aber spüren die chaotische Energie in deinem Innern und reflektieren sie durch ihr Verhalten. Erstaunlicherweise beruhigen sie sich meist, wenn du direkt und ohne etwas verbergen zu wollen zum Ausdruck bringst, was du ehrlich fühlst. (»Ich bin wirklich aufgebracht und frustriert, weil ich einen schrecklichen Tag hinter mir habe. Ich bin mit der ganzen Welt, mit mir und mit dir böse. Ich möchte, dass du still bist, damit ich ein wenig Ruhe und Frieden habe, um mit meinen Gefühlen ins Reine zu kommen. Bitte lass mich für ein paar Minuten allein.«) Die Übereinstimmung zwischen deinen Worten und deinen Gefühlen wird ihnen gut tun. Sie werden es als angenehm empfinden, dass du die Wahrheit sagst.

Viele Eltern glauben, sie müssten ihre Kinder vor ihrer Konfusion oder den eigenen sogenannten ›negativen‹ Gefühlen schützen. Sie sind der Ansicht, dass man ein ›guter Vater‹ oder eine ›gute Mutter‹ ist, wenn man eine bestimmte Rolle einhält – immer geduldig, liebevoll, weise und stark ist. Tatsächlich aber brauchen Kinder Aufrichtigkeit – sie brauchen ein menschliches Vorbild, das alle menschlichen Gefühle und Stimmungen ehrlich zum Ausdruck bringt und durchlebt. Dies gibt ihnen die Chance, selbst wahrhaft zu sein, wie sie sind.

Deinen Kindern die eigenen Gefühle mitzuteilen bedeutet nun aber nicht, deinen Ärger an ihnen auszulassen oder ihnen die Schuld für deine Probleme zu geben. Es heißt auch nicht, dass du von ihnen erwarten kannst, dass sie deinen Therapeuten spielen und dir bei deinen Problemen helfen. Je mehr du danach lebst, deine Gefühle offen und ehrlich zu zeigen, umso weniger wahrscheinlich ist es, dass du diesen Fehler machst. Doch sind wir alle nur Menschen und werden ab und zu unseren Ärger oder unsere Frustration an unseren Kindern ablassen. Wenn du feststellst, dass du diesen Fehler begangen hast, sage deinen Kindern, du hättest erkannt, dass du dich an ihnen ausgetobt hast, und dass es dir Leid tut. Dann lass ganz einfach los, denn es ist alles nur Teil des Lernprozesses, in Beziehungen mehr Nähe zu entwickeln.

Kinder sind auch dadurch ein Spiegel für uns, dass sie uns schon von frühester Kindheit an nachahmen. Wir sind das Vorbild für ihr Verhalten. So formen sie sich nach uns. Daher können wir sie beobachten, um zu erkennen, was wir selbst tun! Kinder reflektieren entweder unsere Hauptselbste (in der Art und Weise, wie sie uns ähnlich sind) oder unsere verdrängten Selbste (darin, wie sie sich von uns unterscheiden). Wenn sie sich auf eine Weise verhalten, die uns wütend macht oder völlig unverständlich ist, agieren sie häufig eines unserer verdrängten Selbste aus – unsere Schattenanteile. Eine Freundin von mir ist zum Beispiel sehr liebevoll und sanftmütig und eine überzeugte Pazifistin. Sie war schockiert und entsetzt, als sie entdeckte, dass ihr kleiner Sohn ganz wild auf Spielzeugpistolen war. Doch natürlich spiegelte er ihr nur ihre verdrängten aggressiven Anteile!

Wenn dein Kind irgendetwas tut, das dir missfällt, dann sage ihm, was du dabei fühlst, und setze dich direkt mit ihm auseinander. Frage dich aber auch selbst, in welcher Weise dich das Verhalten deines Kindes spiegelt oder inwiefern du es durch deinen eigenen Prozess unterstützt.

Wenn deine Kinder beispielsweise ein Geheimnis vor dir haben, frage dich, ob du in deinen Gefühlen ihnen gegenüber wirklich aufrichtig gewesen bist. Verbirgst du etwas vor jemandem oder vor dir selbst? Vertraust du dir irgendwie selbst nicht und hast aus diesem Grund kein Vertrauen zu deinen Kindern? Wenn deine Kinder rebellisch sind, betrachte einmal deinen inneren Tyrannen und Rebellen. Wenn dein innerer Tyrann sehr viel Kontrolle über dein Leben ausübt, agieren deine Kinder möglicherweise die unterdrückte rebellische Seite in dir aus. Die andere Möglichkeit ist, dass du deinen Rebellen sehr stark auslebst und dich deine Kinder in deinem eigenen rebellischen Verhalten nachahmen.

Betrachte sehr genau, wie diese Probleme deinen inneren Entwicklungsprozess reflektieren. Wenn du aus deinen Erfahrungen lernst und wächst, werden auch deine Kinder lernen und wachsen. Äußerlich können viele dieser Probleme gelöst werden, wenn man seine Gefühle aufrichtig mitteilt und lernt, zu sich selbst zu stehen und seine Kinder ermutigt, es auch zu tun. Vielleicht kann dir ein Familientherapeut behilflich sein, das eingefahrene Rollenspiel deiner ganzen Familie zu verändern.

Ich habe die Feststellung gemacht, dass für viele Menschen die Elternschaft eine bequeme Entschuldigung dafür ist, sich selbst nicht entwickeln zu müssen. Häufig verwenden die Eltern die meiste Zeit auf ihre Kinder. Sie konzentrieren sich darauf sicherzustellen, dass ihre Kinder lernen und in der richtigen Weise aufwachsen. Indem sie die Verantwortung für das Leben ihrer Kinder übernehmen, geben sie die Verantwortung für ihr eigenes Leben auf. Dies hat die schlimme Konsequenz, dass sich die Kinder unbewusst für ihre Eltern verantwortlich fühlen (weil sich die Eltern für sie opfern). Möglicherweise imitieren die Kinder dieses Verhalten, indem sie Verantwortung für andere Menschen übernehmen, oder sie rebellieren gegen den Druck, den Erwartungen ihrer Eltern entsprechen zu müssen. Sie machen dann genau das Gegenteil von dem, was ihre Eltern wollen.

Diese Eltern müssen ihre Verantwortung wieder auf sich selbst richten, wo sie hingehört. Kinder lernen immer durch unser Beispiel. Sie neigen dazu, das zu tun, was du tust, und nicht das, was du ihnen sagst, dass sie tun sollen. Je mehr du lernst, dir selbst Gutes zu tun und ein glückliches, erfülltes Leben zu führen, umso mehr werden auch deine Kinder dies lernen.

Dies soll nun nicht heißen, dass du deine Kinder vernachlässigen oder ignorieren sollst. Es bedeutet auch nicht, dass du sie einfach gewähren lässt. Du hast eine tiefe Beziehung zu ihnen. Wie bei jeder anderen Beziehung bedarf es auch hier einer Menge Zuwendung und Kommunikation. Es ist sowohl für die Eltern als auch für die Kinder wichtig, ihre Gefühle und Bedürfnisse klar zum Ausdruck zu bringen und ganz klare Grenzen abzustecken. Darüber hinaus tragen die Eltern eine gewisse Verantwortung, finanziell und physisch für ihre Kinder zu sorgen. In diesem Prozess haben sie wiederum das Recht, die Mitverantwortung und Kooperation ihrer Kinder zu verlangen.

Der Schlüssel für die Eltern-Kind-Beziehung liegt in der Einstellung. Wenn du deine Kinder als starke, verantwortliche und ganzheitliche Wesen betrachtest und sie als spirituell ebenbürtig behandelst (während du anerkennst, dass ihr physisches Sein noch weniger entwickelt ist), werden sie deine Haltung widerspiegeln.

Geh davon aus, dass die Kinder von Geburt an wissen, wer sie sind und was sie wollen. Setze voraus, dass ihre Gefühle und Meinungen wertvoll und berechtigt sind. Achte auf ihre Gefühle und vertraue den Signalen, die du erhältst, und deiner Intuition. So wirst du schon, bevor sie sprechen können, Antworten von ihnen bekommen. Du kannst dein Baby beispielsweise fragen, ob es zu einer Verabredung außer Haus mitgenommen werden möchte oder ob es lieber mit einem Babysitter zu Hause bleiben will. Vertraue deinem Gefühl über seine Entscheidung und handle danach. Achte dann auf die Signale, die es dir gibt. Wenn du es mitgenommen hast und es schreit die ganze Zeit, dann versuche das nächste Mal, es zu Hause bei einem Babysitter zu lassen.

Wenn deine Kinder älter werden, beziehe sie in die Familienangelegenheiten mit ein. Lass sie mitentscheiden und übertrage ihnen Verantwortung. Gestehe ihnen zu, über ihr Leben so weit wie möglich selbst zu bestimmen. Das bedingt, dass sie auch die Folgen ihrer Entscheidung tragen müssen. Gib ihnen deine Liebe und biete ihnen deine Unterstützung an. Steh ihnen mit deinem Rat zur Seite, aber mache ihnen dabei immer klar, dass die Verantwortung für ihr Leben bei ihnen selbst liegt. Vergewissere dich, dass du deine eigenen Grenzen klar definiert hast – was für dich richtig ist und was nicht. Wenn Kinder ihre eigenen Entscheidungen treffen, heißt das nicht, dass sie dich ausnutzen dürfen. Vor allem aber versuche, ihnen deine Gefühle aufrichtig mitzuteilen, und bitte sie, dir die ihren zu zeigen. Fast alle familiären Probleme entstehen aus einem Mangel an Kommunikation. Sicherlich können deine Kinder nicht herausfinden, wie man sich richtig mitteilt und verständigt, wenn du selbst es nicht weißt.

Für viele Eltern scheint es sehr schwierig, aufzuhören, das Leben ihrer Kinder zu leben, und anzufangen, ihr eigenes Leben zu leben. Um das zu erreichen, müssen die Eltern bereit sein, ihre Abhängigkeit von ihren Kindern zuzugeben. Sie müssen sich eingestehen, wieviel Angst sie davor haben, ihre Kinder freizugeben. Diese Angst wird oft getarnt und nun umgekehrt auf die Kinder projiziert – die Eltern reden sich ein, dass ihre Kinder von ihnen abhängig seien und dass es für sie nicht gut wäre, wenn die Eltern begännen, sich auf die Erfüllung ihrer eigenen Bedürfnisse zu konzentrieren

Ich habe festgestellt, dass diese These falsch ist. In Wirklichkeit geht es darum, dass sich die Eltern von ihren Kindern abhängig fühlen, worüber sie sich gewöhnlich nicht einmal bewusst sind! Kinder sind so lebendig und aufregend, dass die Eltern insgeheim befürchten, ohne ihre Kinder ein langweiliges und eintöniges Leben führen zu müssen. Oder sie haben vielleicht Angst, sich mit sich selbst auseinandersetzen zu müssen. Wenn sie diese Gefühle erst einmal erkannt und akzeptiert haben, können sie anfangen, sich mit der Leere in ihrem Innern und in ihrem Leben zu beschäftigen. Sie beginnen, ihre eigenen Wünsche zu erkennen und herauszufinden, wie sie diese verwirklichen können. Sie fangen an, ihrem Gefühl aus dem ›Bauch‹ zu vertrauen und nach ihm zu handeln.

An diesem Punkt blühen die Kinder regelrecht auf. Sie sind von der unbewussten Last befreit, für ihre Eltern sorgen zu müssen. Sie haben die Freiheit bekommen, ihr eigenes Leben lebenswert zu machen! So fangen auch die Kinder an, das zu tun, was für sie richtig ist. Sie können nun zu dem Kanal für die kosmische Energie werden, der sie in Wahrheit sind.

Ein mit mir befreundetes Ehepaar hat eine wunderbare Tochter. Schon vor ihrer Geburt waren sich die Eltern darüber bewusst, dass sie ein wundervolles, starkes Geschöpf ist. Sie hatten das Gefühl, mit diesem Wesen bereits in Kommunikation zu stehen. Ich erlebte die Hausgeburt dieses Kindes mit – ein wundervolles Erlebnis! Ein paar Minuten, nachdem sie geboren war, hielt ich sie in meinen Armen und sie blickte mir gerade und fest in die Augen (ich hatte zuvor gehört, Kinder könnten so früh noch gar nicht mit den Augen fixieren). Es war ganz offensichtlich für mich, dass sie sich völlig darüber bewusst war, was geschah.

Das Mädchen wurde in der eben beschriebenen Weise erzogen. Sie erhielt immer den ihr gebührenden Respekt und wurde als hoch entwickelte bewusste Seele behandelt. Als Folge davon hat sie sich zu einem ganz bemerkenswerten Kind entwickelt. Wo immer sie ist, stellen die Menschen fest, welche starke Präsenz sie besitzt. Man kann sehr leicht erkennen, dass sie ein offener Kanal für den Kosmos ist.

Meditation

Mache es dir bequem, entspanne dich und schließe deine Augen. Atme ein paarmal tief ein und aus und lenke dein Bewusstsein auf einen ruhigen Ort tief in deinem Innern.

Stell dir nun dein Kind vor. Schau ihm in die Augen und fühle sein starkes Wesen. Nimm dir eine Weile Zeit für diese Erfahrung. Sei offen für alle Gefühle, Ideen oder Eindrücke über das, was dein Kind wirklich ist. Teile ihm in deinen eigenen Worten deine Achtung und Anerkennung mit. Stell dir vor, dass dein Kind dir seine Achtung und Anerkennung übermittelt.

Wenn du mehrere Kinder hast, mache diese Meditation mit jedem Einzelnen von ihnen. Sie öffnet die Liebe und die Kommunikation zwischen dir und deinen Kindern, gleich ob sie noch klein oder schon erwachsen sind.

Übung

Übe dich darin, deinen Kindern gegenüber die Wahrheit zu sagen und deine Gefühle offen zu zeigen, auch wenn du dich dabei verletzbar fühlst oder es dir unangenehm ist, nicht alles unter Kontrolle zu haben. Frage deine Kinder, welches Gefühl sie bestimmten Dingen gegenüber haben. Versuche, wirklich zu hören, was sie zu sagen haben. Wenn du versucht bist, ihnen einen Rat zu erteilen, frage sie zuerst, ob sie ihn hören wollen. Wenn sie deinen Rat nicht hören wollen, teile ihnen stattdessen deine Gefühle mit.

Kapitel 17

Arbeit und Spiel

Unsere Kultur ist von Leistung, Erfolg und Produktivität geradezu besessen. Dadurch sind die meisten von uns Workaholics, die von sich selbst immer mehr verlangen, als notwendig oder gesund wäre. Wir müssen lernen, uns zu entspannen, uns Ruhe zu gönnen und das Leben auch einmal nur zu genießen. Manche Menschen verkörpern aber auch die Gegenseite sie können sich entspannen und genießen, doch Konzentration und harte Arbeit fallen ihnen schwer.

Wenn du deiner Energie folgst und immer das tust, was sich richtig anfühlt, verschwindet der Unterschied zwischen Arbeit und Spiel. Arbeit ist nicht länger das, was du tun *musst*, und Spiel nicht mehr das, was du tun *willst*. Wenn du das tust, was du gerne machst, wirst du mehr arbeiten können und produktiver sein als je zuvor, aber du wirst es als Spiel empfinden.

Jeder Mensch hat eine wahre Bestimmung und jeder von uns ist ein Kanal für das Universum. Wir leisten unseren Beitrag zur Welt, indem wir in jedem Augenblick ganz einfach wir selbst sind. Wir brauchen unser Leben nicht mehr in starre Kategorien zu unterteilen – das ist Arbeit, das ist Spiel. Alles verschmilzt miteinander, wenn wir dem Energiefluss des Universums folgen, und auch das Geld fließt herein, weil wir einen offenen Kanal erschaffen. Wir arbeiten nicht mehr, um Geld für unseren Lebensunterhalt zu verdienen. Stattdessen wird die Freude, die aus unserer Selbstverwirklichung entspringt, zu unserem größten Lohn. Geld fließt uns als ein natürlicher Bestandteil unseres Lebendigseins zu. Manchmal stehen Arbeiten und Geldverdienen nicht einmal mehr in direktem Zusammenhang miteinander. Wir machen die Erfahrung, dass wir genau das tun, wozu wir gerade die Energie verspüren, und das Geld ganz von alleine zu uns kommt. Es heißt nicht mehr: »Du leistest dies oder jenes und bekommst entsprechend viel Geld dafür.« Arbeit und Geldverdienen wirken gleichzeitig zusammen, müssen aber nicht unbedingt in einem Ursache-Wirkungs-Verhältnis zueinander stehen.

In der neuen Welt ist es schwer, sein Lebenswerk und seine wahre Bestimmung auf einen einzigen Punkt zu begrenzen. In unserer bisherigen Vorstellung mussten wir uns, wenn wir erwachsen geworden waren, für eine berufliche Laufbahn entscheiden und dann eine entsprechende Ausbildung absolvieren, um unser Berufsziel zu erreichen. Die meiste Zeit unseres Lebens oder sogar unser ganzes Leben lang widmeten wir uns nun dieser Karriere.

In der neuen Welt wirken viele von uns als Kanal für verschiedene Dinge, die in den interessantesten Kombinationen manifestiert werden können. Vielleicht hast du bislang deinen beruflichen Weg noch nicht gefunden, weil er noch gar nicht existiert. Deinen besonderen und einzigartigen Selbstausdruck hat es zuvor noch niemals gegeben und wird es auch nie wieder geben. Wenn du so lebst, dass du deiner Lebensenergie folgst, wird sie dich in viele Richtungen führen. Du wirst anfangen, dich auf die verschiedensten Arten zu verwirklichen, und all die verschiedenen Arten deiner Verwirklichung werden sich zu einer völlig neuen, interessanten und kreativen Kombination zusammenfügen. Du wirst nicht mehr von dir sagen können: »Ich bin Schriftsteller, Feuerwehrmann, Lehrer oder Hausfrau.« Vielleicht bist du eine Kombination aus all diesen Berufen. Du wirst das tun, was du gerne machst, was dir Spaß macht, was dir leicht fällt und eine Herausforderung für dich ist. Es wird einen Hauch von Abenteuer haben. Was auch immer du tust, es wird dich befriedigen und erfüllen. Es geht dir nicht mehr darum, etwas für eine spätere Befriedigung zu tun: »Ich werde hart arbeiten, damit ich später eine bessere Position erreiche. Ich werde hart arbeiten, damit ich mein Leben genießen kann, wenn ich in Rente bin. Ich werde hart arbeiten, damit ich genug Geld habe, mir einen schönen Urlaub leisten zu können.« Was zählt, ist die Erfüllung, die dir deine Arbeit in diesem Augenblick bringt. Wenn du ein Kanal für die kosmische Energie bist, ist alles, was du tust, dein Beitrag zur Schöpfung. Deshalb ist auch die einfachste Sache von Bedeutung.

Wir werden durch die Energie des Universums transformiert, die uns durchströmt, und nicht durch bestimmte Dinge, die wir tun. Wenn ich ein Buch schreibe, in dem ein bestimmtes Quantum Weisheit steckt, dann ist es die Energie, die den Menschen berührt. Es ist die kosmische Energie, die durch mich hindurchfließt und die tieferen Bewusstseinsebenen des Lesers anspricht. Die Worte und Ideen sind nur die Oberfläche des Buches. Sie verschaffen unserem Intellekt die Möglichkeit, zu begreifen, was sich bereits verändert hat. Es ist nicht so wichtig, dass ich ein Buch geschrieben habe. Viel bedeutender ist, dass ich mich selbst zum Ausdruck gebracht und mich geöffnet habe, sodass die kreative Energie durch mich wirken konnte. Diese kreative Energie durchdringt nun andere Menschen und Dinge auf dieser Welt. Ich hatte das Vergnügen, dass diese Energie durch mich strömte, und andere haben das

Vergnügen, diese Energie aufnehmen zu können. Das ist ein Erlebnis von Transformation.

Ob du nun gerade Geschirr spülst, einen Spaziergang machst oder ein Haus baust, wenn du es in dem Gefühl machst, genau am richtigen Platz zu sein und genau das zu tun, was du willst, wird die Fülle und Freude dieser Erfahrung von jedem in deiner Umgebung wahrgenommen werden. Wenn du dabei bist, ein Haus zu bauen, und dir ein vorbeigehender Spaziergänger zusieht, wird er die Fülle deines Erlebens in sich aufnehmen. Sein Leben wird in dem Maß davon transformiert, wie er die Wirkung der Energie in sich zulassen kann. Obwohl der Passant gar nicht weiß, woher er den plötzlichen Energieschub bekommen hat, wird er ein ganz anderes Lebensgefühl haben. Genauso verhält es sich, wenn du ganz einfach du selbst bist. Wenn du in einen Raum kommst und vollkommen eins mit dir selbst bist und dich auf die Weise ausdrückst, die sich richtig für dich anfühlt, wird jeder, der in dem Raum anwesend ist, in seinem eigenen Wachstumsprozess gefördert. Auch wenn dies keiner der Anwesenden erkennt oder sich dessen bewusst ist, kannst du manchmal das Ergebnis spüren, das die Wirkung deines Kanals erzielt hat. Die Veränderung, die sich in den Menschen vollzieht, liefert dir einen sichtbaren Beweis dafür. Dies ist ein unglaublich aufregendes und befriedigendes Erlebnis.

Daran kannst du erkennen, dass es nicht länger darum geht, sich auf eine bestimmte Sache zu konzentrieren, wenn auch die Möglichkeit besteht, dass dich deine Energie veranlasst, sie auf einen bestimmten Bereich zu lenken und dort zu manifestieren. Du kannst dich entschließen, bestimmte Fähigkeiten zu erwerben, die du nutzen wirst, um deine Energie so zu manifestieren, wie sie es möchte.

Wenn du dich dazu entschieden hast, wirst du leicht und ganz von selbst dorthin gelangen. Dein Lernprozess wird dir genauso viel Freude machen wie die Arbeit selbst. Mit anderen Worten, es ist nicht mehr notwendig, im Augenblick ein Opfer zu bringen, damit du in Zukunft etwas erreichst, was du gerne haben möchtest. Der Lernprozess wird dir Spaß machen und du wirst viel Freude dabei erleben. Du wirst ihn jeweils als genau das erleben, was du gerade tun willst. Ob du etwas übst, bestimmte Fähigkeiten erwirbst oder zur Schule gehst – alles kann Freude machen und Erfüllung bringen, wenn man der Führung seiner Intuition folgt.

Ebenso wird auch deine Arbeit zu einer Lernerfahrung. Ich zum Beispiel leite nicht deshalb Workshops, weil ich eine Lehrerin bin, die über Informationen verfügt, die sie an ihre Schüler weitergibt, sondern weil ich mich so am liebsten verwirkliche und ›mitteile‹. Durch meine Workshops vertieft sich wiederum mein eigener Lernprozess. Auch hier besteht, wie bei Arbeit und Spiel, kein Unterschied zwischen Lernen und Lehren. Alles verschmilzt zu einer einzigen, ganzheitlichen und harmonischen Erfahrung.

Die meisten Menschen fühlen zumindest tief in ihrem Innern, was ihnen am meisten Spaß machen würde. Dieses Gefühl ist jedoch häufig so unterdrückt, dass es nur in wilden Fantasien zum Ausdruck kommt, die sich niemals realisieren lassen. Ich ermutige die Menschen immer dazu, sich näher auf diese Fantasien einzulassen. Beobachte und erkunde in deinen Fantasiebildern genau, wie du gerne sein und was du gerne tun möchtest. In dieser Wunschvorstellung steckt viel Wahres. Sogar wenn deine Vorstellung dir unmöglich erscheint, liegt zumindest ein Funken Wahrheit darin verborgen. Dein Wunschbild sagt etwas darüber aus, wer du wirklich bist und wie du dich gerne verwirklichen möchtest.

Deine Fantasien können dir zeigen, wie du dich in Wirklichkeit zum Ausdruck bringen willst. Ich habe schon viele Male feststellen müssen, dass die Menschen zwar eine sehr klare Vorstellung davon haben, was sie eigentlich gerne machen würden, doch dann eine berufliche Laufbahn einschlagen, die ihrem Wunsch völlig widerspricht. Manchmal machen sie genau das Gegenteil von ihrer Wunschvorstellung, weil sie meinen, dass dies praktisch sei oder sie von ihren Eltern oder der Welt dafür Anerkennung erhalten. Sie glauben, dass es unmöglich ist, das zu tun, was man wirklich will. Deshalb ist es ihnen eigentlich gleichgültig, welchen Beruf sie ausüben. Ich rate dazu, das Risiko einzugehen, die Dinge zu erforschen, die einem wirklich Spaß machen. Die folgenden Beispiele sollen dies verdeutlichen. Es handelt sich um Menschen, mit denen ich gearbeitet habe und die ihre wahre Bestimmung suchten

1. Eine sehr talentierte Frau arbeitete viele Jahre lang mit Kranken und Sterbenden. Obwohl sie eine großartige Krankenschwester und Heilerin war, wurde ihr klar, dass sie sich kreativer verwirklichen wollte. Durch meine Ermutigung begann sie, nur noch einige Tage als Krankenschwester zu arbeiten. Dafür fing sie an, Workshops zu veranstalten und Menschen in Beratungsgesprächen zu helfen. Diese berufliche Veränderung macht ihr sehr viel Freude. Auch ihre Mitmenschen spüren, wie erfüllt sie seitdem ist.

2. Joseph arbeitete nach alter Familientradition mit seinem Vater und seinen Brüdern in der eigenen Firma. Er handelte erfolgreich mit Immobilien und verstand sich sehr

gut darauf, Verträge abzuschließen. Sein Problem bestand darin, dass er eigentlich noch etwas anderes mit seinem Leben anfangen wollte. Die anderen Workshopteilnehmer ermutigten ihn dazu, seine Wünsche auszusprechen. Dabei stellte sich heraus, dass Joseph am liebsten Tänzer werden wollte, seine Familie dies aber nicht billigen würde. Der erste Schritt für ihn war, sich selbst seinen Wunsch einzugestehen. Schließlich brachte er den Mut auf, Tanzunterricht zu nehmen. Er hatte sehr viel Talent, sodass der Tanzlehrer gleich auf ihn aufmerksam wurde. Joseph entwickelte seine künstlerische Begabung weiter. Als er selbst zu seinem Wunsch stehen konnte, stellte sich heraus, dass ihn auch seine Familie darin unterstützte.

3. Eine gute Freundin von mir hat drei Kinder, keine Ausbildung und lebte zum damaligen Zeitpunkt von der Fürsorge. Sie wünschte sich, ins Geschäftsleben einzusteigen. Sie fühlte intuitiv, dass sie mit großen Geldsummen umgehen könnte, doch in Anbetracht ihrer Situation schien ihr diese Vorstellung absurd. Dennoch entschloss sie sich dazu, sich in San Francisco in der Finanzbranche nach Möglichkeiten umzutun. Sie fand sofort eine Stelle als Empfangsdame in einer Firma. Schon bald wurde sie zur Verwaltungsassistentin befördert und arbeitete sich in immer verantwortungsvollere Positionen hoch. Schließlich erreichte sie ihr Ziel, Börsenmaklerin zu werden. Sie liebt ihre Arbeit und auch ihren Kindern geht es gut dabei.

4. Eine Workshopteilnehmerin erzählte, dass sie eine begabte Pianistin war und darauf gehofft hatte, eine Karriere als Konzertpianistin einzuschlagen. Aus verschiedenen Gründen, vor allem aus mangelndem Selbstvertrauen, hatte sie ihren Traum begraben. Sie fing an, in einem Büro zu arbeiten. Ihre Arbeit und ihre Kinder lie-

ßen ihr kaum noch Zeit, sich der Musik zu widmen. Nach fünfzehn Jahren glaubte sie, es sei ganz einfach zu spät, noch einmal mit dem Klavierspielen anzufangen. Die Zeit, die sie verloren hatte, schien ihr jede Hoffnung zu nehmen, eine große Pianistin zu werden. Trotz ihrer Zweifel ermutigten wir sie dazu, wenigstens wieder Klavier zu spielen. Ich versicherte ihr, dass es ihr ganz leicht fallen würde, wieder ins Klavierspielen hineinzukommen, wenn es ihr echter Wunsch war. Als sie diesen Gedanken zulassen konnte, öffnete sie sich für sich selbst. Ihre Hoffnungslosigkeit verschwand und stattdessen fühlte sie eine ganz neue Kraft in sich. Sie rief mich nach dem Workshop an, um mir zu erzählen, sie habe Klavier gespielt und sich großartig dabei gefühlt. Ein Freund hatte sie darum gebeten, einen Chor zu begleiten, und dadurch eröffneten sich ganz neue musikalische Möglichkeiten für sie.

Meditation

Setze oder lege dich bequem hin. Schließe deine Augen und entspanne dich. Atme ein paarmal tief ein und aus und entspanne Körper und Geist immer mehr. Lass alle Spannungen in deinem Körper los. Wenn du willst, stelle dir vor, dass dein Körper fast im Boden, Bett oder Stuhl versinkt.

Aus dieser tiefen Entspannung heraus stell dir nun vor, dass du in deinem Leben genau das machst, was du willst. Du machst eine großartige Karriere, die dir Freude und Erfüllung schenkt. Du tust genau das, was du dir in deiner Fantasie immer ausgemalt hast, und du verdienst gut dabei.

Du fühlst dich entspannt, energiegeladen, kreativ und stark. Du hast Erfolg bei deiner Arbeit, weil du genau das machst, was du tun möchtest.

Du lässt dich in jedem Augenblick von deiner inneren Stimme leiten und wirst reich dafür belohnt.

Übung

1. Folge jedem Impuls, den du in Bezug auf deine echten beruflichen Wünsche verspürst. Gehe dem Impuls nach, auch wenn er dir völlig unrealistisch erscheint. Wenn du beispielsweise fünfundsechzig Jahre alt bist und schon immer Ballett-Tänzer werden wolltest, nimm Ballettunterricht oder gehe als Zuschauer in eine Ballettstunde. Sieh dir Ballett an und stell dir vor, du seist ein Tänzer. Wenn du allein bei dir zu Hause bist, stelle Musik an und tanze. Dies wird dich mit dem Teil in dir in Verbindung bringen, der sich auf diese Weise verwirklichen möchte. Es ist möglich, dass du schließlich besser tanzt, als du je erwartet hättest. Du findest dadurch möglicherweise noch andere Ausdrucksmöglichkeiten, die dich ebenso befriedigen.

2. Schreib alle Fantasievorstellungen auf, die du in Bezug auf Arbeit, Karriere und Kreativität hast. Neben jeden Begriff schreibst du nun, welche Unternehmungen du planst, um diesem Wunsch nachzugehen.

3. Beschreibe eine ›ideale Szene‹: Wie sieht dein Traumberuf aus? Schreibe in der Gegenwartsform, so als wäre dein Traum bereits wahr. Beschreibe alles sehr genau und detailliert, um einen ganz realistischen Eindruck zu erwecken. Leg deine Beschreibung dann zur Seite und lies sie in ein paar Monaten oder in ein oder zwei Jahren wieder einmal durch. Wenn sich dein Fantasiebild zwischenzeitlich nicht völlig verändert hat, wirst du vermutlich feststellen, dass du in Bezug auf die Verwirklichung deines Traums schon beachtliche Fortschritte gemacht hast.

Kapitel 18

Geld

Geld ist ein Symbol für unsere kreative Energie. Wir haben ein System erfunden, bei dem wir Papierscheine und Metallstücke verwenden, die eine bestimmte Maßeinheit der kreativen Energie darstellen. Du verdienst Geld, indem du deine Energie benutzt. Dann setzt du dieses Geld zum Beispiel im Austausch für die Energie ein, die ich in dieses Buch gesteckt habe, oder in einen Workshop oder ähnliches. Da die kreative Energie des Universums in jedem von uns in unbegrenzten Mengen vorhanden ist, steht uns potentiell auch unbegrenzt Geld zur Verfügung. Wenn wir unserer Intuition und dem inneren Energiefluss folgen, werden wir immer ausreichend Geld für alles haben, was wir wirklich brauchen und wollen. Ein Mangel an Geld spiegelt meist energetische Blockaden in unserem Inneren wider.

Unsere Fähigkeit, Geld im Überfluss zu verdienen und es weise zu verwenden, basiert auf unserer Fähigkeit, uns als Kanal für das Universum zu öffnen. Je stärker und offener ein Kanal ist, desto mehr kann durch ihn hindurchfließen. Je mehr wir uns selbst vertrauen und bereit sind, unserer inneren Führung zu folgen und dabei auch Risiken einzugehen, desto größer ist die Wahrscheinlichkeit, dass wir immer so viel Geld haben, wie wir benötigen. Das Universum gibt uns dann auch finanziell die Möglichkeit, wir selbst zu sein und das zu tun, was wir wirklich möchten!

Geld in der alten Welt

Die alte Welt basiert auf unserer Abhängigkeit von der äußeren, physischen Welt. Wir suchen unsere Befriedigung in Äußerlichkeiten. Da wir dem Irrtum verfallen sind, dass unser Überleben davon abhinge, materielle Besitztümer anzuhäufen, glauben wir, dass unsere Erfüllung im materiellen Wohlstand liege.

In der alten Welt erlangt man finanzielle Sicherheit und Reichtum, indem man lernt, wie man sich in der Welt behauptet und wie man mit den äußeren Gegebenheiten am besten zurecht kommt (›das alte Männliche‹). Der Aufbau eines finanziell gesicherten Lebens ist jedoch mit Angst und Kampf verbunden, weil unsere Handlungen nicht auf der Führung des Universums beruhen (der ›inneren Frau‹). Wir müssen einen hohen Preis für unser Geld zahlen. Du kannst zwar Geld verdienen, spürst aber, dass du von ihm bestimmt wirst. Du glaubst, das Geld selbst sei wichtig: »Wenn ich genug Geld habe, kann ich dies oder jenes tun, und dann werde ich glücklich sein.« Oder: »Wenn ich genug Geld habe, werde ich mit mir zufrieden sein und dann bin ich glücklich.« Oder: »Wenn ich viel Geld habe, werden mich andere Menschen mögen und das wird mich glücklich machen.« Von diesem Standpunkt aus ist Geld eine wichtige Sache. Aber so lange wir es so beurteilen, ist Geld immer ein Problem.

Wenn du zu wenig Geld hast, kämpfst du immer darum, mehr Geld zu verdienen. Du lebst ständig in der Angst, dass du nicht genug Geld hast. Innerlich spürst du immer den quälenden Schmerz, nicht genug Geld zu haben, um deine Bedürfnisse zu befriedigen. Hast du andererseits aber viel Geld, hast du Angst, du könntest es wieder verlieren.

Du kannst nie genug Geld haben, um so sicher zu sein, dass du keine Angst mehr zu haben brauchst.

Menschen, die wenig Geld besitzen, erkennen nur selten, dass auch Menschen mit viel Geld in Angst leben. Sie sind grundsätzlich unsicher, weil sie nie wissen, ob sie ihr Geld nicht wieder verlieren. Es könnten Umstände eintreten, die sie nicht unter Kontrolle haben – sie könnten eine falsche Investition tätigen oder ihr Geld könnte gestohlen werden. Wenn Sicherheit darauf beruht, Geld zu besitzen, ist es gleichgültig, ob man viel oder wenig Geld besitzt. In beiden Fällen lebt man in Angst.

Wenn wir nicht erkennen, dass Geld ein Symbol für die unendliche kosmische Energie ist, und glauben, es gäbe nur einen begrenzten Vorrat davon auf dieser Welt, bleiben uns nur zwei Möglichkeiten: Entweder entscheiden wir uns, viel Geld zu verdienen, und haben Gewissensbisse. Oder wir treffen die Entscheidung, arm zu bleiben, und sind auf die neidisch, die mehr Geld haben. Wenn du dich entscheidest, Geld zu besitzen, wirst du in dem Wissen leben, dass andere weniger haben als du. Du befürchtest, dass dein ›Mehr‹ an Geld schuld daran ist, dass andere weniger haben. Vielleicht versuchst du, dein Schuldgefühl zu verdrängen oder aber dein schlechtes Gewissen zu beruhigen, indem du denen hilfst, die nicht so vermögend sind.

Andererseits kannst du dich aber auch entschließen, diese Schuld nicht auf dich zu laden und dir sagen: »Ich will nicht mehr als meinen Anteil. Geld interessiert mich nicht. Deshalb werde ich mich auf ein Minimum beschränken. Ich will sichergehen, dass ich niemandem etwas wegnehme.« Diese Einstellung führt dazu, dass du schließlich das Gefühl hast, du seist um etwas betrogen worden. Du siehst all die schönen Dinge in der Welt, die du gerne haben und genießen würdest, aber du kannst sie dir nicht leisten. Du siehst andere, die mehr als das Lebensnotwendige besitzen, und du fühlst Unmut gegen sie. In dem Rahmen, in dem wir in der alten Welt mit Geld umgehen, haben wir nur zwei Wahlmöglichkeiten: Wir fühlen uns schuldig oder wir werden missmutig und neidisch.

Der Umgang mit Geld in der alten Welt verlangt, dass wir aus unserem Ego heraus handeln, anstatt das Universum für uns handeln zu lassen. Wir leben in dem Glauben, dass wir hart arbeiten müssen, um das zu bekommen, was wir wollen. Unsere Arbeitsmoral lautet: »Arbeite hart. Opfere dich auf und kämpfe!« Viele von uns sind so stark von dieser Konditionierung geprägt, dass sie sich gar keinen finanziellen oder beruflichen Erfolg zugestehen, ohne hart zu arbeiten, zu kämpfen und sich aufzuopfern. Wenn du dann erfolgreich Geld verdienst, zahlst du einen hohen emotionalen und oft auch körperlichen Preis dafür. Häufig machen sich die Menschen so viel Stress, dass sie krank werden oder sterben. Sie kämpfen und opfern sich gefühlsmäßig auf und am Schluss fühlen sie sich leer und betrogen, auch wenn sie äußerlichen Erfolg erreicht haben.

Eine andere Reaktion ist, sich diesem Wettlauf nach dem Geld zu verweigern. »Schau nur, wohin das führt: Kampf, Aufopferung, Schmerz, Selbstaufgabe. Deshalb will ich nichts mit Geld zu tun haben. Ich komme mit dem absoluten Minimum an Geld aus, das ich für meinen Lebensunterhalt brauche.« Oft wählen sensible oder spirituelle Menschen diesen Weg, damit sie sich auf ›sinnvollere‹ Dinge konzentrieren können. Das Problem dabei ist, dass man sich tatsächlich selbst darum bringt, mit einer der schönsten und aufregendsten Sachen im Leben umzugehen. Wenn du Geld ablehnst, lehnst du auch einen großen Teil der kosmischen Energie ab. Du verleugnest damit einen festen Bestandteil unseres irdischen Lebens. Menschen, die diesen Weg bevorzugen, wissen im Allgemeinen nicht, wie man mit Geld umgeht, und weigern sich, etwas darüber zu lernen.

Geld in der neuen Welt

Die neue Welt gründet sich auf das Vertrauen in das Universum in unserem Innern. Wir erkennen, dass die schöpferische Intelligenz und Energie des Kosmos die Quelle und der Ursprung aller Dinge ist. Wenn wir mit dieser Quelle in Berührung kommen und uns der Führung des Kosmos überlassen, gehört uns ›die ganze Welt‹. Unsere Leere wird mit unserem innerem Reichtum gefüllt.

Wir erkennen, dass Geld ein Spiegelbild für die Energie ist, die durch uns kanalisiert wird. Je mehr wir lernen, aus dem Vertrauen in unsere Intuition heraus zu leben und zu agieren, umso stärker wird unser Kanal für die kosmische Energie und umso mehr Geld werden wir haben. Das Geld, das wir in unserem Leben verdienen, resultiert aus unserer Fähigkeit, auf unsere innere Stimme zu hören und zu wagen, dieser Stimme zu folgen. Wenn du aufhörst, Kontrolle über dein Leben ausüben zu wollen, und lernst, der kosmischen Führung zu folgen, wird immer mehr Geld in dein Leben fließen. Da kein Opfer damit verbunden ist, fließt es dir leicht und mühelos zu. Du bist nicht mehr vom Geld abhängig und hältst nicht mehr daran fest. Stattdessen machst du die wundervolle Erfahrung, welche Freude es bereitet, wenn man lernt, der kosmischen Energie zu folgen. Geld ist dabei nur ein zusätzlicher Bonus, der dir in diesem Prozess geschenkt wird.

Du weißt, dass das Geld in Wirklichkeit nicht dir gehört – es gehört dem Universum. Du bist nur ein Treuhänder, der dieses Geld verwalten darf. Du benutzt es nur so, wie du vom Universum durch deine Intuition angewiesen wirst. Du brauchst keine Angst zu haben, dein Geld zu verlieren, weil du in dem Bewusstsein lebst, dass immer für dich gesorgt ist. Geld kommt und geht, aber du verlierst deshalb nicht deine Lebensfreude und Erfülltheit. Wenn du dir dessen ganz sicher bist, wird häufig immer mehr Geld zu dir kommen, sodass du fortwährend dazu angehalten wirst, dein Vertrauen auf intensiveren Ebenen und durch einen höheren Einsatz zu vertiefen. Wenn wir Kanäle für die kosmische Energie geworden sind, werden viele von uns schließlich dazu aufgefordert sein, aus ihrer völligen Hingabe und Verantwortung gegenüber der göttlichen Kraft mit großen Geldsummen umzugehen. Dies ist eine Möglichkeit, wie man die Kraft des Universums dafür einsetzen kann, die Welt wirkungsvoll zu transformieren.

Aktiv und rezeptiv

In dem Prozess, Geld zu kanalisieren, gibt es, wie bei jedem kreativen Prozess, aktive und rezeptive Aspekte. Der maskuline oder aktive Weg des Geldverdienens besteht darin, nach außen zu gehen und zu handeln. Du siehst etwas, das du haben willst, und beschaffst es dir. Der feminine oder rezeptive Weg, Geld zu verdienen, besteht darin, das anzuziehen, was man will.

Wir müssen beide Aspekte beherrschen. Wir müssen in der Lage sein, die nach außen drängende Energie umzusetzen, die ein bestimmtes Ziel verfolgt. Wir müssen das Risiko eingehen, ohne Angst nach ihr zu handeln. Wir müssen uns aber auch darin üben, gut zu uns selbst zu sein, uns zu schätzen und auf unser inneres Selbst einzustimmen, sodass wir das anziehen und empfangen können, was wir uns wünschen. Bei vielen Menschen ist die eine Seite stärker ausgeprägt als die andere. Die einen können besser aktiv sein und sich Dinge beschaffen, tun sich aber schwer mit ihrer rezeptiven Seite und damit, Dinge anzuziehen. Die anderen wissen zwar, wie man Dinge anzieht, haben aber Angst, sie sich auch zu beschaffen. Oft ist es nötig, diese beiden Seiten ins Gleichgewicht zu bringen. Vielleicht musst du lernen, die Geschenke, die Anerkennung, Liebe und Energie zu empfangen, die dir gegeben werden. Oder du musst dich darin üben, deine Energie in die Welt einzubringen. Dadurch kann sie ungehindert durch dich kanalisiert werden und wird nicht an einem Ende des Kanals blockiert.

In die Praxis umgesetzt bedeutet dies, dass du in Bezug auf Geld und Arbeit bereit sein musst, Risiken einzugehen. Wenn du immer nur tust, was du tun solltest, um Geld zu verdienen und dir Sicherheit zu schaffen, kannst du nicht auf deine innere Stimme hören, die dir sagt, was du wirklich tun musst

Dies kann sehr beunruhigend sein, wenn es deine Arbeitsstelle und dein Geld betrifft. Ich werde oft gefragt: »Was soll ich tun, wenn mir meine innere Stimme sagt, ich soll nicht zur Arbeit gehen?« Wenn du riskierst, deine Stelle zu verlieren, indem du dir einen Tag frei nimmst, ist dies sicherlich nicht die klügste Entscheidung. In diesem Fall wirst du deine Intuition erst einmal festigen müssen, indem du anfangs in einem kleineren Rahmen deinen Impulsen nachgibst. Du kannst dir einen halben Tag frei nehmen oder ein verlängertes Wochenende planen. Aber eines Tages wirst du aufwachen und wissen: »Ich will heute wirklich nicht zur Arbeit gehen« und du wirst diesem Gefühl nachgeben und dich dabei wohl fühlen. Wenn mir meine innere Stimme einen solchen Rat gibt, brauche ich gewöhnlich ein wenig Zeit für mich selbst, damit neue Inspirationen durch mich dringen können. Oder ich brauche ganz einfach Zeit und Ruhe, um Gefühle zu verarbeiten, die mich innerlich aufwühlen.

Wenn du es wagst, deinem Impuls zu folgen, wirst du ein paar Stunden oder Tage später feststellen, dass sich deine Energie tatsächlich erneuert hat. Du wirst nun in der Lage sein, die Dinge, die getan werden müssen, in einem Viertel der Zeit zu erledigen, die du normalerweise dafür gebraucht hättest. Dabei wirst du viel inspirierter und kreativer sein. Wenn du risikobereit bist und dir selbst vertraust, ist alles möglich. Wenn du zu Hause geblieben bist, erhältst du vielleicht einen Anruf von jemandem, der dir eine bessere Stelle anbietet, wo du viel mehr Geld verdienst (so ging es einem meiner Freunde). Vielleicht hast du aber auch eine Inspiration, die dir eine günstige Möglichkeit eröffnet. Oder du folgst einer Eingebung, jemanden zu besuchen, der dir dann den Anstoß zu einem großen Abenteuer gibt. Wenn du deine Arbeit hasst, wird sich solch eine Erneuerung deiner Energie allerdings nicht einstellen. Weil deine wahre kreative Energie blockiert ist, wirst du auch weiterhin Geldprobleme haben. Schließlich wirst du deine Stelle vermutlich aufgeben, weil es einfach nicht länger geht.

Im Grund genommen geht es in Bezug auf Geld einzig und allein darum, dass du das tust, was du eigentlich tun möchtest. Das Universum wird dich dafür belohnen, wenn du seinetwegen Risiken auf dich nimmst. Es ist jedoch wichtig, dass die Risiken, die du eingehst, im richtigen

Verhältnis zu deinem Wachstumsstadium stehen. Mit anderen Worten, wenn du gerade anfängst zu lernen, wie du deiner Intuition vertrauen und folgen kannst, solltest du wohl kaum ein Millionen-Geschäft aus einem Gefühl aus dem ›Bauch‹ heraus abschließen. Genauso wie du wahrscheinlich kaum von einem Gebäude springen würdest, in der Hoffnung, dass du fliegen kannst. Es ist wichtig, im Kleinen zu beginnen. Lerne, bei den alltäglichen Dingen deiner Intuition zu folgen. Sag ›nein‹, auch wenn du dich gedrängt fühlst, ›ja‹ zu sagen. Tu das, wozu du Lust hast, auch wenn du nicht genau weißt, warum. Handle nach deinem Impuls. Rufe einfach an! Bleib einfach von der Arbeit zu Hause! Denk an Dinge, die du gerne machst, und mache sie einfach! Dies wird dich so stark machen, dass du auch größere Sprünge wagen kannst.

Harmonie

Wenn du den wesentlichen Lernprozess einmal verstanden hast, wie du deiner Intuition folgen und nach ihr handeln kannst, dann hast du auch die Voraussetzung, um Geld zu kanalisieren. Doch es ist wichtig, über einige Besonderheiten Bescheid zu wissen, die im speziellen Zusammenhang mit Geld stehen.

Wenn man die Struktur seines Kanals ausbildet, sind Harmonie und Ausgewogenheit von großer Bedeutung. Bist du in einer Richtung zu extrem gewesen, wirst du vielleicht genau ins entgegengesetzte Extrem verfallen müssen, um die beiden Gegenpole zu integrieren und in Harmonie zu bringen. Wenn du beispielsweise einen sorglosen und gleichgültigen Umgang mit Geld gepflegt oder nach der Einstellung gelebt hast, Geld spielt keine Rolle, musst du wahrscheinlich Strukturen ausbilden, die speziell mit Geld zu tun haben. Diese Strukturen beinhalten folgendes: Zu lernen, wie man ein Konto führt, wie man sein Geld richtig einteilt, und ganz allgemein die Regeln zu verstehen, die dem Umgang mit Geld auf dieser Welt zugrunde liegen. Es kann sein, dass du an diesen Übungen Interesse findest und davon fasziniert bist. Der Umgang mit Geld spaltet dich nicht mehr von deinem spirituellen Bewusstsein ab, sondern ermöglicht vielmehr, dass dich mehr kosmische Energie durchströmen kann.

Menschen, die nur wenig von Geld verstehen, haben es gewöhnlich vermieden, sich mit diesem Thema auseinanderzusetzen, weil sie glauben, dass sie dadurch davon abgehalten werden könnten, das Wunder des Lebens zu erfahren. Sie haben Angst, sie könnten all ihre Zeit auf ihren Intellekt verschwenden, anstatt ihrem Energiefluss zu folgen. Wenn du diese Angst hast, geh nach innen und bitte das Universum, dich zu führen. Suche dir eine Möglichkeit, den Umgang mit Geld zu erlernen, die dir angenehm ist. Vielleicht lässt du dich von einem Fachmann beraten, der dir hilft, deine Finanzen in Ordnung zu bringen. Schließlich muss dieser Lernprozess nicht unangenehm oder langweilig sein. Du wirst feststellen, dass dein Leben positiv davon beeinflusst wird.

Diejenigen, die den Umgang mit Geld bereits beherrschen, müssen möglicherweise lernen, sich mehr zu entspannen und loszulassen. Für sie ist es Zeit aufzuhören, immer nur nach den Gesetzmäßigkeiten des Geldes zu leben. Sie müssen den spirituellen Aspekt des Geldes in ihr Leben einfließen lassen. Dazu müssen sie ihrer Intuition vertrauen und sich von ihr führen lassen. Sie müssen lernen, mehr Neues und Unbekanntes zu wagen.

Ähnlich verhält es sich, wenn du bisher sehr sparsam gewesen bist. In diesem Fall musst du lernen, beim Geldausgeben impulsiver und intuitiver zu sein. Gib Geld aus, wenn dir gerade danach ist und dein Gefühl aus dem ›Bauch‹ dich dazu veranlasst. Lerne, diesem Impuls zu folgen, und du wirst feststellen, dass du dabei nicht bankrott gehst. Vielmehr wird dieses Verhalten dazu führen, dass noch mehr Geld in dein Leben fließt. Du kannst es loslassen und ausgeben, je nach dem, wie du von deiner Intuition instruiert wirst.

Wenn du hingegen allzu verschwenderisch gelebt und immer mehr Geld ausgegeben hast, als du tatsächlich besitzt, wirst du sehr wahrscheinlich lernen müssen, sparsamer und vernünftiger mit deinem Geld umzugehen. Richte dich auch in diesem Fall ganz nach deinem inneren Gefühl. Wenn du offen bist, auf deine Intuition zu hören, wird sie dir sagen: »Lerne Pläne zu machen für den Umgang mit Geld. Lerne, wie du mit deinem Geld besser haushalten kannst.« Dies wird dir helfen und du wirst nicht das Gefühl haben, dich einschränken zu müssen. Wenn du auch hier stets deiner Intuition folgst, wirst du Menschen begegnen, von denen du etwas über den Umgang mit Geld lernen kannst.

Es ist ein interessanter Lernprozess, der schließlich wieder dazu beiträgt, dass du die kosmische Energie immer besser kanalisieren kannst.

Schwerpunkte setzen

Eine weitere wichtige Gesetzmäßigkeit des Geldes ist, dass es immer dorthin fließt, wo du bereit bist, es zu empfangen, je nachdem, welchen Schwerpunkt du in deinem Leben gesetzt hast. Da Geld Energie ist, wird es immer von deinen Wünschen, Bedürfnissen oder Plänen angezogen. Wenn du Geld immer nur unter dem Gesichtspunkt des reinen Überlebens betrachtet hast, also nur gerade so viel Geld zu haben, wie du für deinen Lebensunterhalt brauchst, wird es genau in dieser Weise manifestiert. Wenn du beginnst, mehr Geld in dein Leben einfließen zu lassen, besteht die Möglichkeit, dass du deine Grundbedürfnisse erweiterst, aber immer noch nach derselben Einstellung verfährst. Auch dann hast du immer gerade so viel Geld, wie du für deine jetzigen Bedürfnisse brauchst.

Mit diesem Problem war ich lange Zeit konfrontiert. Ich folgte einem inneren Programm, das mich bestimmte: »Ich darf nur so viel Geld haben, wie ich gerade brauche. Es ist nicht richtig, mehr zu haben, als ich brauche.« Ich vermehrte also meine Bedürfnisse, was sich nicht immer bezahlt machte. Mein Auto ging kaputt und einige sehr kostspielige Reparaturen wurden notwendig. Meine Katze wurde krank und ich musste eine hohe Tierarztrechnung bezahlen. Jede eventuelle Mehreinnahme wurde wieder ausgegeben für Notfälle oder Grundbedürfnisse. Mir blieb immer noch kein Geld übrig, um mir das leisten zu können, was mir Spaß machte, oder mich mit größerem Luxus zu verwöhnen.

Ich stellte fest, dass ich mir einen Finanzplan aufstellen musste, in dem sowohl meine Wünsche als auch meine Bedürfnisse berücksichtigt waren. Ich begann in einem vernünftigen Rahmen: »Ich möchte mir jeden Monat wenigstens ein Kleidungsstück kaufen, das nur dem Spaß dient oder reiner Luxus ist. Ich möchte auch etwas unternehmen, was mir Spaß macht.« Ich nahm diese Wünsche in meine Haushaltsplanung auf. Das Geld, das ich dafür brauchte, floss in mein Leben. Darin liegt die Wirksamkeit eines Finanzplans. Eine Kostenaufstellung ist wie eine Blaupause. Wenn du die Liste erstellst, schaffst du ein geistiges Bild von deinen Wünschen und damit erzeugst du auch das dafür notwendige Geld. Dabei kannst du Schritt für Schritt vorgehen und immer mehr expandieren.

Meine ›Geld-Geschichte‹

Seit ich erwachsen war, hatte ich die meiste Zeit sehr wenig Geld. Geld spielte keine besonders große Rolle für mich. Im Wesentlichen kümmerte ich mich nur darum, dass ich meine Miete und meine Rechnungen bezahlen konnte. Aber den Großteil meiner Zeit und meiner Aufmerksamkeit widmete ich meiner Ausbildung, meiner Bewusstseinsentwicklung und meinem Streben nach mehr Kreativität und Selbstverwirklichung.

Ich verdiente mir das Geld für meinen Lebensunterhalt mit den verschiedensten Jobs – kreativen Projekten, Hausarbeit, Gelegenheitsarbeiten und sogar mit einem eigenen Unternehmen. Nur ein einziges Mal in meinem Leben hatte ich einen geregelten Acht-Stunden-Job – und das für ganze sechs Monate!

Ich lebte immer am Rande des Existenzminimums und kümmerte mich nicht besonders viel darum, woher ich mein Geld bekam. In dieser Zeit lernte ich, darauf zu vertrauen, dass ich mein Geld immer irgendwie zusammenbekommen würde. Manchmal war ich bis auf den letzten Dollar abgebrannt und plötzlich kam ich auf die eine oder andere Weise wieder zu Geld. Es war immer für mich gesorgt.

Dann begann ich allmählich, diesen Lernprozess bewusster zu vollziehen. Ich lernte, meiner Intuition zu vertrauen und nach ihr zu handeln. Ich lernte, mich von meiner inneren Stimme führen zu lassen und zu riskieren, mich der Welt zu stellen, gab Seminare und veröffentlichte Bücher. So fing ich an, mehr Geld zu verdienen und etwas komfortabler zu leben. Dies ging so weiter, bis ich wirklich sehr gut verdiente, in einer sehr schönen Wohnung lebte und mir fast alle Wünsche erfüllen konnte. Ich gewöhnte mich daran, so viel Geld zu haben, und fing an, mich darauf zu verlassen, obwohl ich mir meiner Einkünfte niemals sicher sein konnte. Ich lebte immer noch von der Hand in den Mund, aber das Geld schien laufend hereinzufließen. Ich vertraute darauf, dass das Universum für mich sorgte, und versuchte, mich von ihm führen zu lassen.

Doch dann passierte es ganz plötzlich, dass ich kein Geld mehr hatte. Einige unerwartete Ereignisse hatten dazu geführt, dass ich völlig ›pleite‹ war. Ich konnte gerade meine Miete und meine Rechnungen bezahlen, dann war mein Konto leer. Ich hatte keine Ersparnisse, auf die ich zurückgreifen konnte. Es war eine sehr beängstigende Erfahrung, weil ich inzwischen gewöhnt war, eine bestimmte Summe zur Verfügung zu haben.

Das Erstaunliche an diesem Erlebnis war, dass ich nur fünf Minuten lang Angst hatte. Ich dachte so etwas wie: »Oh, mein Gott, was soll ich jetzt machen?« Dann war ich vollkommen ruhig. Ich musste nur diese fünf Minuten der Angst erleben, dann war es, als wäre jegliche Angst in Bezug auf Geld für immer verschwunden. Ich wusste, dass ich schon wieder klarkommen wurde.

Der wichtigste Punkt dabei ist, dass ich wusste, ich würde zu allem bereit sein, was das Universum von mir verlangte. Ich kann mich daran erinnern, dass ich dachte: »Gut, ich liebe zwar meine Wohnung, aber ich könnte sie auch aufgeben. Ich liebe alle meine Besitztümer, aber ich kann mich auch davon trennen. Wenn das Universum von mir verlangt, in einem Zelt in irgendeinem Hinterhof zu leben, dann werde ich es tun. Vielleicht wird es ein wunderschönes Erlebnis.«

Ich hatte in mir ein starkes Vertrauen und das Wissen, dass nichts von dem, was ich besitze, wirklich wichtig ist, und dass ich in Wirklichkeit gar nichts verlieren würde. Was auch immer ich in Zukunft tun würde, selbst wenn es etwas völlig anderes wäre, würde ebenso gut sein. Ich wusste, dass immer für mich gesorgt ist. Dieses Wissen war nicht mehr rein intellektueller Natur, denn im ›Kopf‹ hatte ich dies schon lange Zeit gewusst. Das Durchleben der fünfminütigen Angst hinterließ ein Gefühl der Furchtlosigkeit in mir. Ich wusste nun auch gefühlsmäßig, dass alles in Ordnung war. Dies war ein sehr tiefes Erlebnis.

Schließlich sparte ich ein wenig an meinen Ausgaben ein und führte einen weniger aufwendigen Lebensstil. Ich fühlte mich gut dabei und empfand es in keinster Weise als Verlust. Tatsächlich war es für einige Zeit eine ganz interessante Übung. Es war für alles gesorgt und ich hatte genügend Geld, um meine Unkosten bestreiten zu können. Ich fühlte mich erleichtert. Ich wusste, dass ich jetzt genau die Ebene erreicht hatte, die meinem derzeitigen Bewußtseinsstand entsprach. Ich war nicht länger in einem Teil meiner Persönlichkeit schon weit voraus, sodass andere Teile in mir gar nicht mithalten konnten. Es war, als käme ich zurück auf die Erde und baute mir jetzt ein solides Fundament auf. In diesem Augenblick wusste ich, dass ich mir eine starke Vertrauensbasis in das Universum geschaffen hatte und dass von nun an immer mehr Geld in mein Leben fließen und ich niemals mehr in die Situation kommen würde, kein Geld zu haben.

Im Anschluss an diese Erfahrung floss vermehrt Geld in mein Leben. Ich bewegte mich nun auf einer ganz neuen geschäftlichen und finanziellen Ebene, mit der ich noch nie zuvor konfrontiert gewesen war. Ich hatte gelernt, mich auf einer bestimmten Ebene dem Universum zu öffnen, und nun ging es darum, auf einer neuen Ebene mit höheren Einsätzen ebenfalls das Vertrauen zu bewahren.

Als ich mit dieser neuen Ebene von Reichtums konfrontiert wurde, fühlte ich mich zu Anfang ziemlich unwissend und hilflos. Ich wusste, dass ich Hilfe brauchte, und so bat ich das Universum, mir die richtigen Menschen zu schicken, die mich auf diesem Gebiet lehren und führen konnten. Ich wurde zu einem Buchhalter und einem Manager geführt, die genau richtig für mich waren und von denen ich genau das lernen konnte, was ich wissen musste.

Wie die meisten Menschen habe auch ich festgestellt, dass sich bei jeder Erhöhung meines Einkommens meine Ausgaben und Verpflichtungen ebenso zu erhöhen scheinen. Interessanterweise scheint es auch umgekehrt zu funktionieren: Ich verdiene offenbar immer genau so viel Geld, wie ich für das Leben benötige, das ich mir kreiert habe. Wenn ich gelegentlich mit einer unerwarteten Ausgabe konfrontiert bin, frage ich mich manchmal, wie ich das bezahlen soll. Doch irgendwie taucht das Geld immer auf, oft auf unerwartete und überraschende Weise.

Häufig kommt es mir so vor, als würde irgendeine höhere Kraft in mir über mich wachen und dafür sorgen, dass alles funktioniert. Meine Aufgabe besteht lediglich darin, auf einer praktischen Ebene mehr über finanzielle und geschäftliche Angelegenheiten zu lernen, mich nicht zu stark anzutreiben und zu lernen, mich mehr zu entspannen und zu genießen. Je mehr ich mit mir selbst in Harmonie bin, desto müheloser scheint das Geld zu mir zu fließen. (Mehr über meine Ideen zu diesem Thema finden sich in meinem Buch ›Das Geheimnis wahren Reichtums‹.)

Hier ist eine Geschichte, die zeigt, wie wunderbar das Universum manchmal funktioniert, wenn wir unserer Intuition vertrauen. In der ersten Ausgabe von ›Leben im Licht‹ habe ich beschrieben, wie ich ein Stück Land auf Hawaii kaufte, weil es mir richtig erschien. Es war keine rationale Entscheidung und meine Finanzberater waren eindeutig dagegen. Trotzdem folgte ich meinem inneren Gefühl. Ein entscheidender Faktor dabei war, dass dieses wunderschöne Stück Land andernfalls von einem skrupellosen Investor gekauft worden wäre. Als ich das Buch schrieb, wusste ich noch nicht, was daraus werden würde, fühlte mich aber dadurch bestärkt, dass ich meiner Intuition vertraut hatte.

Später kamen mir viele Zweifel an meiner Entscheidung. Zwar wollte ich ein Haus und ein Zentrum auf Hawaii aufbauen, doch mir wurde bald klar, dass dieses Stück Land auf Maui zu klein dafür war. Außerdem hatte ich das starke Gefühl, dass ich auf Kauai sein sollte. Schließlich entschloss ich mich, das Land wieder zu verkaufen. Das dauerte jedoch eine ganze Weile und brachte mir schließlich sogar einen kleinen finanziellen Verlust. Da der Verkauf über einen Makler lief, bin ich den Käufern damals nicht begegnet.

Ich schrieb das Ganze als Lernerfahrung ab und kaufte schließlich Land auf Kauai (wo ich auch heute noch wohne).

Einige Jahre später traf meine Mutter, die auf Maui lebt, zufällig die beiden Männer, die damals mein Grundstück gekauft hatten. Sie erzählten ihr eine erstaunliche Geschichte: Sie hatten in Los Angeles gewohnt und gearbeitet und sich schon lange nach einer Veränderung in ihrem Leben gesehnt. Nachdem sie mein Buch ›Gesund denken. Kreativ visualisieren‹ gelesen hatten, beschlossen sie, nach Hawaii zu ziehen. Sie begannen ein Grundstück dort zu visualisieren und hatten bald ein sehr deutliches Bild vor Augen. Sie reisten nach Maui und schauten sich zahlreiche Grundstücke an, fanden jedoch nicht das Richtige. Kurz vor ihrer Abreise besichtigten sie ein letztes Angebot, das endlich genau ihren Vorstellungen entsprach. Als sie die Papiere unterzeichneten, stellten sie fest, dass sie mein Grundstück gekauft hatten!

Wir wurden schließlich gute Freunde. Sie haben auf diesem Stück Land eine wunderbare Blumenfarm aufgebaut und fühlen sich dort sehr wohl. Inzwischen habe ich das Gefühl, dass ich das Grundstück damals nur gekauft habe, um sicherzustellen, dass es in die richtigen Hände gelangen würde. Auch wenn ich dabei etwas Geld verloren habe, hat es mir doch enorme Befriedigung geschenkt.

Meditation

Setze oder lege dich bequem hin. Schließe deine Augen und beginne, ganz leicht und natürlich zu atmen. Bei jedem Atemzug wirst du immer entspannter.

Achte darauf, wie du dich fühlst. Wie geht es dir gefühlsmäßig? Was spürst du in deinem Körper? Spüre die Energie in deinem Körper. Wie fühlt sie sich an? Spüre, wie du mit jedem Atemzug mehr Energie in dich aufnimmst. Du bist voller Energie und Lebendigkeit.

Stell dir nun vor, dass diese Energie Geld ist. Indem du dich für deine Energie öffnest, öffnest du dich für den Überfluss.

Stell dir vor, dass dir ausreichend Geld zur Verfügung steht, um all das zu tun, was dir wirklich wichtig ist, und dass du dir damit einen Lebensstil erschaffst, der in Harmonie mit dir selbst und mit der Erde ist.

Übung

Geldmangel spiegelt meist unsere inneren Energieblockaden wider. Schreib auf, auf welche Weise du deine Wünsche und deine Kreativität einschränkst. Wie erreichst du, dass du nicht tust, was du willst? Hier einige Beispiele:

1. Ich arbeite in einem Büro, obwohl ich viel lieber mit Kindern arbeiten würde.
2. Ich möchte meditieren, aber ich habe nie Zeit dazu.
3. Ich möchte meine künstlerische Begabung weiterentwickeln, aber ich habe keine Zeit dazu, denn ich muss meinen Lebensunterhalt verdienen.
4. Ich möchte meiner Mutter (meinen Freund, Partner) sagen, wie ich mich fühle, aber ich habe Angst, sie (ihn) zu verletzen.

Stell dir nun vor, du tust in jedem dieser Bereiche genau das, was du möchtest.

KAPITEL 19

Gesundheit

Unser Körper ist unsere elementare Schöpfung, ein Werkzeug, das wir uns gewählt haben, um uns in der physischen Welt zum Ausdruck zu bringen. Wenn wir uns unseres Körpers bewusst werden, auf ihn hören und ihn spüren, können wir eine Menge über die Beschaffenheit unserer spirituellen, mentalen und emotionalen Energie erfahren. Unser Körper liefert uns das beste Feedback darüber, ob unsere Denk-, Ausdrucks- und Lebensweise gut für uns ist oder nicht.

Jedes normale Kind, das in einer positiven Umgebung aufwächst, hat einen schönen und lebendigen Körper, der vor Vitalität überschäumt. Diese Schönheit und Vitalität sind eine Manifestation der reinen Lebensenergie des Universums, die sich frei und noch nicht durch negative Verhaltensweisen eingeschränkt entfalten kann. Kleinkinder, die in einer liebevollen Umgebung aufwachsen, sind absolut spontan. Sie essen, wenn sie Hunger haben, sie schlafen ein, wenn sie müde sind, und bringen ihre Gefühle völlig unverfälscht zum Ausdruck. Aus diesem Grund wird ihre Energie nicht blockiert, weshalb das Kind ständig von seiner eigenen natürlichen Energie aufgeladen wird.

Da keiner von uns auch nur eine annähernd vollkommene Erziehung genossen hat, haben wir schon sehr früh Verhaltensweisen entwickelt, die unserer natürlichen Lebensenergie zuwiderlaufen. Diese Verhaltensweisen dienen uns dazu, in der neurotischen Welt, in der wir uns befinden, zu überleben. Wir übernehmen dieses Verhalten von unserer Familie, unseren Freunden, Lehrern und der Gesellschaft im Allgemeinen.

Wenn wir uns so verhalten, wie wir es bei anderen beobachtet haben, oder versuchen, den Normen und Vorschriften gemäß zu leben, die man uns auferlegt hat, leben wir auf eine Weise, die unserem natürlichen Energiefluss widerspricht. Wir handeln nicht mehr so, wie es von unserem Körper und unserem Gefühl her richtig wäre. Wir überhören die Signale, die uns unser Körper gibt in Bezug auf die Nahrung, die Ruhe, die sportliche Betätigung und die Fürsorge, die er braucht. Es scheint zu riskant, der eigenen Energie gemäß zu leben. Aus diesem Grund blockieren wir unsere Energie, wodurch wir allmählich immer weniger Vitalität verspüren. Wenn der Energiefluss reduziert wird, kann sich der Körper nicht mehr so schnell regenerieren. Deshalb beginnt er zu altern und zu verfallen. Wenn wir unsere chronischen negativen Verhaltensweisen nicht ablegen, schlagen sie sich in unserem Körper nieder, zum Beispiel in eingezogenen Schultern, die nach außen zeigen, wie wir uns innerlich klein und schwach machen.

Wenn du bereit bist, dich für die kosmische Energie zu öffnen, indem du deiner Intuition vertraust und folgst, wird sich dein Gefühl der Lebendigkeit verstärken. Dein Körper spiegelt dies dadurch wider, dass er immer gesünder, schöner und vitaler wird. Jedes Mal, wenn du nicht deiner inneren Wahrheit vertraust und folgst, nimmt deine Lebendigkeit ab. Dein Körper reagiert darauf mit verringerter Vitalität, mangelndem Schwung, Schmerz und schließlich mit physischer Krankheit.

Krankheit ist eine Botschaft unseres Körpers, die uns mitteilen will, dass wir auf irgendeine Weise nicht unserer wahren Energie folgen und unseren Gefühlen nicht die nötige Aufmerksamkeit widmen. Der Körper gibt uns viele solcher Signale, angefangen bei relativ subtilen Empfindungen, wie Müdigkeit und Unwohlsein. Wenn wir diesen Hinweisen keine Beachtung schenken und die notwendigen Veränderungen herbeiführen, sendet uns unser Körper stärkere Signale, Schmerzen und leichtere Krankheiten. Wenn wir dann immer noch nicht zu der nötigen Veränderung bereit sind, können wir schließlich ernsthaft erkranken oder einen schweren Unfall haben. Diese massiven Botschaften können wir vermeiden, indem wir auf die kleineren Hinweise reagieren. Aber auch wenn wir einen ›Wink mit dem Zaunpfahl‹ bekommen haben, ist es für eine Heilung noch nicht zu spät, vorausgesetzt, wir wollen wirklich geheilt werden. Dennoch entscheiden sich viele Menschen auch an diesem Punkt nicht für die Heilung. Sie entschließen sich, ihren Körper zu verlassen und wieder mit einem neuen zu beginnen (oder sich auf eine ganz andere Ebene zu begeben), anstatt ihre Verhaltensmuster in ihrem jetzigen Körper aufzulösen.

Wenn du an einer Krankheit leidest, gönne dir Ruhe. Wenn der Körper erkrankt ist, braucht er immer Ruhe. Wenn du zur Ruhe gekommen bist, frage deinen Körper, welche Botschaft in deiner Krankheit steckt. Dein Körper wird dir immer die Antwort darauf geben, was du tun musst, um dich zu heilen.

Eine meiner Freundinnen litt unter starken Schmerzen in der rechten Gesichtshälfte. Sie fühlte intuitiv, dass ihr Schmerz nachlassen würde, wenn sie ihre Wünsche und ihr Wissen besser zum Ausdruck bringen könnte. Als sie dies tat, wurde der Schmerz zwar etwas schwächer, war aber immer noch nicht vollkommen verschwunden. Eines Nachts war sie in einer Stimmung, in der sie sich zur Hingabe an das Universum bereit fühlte. Sie sagte dem Universum, dass ihr Leben sie krank mache, und bat um eine Antwort. Sie dachte nicht mehr weiter über ihr Problem nach und schlief ein. In dieser Nacht hatte sie einen Traum, der ihr intuitiv übermittelte, sie solle keine Bierhefe mehr einnehmen. Sie nahm diesen Traum jedoch nicht ernst und nahm weiterhin Bierhefe ein. Einige Tage später hörte sie dann doch damit auf, nachdem ihr Inneres sie ständig dazu ermahnt hatte. Zwei Tage später vergingen die Schmerzen in ihrer rechten Gesichtshälfte.

Wenn du um Heilung bittest, weißt du nie, was dir dein Körper mitteilen wird. Er wird dir vielleicht raten, bestimmte Dinge nicht mehr zu essen, einem Freund deine Gefühle zu zeigen, deinen Job aufzugeben oder zum Arzt zu gehen. Wichtig ist, dass man seinen Körper fragt und dann auf die Antwort hört.

Einer meiner Klienten hatte eineinhalb Jahre lang unter schweren Rückenschmerzen gelitten. Während unserer Sitzung bat ich ihn, mit seinem Schmerz Kontakt aufzunehmen und seinen Rücken zu fragen, was er ihm sagen möchte. Dabei erkannte er, dass er den Tod seiner Mutter noch nicht verwunden hatte und dass die Wut, die er seinem Vater gegenüber empfand, noch nicht zum Ausdruck gekommen war. Er staute sowohl die Wut als auch die Trauer in seinem Rücken an. Schon durch diese Erkenntnis wurde sein Schmerz etwas schwächer. Nachdem wir noch mehr darüber gesprochen hatten, konnte er über den Tod seiner Mutter weinen. Kurze Zeit später war er dazu bereit, die Wut auf seinen Vater loszulassen. Er sprach mit mir über seine Gefühle und brachte sie auch zu Papier. Durch diesen Verarbeitungsprozess verschwanden seine Rückenschmerzen. Sein Rücken ist zu seinem Barometer geworden, das ihm anzeigt, wann er Gefühle unterdrückt. Er weiß jetzt, dass er immer, wenn er Rückenschmerzen hat, sich selbst ›den Rücken stärken muss‹, indem er seinen Gefühlen Ausdruck verleiht.

Wenn wir einmal ein Symptom entwickelt haben, taucht es häufig immer dann auf, wenn wir uns wieder falsch verhalten. Unser Körper liefert uns genaue Informationen über jede blockierte Energie. Nachfolgend habe ich einige häufige Krankheitsursachen zusammengestellt. Diese Hinweise können hilfreich sein, müssen aber individuell überprüft werden. Zu jeder Krankheit habe ich eine Affirmation formuliert, die die Heilung unterstützt. Verwende sie, wenn sie sich richtig anfühlt, oder formuliere deine eigene.

Kopfschmerzen: Zwei Kräfte oder Gefühle sind miteinander in Konflikt geraten. Lass beide Parteien zur Sprache kommen.

Ich bin jetzt bereit, allen meinen Gefühlen Aufmerksamkeit zu schenken.

Erkältung: Der Körper braucht Ruhe. Er muss sich von Altem reinigen. Er muss wieder ins Gleichgewicht kommen.

Ich bin jetzt dazu bereit, mir Ruhe zu gönnen und mir mein Leben leichter zu machen. Ich bin bereit, das Alte loszulassen. Mein Körper ist in vollkommener Harmonie.

Blasse Gesichtsfarbe: Zurückhalten der männlichen Energie. Ein Hinweis, mehr zu handeln und sich offener zum Ausdruck zu bringen.

Ich bringe alles zum Ausdruck, was ich will und was ich fühle. Ich zeige meine Gefühle offen und direkt.

Hautausschlag: Der Wunsch, auszubrechen und zu handeln. Frage dich: »Wonach ›juckt‹ es mich?«

Ich handle nach meiner Intuition. Ich bin bereit, neue Dinge auszuprobieren. Ich mache, was ich will.

Allergien: Mangelndes Vertrauen in die Intuition. Unterdrückte Gefühle. Allergien, die mit tränenden Augen verbunden sind, weisen oft auf unterdrückte Traurigkeit hin.

Ich vertraue meinen Gefühlen und zeige sie. Ich brauche keine Angst davor zu haben, meine Traurigkeit und meine Wut zuzulassen.

Rückenschmerzen: Das Gefühl, dass man andere unterstützen oder die Welt retten muss. Das Bedürfnis, seine Gefühle zu zeigen und zu seinen Gefühlen zu stehen. Schmerzen im unteren Rückenbereich sind ein Hinweis auf unterdrückte Traurigkeit. Schmerzen im oberen Rückenbereich weisen oft auf unterdrückte Wut hin.

Ich schenke all meinen Gefühlen Beachtung. Ich bin gut zu mir selbst. Ich bringe meine Gefühle zum Ausdruck und habe Vertrauen zu ihnen. Ich vertraue darauf, dass die anderen gut für sich selbst sorgen.

Menstruationsschmerzen: Das Weibliche wird nicht genügend beachtet und anerkannt. Bedürfnis nach Ruhe und Innenschau.

Ich schenke meinem weiblichen Wesensanteil vollkommene Anerkennung. Ich handle nach dem, was mir meine innere Frau rät. Ich entspanne mich regelmäßig, gönne mir Ruhe und bin gut zu mir selbst.

Sehstörungen: Man vermeidet, bestimmte Dinge in seinem Innern oder in der Welt anzuschauen. Oft wurde schon sehr früh im Leben die Entscheidung getroffen, nicht anzuschauen, was man ›intuitiv‹ gesehen hat, weil es zu schmerzlich war. Wenn die innere Wahrnehmung eingeschränkt wird, wird die äußere Wahrnehmung ebenfalls gestört.

Ich bin jetzt dazu bereit, alles in meinem Leben klar zu sehen.

Hörprobleme: Das Bedürfnis, äußere Stimmen und Einflüsse auszuschalten. Das Bedürfnis, mehr auf seine eigene innere Stimme zu hören.

Ich muss auf niemand anderen hören. Ich höre nur auf meine eigene innere Stimme und vertraue ihr.

Sucht

Je weniger wir unserer natürlichen Energie vertrauen, umso wahrscheinlicher ist es, dass wir Drogen wie Kaffee, Zigaretten, Alkohol, ungesunde Nahrungsmittel oder übermäßige Mengen an Essen, Marihuana, Speed, Kokain oder sonstiges benutzen, um unsere Energie zu manipulieren. Dadurch missachten und erschöpfen wir unseren Körper noch weiter.

Die meisten Menschen haben Angst vor ihrer Kraft und ihrer Energie. Sie fürchten entweder, dass sie zu schwach sind oder dass sie zu stark sind. Sie haben entweder Angst, zu viel Energie zu haben oder zu wenig. Die Wahrheit ist, dass die Menschen ihre eigene Energie finden würden, wenn sie bereit wären, die Suchtmittel aufzugeben. Dadurch könnten sie mit der wahren Quelle ihrer Kraft und Kreativität in Verbindung kommen.

Ich betrachte Süchte als ein Mittel, die eigene Kraft unter Kontrolle zu halten und sie zu bändigen. Viele starke und kreative Menschen werden süchtig, weil sie keine innere Stärke besitzen, um ihre Energie zulassen zu können. Ohne Vertrauen in das Universum scheint es einem, als wäre man von seiner Kraft und Kreativität überfordert. Durch Drogen kann man seine natürliche Energie forcieren oder reduzieren. In beiden Fällen unterbricht man den natürlichen Fluss der kosmischen Energie, die einen durchströmt.

Man muss kein Drogen-Junkie sein, um zu erkennen, dass man seine Energie mit verschiedenen Dingen zu manipulieren versucht. Vielleicht hat du schon einmal drei Tassen Kaffee getrunken, um wieder fit zu werden, dann aber entdeckt, dass du später erschöpft davon bist. Wir sind eine Nation von Kaffee-Süchtigen. Ich betrachte Kaffee als eine starke Droge, weil er die Fähigkeit, der eigenen Energie zu vertrauen und ihr zu folgen, stark beeinträchtigt.

Wichtig ist, zu erkennen, was du tust. Werde dir bewusst, wann oder warum du Kaffee trinkst. Achte darauf, wie er deine Energie verändert. Schließlich wirst du feststellen, dass du diesen Preis nicht mehr zu bezahlen brauchst.

Erkenne, dass wir alle irgendeine Sucht dazu benutzen, um unsere Energie unter Kontrolle zu halten. Um uns von unserer Sucht zu heilen, müssen wir Vertrauen in uns selbst und in das Universum entwickeln. Sei immer mehr dazu bereit, deine eigene Kraft und innere Stärke zu erfahren. Das ist die wahre Heilung.

Für diejenigen, die alkohol- oder drogenabhängig sind, reicht es nicht, sich darüber bewusst zu werden, dass sie durch die Droge ihre Energie reduzieren. Dies kann dir dein Problem bewusster machen und dir zeigen, wie du von deiner Energie abgeschnitten bist. Aber das physische Verlangen nach der Droge ist im Allgemeinen stärker als der Bewusstwerdungsprozess. Aus diesem Grund rate ich dazu, bei einem professionellen Drogenberater oder einer Selbsthilfe-Gruppe wie den ›Anonymen Alkoholikern‹ Hilfe zu suchen, um von seiner Drogenabhängigkeit loszukommen. Dadurch erhält der Körper die Möglichkeit zu heilen, und das höhere Selbst bekommt die Chance, auf sich aufmerksam zu machen. Mehr Informationen zu diesem Thema finden sich in meinem Buch ›Die vier Stufen der Heilung‹.

Meditation I

Setze oder lege dich hin, schließe deine Augen und atme ein paarmal tief ein und aus. Bei jedem Atemzug wird dein Körper entspannter. Entspanne auch deinen Geist und lasse deine Gedanken an dir vorbeiziehen. Versuche, an keinem deiner Gedanken festzuhalten. Fühle, wie du dich in einen ruhigen Ort tief in deinem Innern hinein entspannst.

Dieser Ort ist eine Quelle der Fürsorge und der Heilung. Mach dir bewusst, dass du hier alles findest, was du wissen musst, um dich zu heilen. Wenn du ein Problem mit deiner Gesundheit hast oder deine Intuition etwas über deinen Körper fragen willst, hast du jetzt die Gelegenheit dazu.

Stelle folgende Frage: »Was muss ich tun, um mich zu heilen? Was braucht mein Körper?« Nachdem du die Frage gestellt hast, bleibe offen für die Antwort. Vielleicht bekommst du sofort eine Antwort oder ein Gefühl dazu, es kann aber auch sein, dass du die Antwort erst in ein paar Tagen erhältst. Es kann sein, dass du die Lösung auf direktem Wege mitgeteilt bekommst, oder du wirst zu einem Menschen oder einem Ort geführt, wo du die Antworten bekommst.

Mach dir bewusst, dass du dich selbst heilen kannst und dass du über unbegrenzt viel Weisheit in deinem Innern verfügst.

Sprich folgende Affirmation leise oder laut vor dich hin: »Ich heile mich nun selbst. Ich bin voll Energie und Lebenskraft. Mein Körper sprüht vor Gesundheit.«

Meditation II

Wenn ein bestimmter Körperteil krank ist oder schmerzt, versuche folgende Meditation:

Mach es dir bequem, atme einige Male tief ein und aus und entspanne Körper und Geist vollkommen. Lenke dein Bewusstsein nun auf die erkrankte Stelle und frage sie, was sie fühlt und was sie dir sagen will. Sei dann offen für das Gefühl in dir und höre, welche Botschaft es dir übermittelt. Frage diesen Körperteil, was du tun musst, um dich zu heilen. Höre aufmerksam zu, was er dir antwortet, und richte dich danach.

Kapitel 20

Dein vollkommener Körper

Wenn du deinem natürlichen Energiefluss folgst, wird dein Körper immer schöner. Vertraue dir selbst. Entfalte dich körperlich so, wie es dir gut tut. Schlafe, so viel du willst. Esse, worauf dein Körper Lust hat, und folge deinem Herzen. Wenn du bereit bist, deinem Körper zu vertrauen, wirst du lernen, was das Beste für dich ist.

Dies klingt alles sehr einfach. Das Schwierige an der Sache ist, dass wir gelernt haben, unserem Körper zu misstrauen und ihn als etwas zu betrachten, was wir unter Kontrolle bringen müssen. Einige Religionen lehren sogar, dass der Geist gut und der Körper schlecht ist. »Das Fleisch ist sündig und ein Werkzeug des Teufels.« Auch wenn wir in der menschlichen Entwicklung so weit fortgeschritten sind, dass dies nicht mehr offen ausgesprochen wird, reagieren wir immer noch misstrauisch auf unseren Körper. In unserer Kultur sind wir daran gewöhnt, unseren Körper und seine Bedürfnisse zu ignorieren. Unser Verstand sagt unserem Körper, was er zu tun hat. Wir sind der Ansicht, dass ein Acht-Stunden-Arbeitstag mit drei Mahlzeiten eine ›vernünftige‹ Lebensweise darstellt, und erwarten von unserem Körper, dass er mit dieser Lebensweise zurechtkommt, auch wenn wir uns nicht gut dabei fühlen. Außerdem haben wir intellektuelle Theorien darüber aufgestellt, was gut für uns ist und was nicht, was wir essen sollten und was nicht.

Als Kinder haben wir die Essgewohnheiten und Tischmanieren unserer Eltern und Gesellschaft übernommen. Man erwartete von uns, mit den gesellschaftlichen Normen konform zu gehen, auch wenn wir lieber etwas anderes zum Abendessen haben oder zu einer anderen Zeit essen wollten. Der Körper sagt uns vielleicht etwas ganz anderes als die Gesellschaft. Doch wir haben schon sehr früh gelernt, unserem Körper zu misstrauen. Dieses Misstrauen verursacht einen Konflikt und eine Disharmonie in unserer ganzen Persönlichkeit. Darüber hinaus bringt es einen Prozess der Rebellion in unserem Körper in Gang. Wir rebellieren, indem wir um Dinge betteln, nach denen wir normalerweise gar kein Verlangen hätten, wenn wir unserem natürlichen Energiefluss folgen könnten. Wenn wir nicht bekommen, was wir wirklich brauchen, reagieren wir damit, dass wir nach dem erstbesten Mittel greifen, das unser Verlangen befriedigt. Unser Körper reagiert auf dieses Ungleichgewicht, indem er an Gewicht zunimmt oder verliert, einen übertriebenen und unnatürlichen Bewegungsdrang entwickelt, auf bestimmte Nahrungsmittel süchtig wird oder Allergien produziert. Um diese Probleme zu beheben, stellen wir dann wiederum starre Anforderungen an unseren Körper und erlegen ihm spezielle Diäten und Essenspläne auf, oder wir erlauben uns nur ganz bestimmte Dinge zu essen. Der innere Rebell stürzt sich dann natürlich erst recht auf das, was wir vermeiden wollten.

So verfahren wir mit unserem Körper nicht nur bei unseren Essgewohnheiten. Wir haben auch bestimmte Vorstellungen davon, was wir tun müssen, um fit zu bleiben. Manche Menschen glauben, sie könnten sich nur mit zwanghaftem Training in Form halten. Andere rebellieren dagegen und tun gar nichts. Unsere Gesellschaft fördert diesen inneren Kampf noch und schlägt Profit daraus. Ständig bekommen wir gezeigt, wie ein schöner Körper auszusehen hat. Wir lassen uns Dinge verkaufen, die uns versprechen, dass wir durch sie zu diesem Schönheitsideal gelangen. Man verkauft uns spezielle Diäten, Schlankheits- und Schönheitskuren und Mitgliedschaften in verschiedenen Gesundheitsclubs. Wir zwängen unseren Körper ständig in eine bestimmte Vorstellung von Schönheit und Gesundheit. Das Problem dieser äußeren ›Idealbilder‹ und ›Patentrezepte‹, die wir von der Gesellschaft übernehmen, besteht darin, dass wir ständig mit unserem Aussehen oder unserem Gefühl unzufrieden sind.

Der Weg zu einem schönen, starken und gesunden Körper ist, sich selbst zu vertrauen. Der erste Schritt in diesem Prozess besteht darin, dass du dir aller Regeln und Vorstellungen bewusst wirst, die du in Bezug auf deinen Körper übernommen hast wie du aussehen und dich fühlen solltest, was du essen solltest und so weiter. Es kann hilfreich sein, diese Regeln aufzuschreiben und die Liste zu ergänzen, wann immer dir etwas dazu bewusst wird. Das Aufschreiben kann dir helfen, dich weniger mit diesen Vorstellungen zu identifizieren, sodass du dich freier entscheiden kannst, welche für dich richtig sind und welche nicht. Dabei entdeckst du vielleicht einige deiner inneren Hauptselbste, wie zum Beispiel den Perfektionisten (der bestimmte Idealvorstellungen hat), den Antreiber (der dich anspornt, den Vorstellungen des Perfektionisten zu entsprechen) und den Kritiker (der dich ständig an dein Versagen erinnert).

Sobald du dir dieser Energien bewusst wirst, können sie dich nicht mehr unbewusst kontrollieren. Dann kannst du erforschen, was du wirklich möchtest, und deiner Intuition folgen, die dir sagt, was richtig für dich ist.

Dein eigener Körper und deine Intuition sind im Endeffekt diejenigen, die am besten wissen, was gut für dich ist. Sobald du mehr auf die Botschaften deines Körpers achtest, wird er dich wissen lassen, was er essen möchte und was er an Bewegung braucht. So kannst du aus dir heraus deine eigene Lebensweise entwickeln, die den Bedürfnissen deines Körpers hundertprozentig entspricht. Diese kann sich auch gelegentlich verändern. Beispielsweise gibt es Zeiten, in denen der Körper mehr Bewegung braucht, und dann wieder Perioden, in denen viel Ruhe angesagt ist.

Viele Menschen stellen fest, dass sie zusätzliche Informationen oder Anleitungen benötigen. In diesem Fall kann dich deine Intuition zu den richtigen Büchern, Trainern, Ärzten oder Lehrern führen. Es ist völlig in Ordnung, den Anweisungen anderer zu folgen, solange es sich für dich richtig anfühlt.

Die Heilung der Beziehung zu deinem Körper kann einige Zeit in Anspruch nehmen. Vielleicht benötigst du auch Unterstützung und Hilfe von außen. Der Körper ist meist mit unserem Selbstwertgefühl, unserer Familie, unserer Sexualität und anderen schwierigen und komplexen Themen verknüpft. Ein Therapeut kann dich darin unterstützen, diese Themen für dich auszusortieren.

Wenn du unter chronischen Gewichtsproblemen oder sogar unter ausgesprochenen Ess-Störungen leidest, ist eine spezielle Therapie zu empfehlen.

Es gibt inzwischen glücklicherweise zahlreiche Therapeuten, Programme und Selbsthilfegruppen zu diesem Thema.

Wenn man sich einen gesunden und schönen Körper wünscht, ist es das Wichtigste zu lernen, sich im Leben konsequent durchzusetzen. Ich habe festgestellt, dass Menschen mit Übergewicht gewöhnlich von starken Selbstzweifeln geprägt sind. Sie haben Angst, ihren Gefühlen zu vertrauen und nach ihnen zu handeln. Insbesondere müssen sie lernen, ›nein‹ zu sagen, wenn sie etwas nicht tun wollen. Viele übergewichtige Menschen, mit denen ich gearbeitet habe, hatten Schwierigkeiten, ihre persönlichen Grenzen zu setzen. Sie versuchen, es anderen recht zu machen und andere zu umsorgen. Sie lassen zu, dass andere sich in ihr Leben einmischen und sie ausnutzen. Aus diesem Grund benötigen sie ihr überschüssiges Gewicht als Puffer, um andere auf Abstand zu halten.

Frauen haben manchmal ganz besonders davor Angst, dass sie sexuell zu attraktiv werden, wenn sie schlank sind. Sie befürchten, unerwünschte Aufmerksamkeit zu erregen oder ungewollte Energie anzuziehen. Sie vertrauen nicht darauf, dass sie mit dieser Anziehung und sexuellen Energie umgehen können.

Viele Menschen befürchten, sie könnten zu empfindlich und verletzbar werden. Sie wissen nicht, wie sie sich schützen können. Andere wiederum haben Angst, sie könnten ›abheben‹. Sie benutzen ihr Gewicht, um auf dem Boden zu bleiben. Wenn du solche Ängste hast, kannst du dein ganzes Leben lang nach Diät leben und wirst doch kein Gramm an Gewicht verlieren, weil du es unbewusst brauchst.

Deshalb ist der Prozess der Selbstbehauptung so notwendig. Wenn du lernst, deine Gefühle durch dein Handeln zu unterstützen, schaffst du dir innere Stärke und Schutz. Du fühlst dich sicher genug, um dich in neue Situationen zu begeben und Aufmerksamkeit und Energie anzuziehen, weil du weißt, dass du zu allem ›nein‹ sagen kannst, wozu du kein gutes Gefühl hast. Du weißt, dass du dir selbst gegenüber aufrichtig bist und gut für dich sorgst. Dein weiblicher Wesensanteil fühlt sich sicher und bestärkt, weil er weiß, dass ihm dein männlicher Teil Rückendeckung gibt.

Meiner Erfahrung nach können die meisten Menschen sehr leicht abnehmen, wenn sie erst einmal gelernt haben, sich selbst zu behaupten. Sie verlieren auf natürliche Weise und ohne sich zu etwas zwingen zu müssen an Gewicht. Die verstärkte Energiezirkulation in ihrem Körper löst die Energieblockaden auf und das Übergewicht nimmt allmählich ab. Sie brauchen es nicht länger, um sich stark und geschätzt zu fühlen, deshalb können sie es mühelos loswerden. Wenn sie dazu eine besondere Diät brauchen, fühlen sie intuitiv, was sie essen müssen, empfinden diese Ernährungsweise als natürlich und können diese Diät sogar genießen.

Warten bedeutet Übergewicht

Wenn du immer darauf wartest, das zu sein, zu tun oder zu bekommen, was du möchtest, wird deine Energie blockiert und dein Körper spiegelt dies durch Übergewicht. Wenn du dich spontan verwirklichst und das tust, was du im Augenblick gerade willst (im Wesentlichen heißt das, dass du zu dir selber stehst), kann die Energie frei durch deinen Körper fließen. Diese Energiezirkulation löst dein Übergewicht auf. Je mehr du bereit bist, du selbst zu sein, umso weniger brauchst du Essen als Ersatzbefriedigung. Du wirst die natürliche Befriedigung deiner Bedürfnisse vom Universum erhalten.

Der Schlüssel dafür, zu sich selbst zu stehen, liegt darin, nach seinen Gefühlen und seiner Intuition zu handeln. Ich habe erlebt, wie Menschen Gewicht verloren haben, indem sie einfach etwas getan haben, vor dem sie Angst hatten, oder ein unterdrücktes Gefühl zuließen. Wenn du dann fortfährst, so zu leben, lösen sich deine Blockierungen auf und du erreichst wieder dein Normalgewicht.

Anfangs mag die Vorstellung, in jedem Augenblick zu sich selbst zu stehen, beängstigend wirken. Wir sind es nicht gewöhnt, unsere Bedürfnisse klar zum Ausdruck zu bringen und entsprechend zu handeln. Wir müssen uns bewusst darum bemühen, uns auf uns selbst einzustimmen und zu wagen, nach unserem Gefühl zu handeln. Doch wenn man es einmal versucht hat, fühlt man sich so gut dabei, dass man dabei bleiben will. Du wirst an Gewicht verlieren, mehr Energie haben und lebendiger und schöner werden. Dann gibt es kein Zurück mehr. Die Alternative wäre Eintönigkeit und das Gefühl, tot zu sein. Immer, wenn ich meiner inneren Stimme folge, fühle ich mehr Leben und mehr Energie in mir. Jedes Mal, wenn ich gegen mein inneres Gefühl gehe, entsteht ein Kampf in mir. Ich fühle mich schwer und müde. Wenn ich versuche, das Bedürfnis meines Körpers zu übergehen, werde ich immer müder und lebloser.

Eine meiner Klientinnen hatte über achtzig Pfund Übergewicht, als sie mit mir zu arbeiten begann. Sie hatte jede erdenkliche Schlankheitskur ausprobiert, konnte ihr Problem jedoch nie mit Erfolg lösen. Als sie lernte, sich selbst zu vertrauen, begann sie sich zu heilen, indem sie ihre unterdrückten Gefühle zum Ausdruck brachte. In meiner wöchentlichen Selbsthilfegruppe erhielt sie die nötige Unterstützung, um ihre Gefühle und Wünsche offen zu zeigen. Sie fing an, ihrem Körper zu vertrauen, und aß nur noch das, worauf sie auch wirklich Lust hatte. Sie wurde physisch und geistig klarer und leichter und bereits nach einigen Monaten hatte sie über vierzig Pfund abgenommen.

An diesem Punkt dachte sie, sie bräuchte die Gruppe nicht mehr, obwohl sie immer noch Übergewicht hatte. Ich hatte jedoch das Gefühl, dass sie immer noch viele Gefühle zurückhielt (was ihr restliches Übergewicht bewies). So ermutigte ich sie, uns mitzuteilen, was sie bis jetzt noch nicht ausgesprochen hatte (sie hatte ›abgewartet‹). Sie antwortete, dass sie sich von drei Mitgliedern der Gruppe verunsichert fühlte. Sie erinnerten sie an Menschen und schmerzliche Ereignisse aus ihrer Vergangenheit. Die drei Personen spiegelten sie selbst, ihren Ehemann und ihren Sohn. Sie erinnerten sie an Dinge, die sie nicht ausgesprochen oder bewältigt hatte. Sie wurde an ihren Selbstbetrug erinnert, weshalb sie jedes Mal wütend wurde, wenn sie diese drei Personen nur sah.

Ich machte ihr den Vorschlag, in Einzelsitzungen mit mir zu arbeiten und, wenn sie dann bereit wäre, in die Gruppe zurückzukehren, um den Teilnehmern gegenüber ihre Gefühle zum Ausdruck zu bringen. Es war wichtig, dass sie das aussprach, was sie in der Vergangenheit vermieden hatte. Als sie ihre angestauten Gefühle losgelassen hatte, begannen ihre alten Wunden zu heilen und sie konnte sich ihre Vergangenheit verzeihen. Ihre Energie war nun nicht mehr an die Vergangenheit gebunden und konnte ungehindert durch ihren Körper fließen. Sie verlor weiterhin Gewicht, ohne eine spezielle Diät einzuhalten.

Essen reduziert die Energie

Viele Menschen essen zu viel, um ihren natürlichen Energiepegel zu senken. Wenn du beispielsweise zu viel nervöse Energie in dir hast, isst du, um dich zu bremsen. Oder du isst, weil du das Bedürfnis hast, dich zu erholen. Beides führt dazu, dass ein Teil deiner Energie unterdrückt wird.

Die Menschen haben im Allgemeinen Angst vor ihrer Kraft und Energie, deshalb wollen sie den Energiefluss, der sie durchströmt, auf ein kontrollierbares Maß reduzieren. Manche Menschen versuchen dies durch Essen. Andere benutzen Drogen, Alkohol, Beziehungen, Arbeit oder verschiedene andere Abhängigkeiten. Je mehr man bereit ist, seine natürliche Energie zu erfahren und zu verwirklichen, umso mehr lässt das Bedürfnis nach, die Energie durch Essen zu dämpfen.

Liebe und achte deinen Körper

Erkenne die Schönheit in deinem Körper und in dir und fange noch heute an, sie zu schätzen. Konzentriere dich auf das, was du an dir magst und was dir an dir gefällt. Je mehr du dazu bereit bist, desto leichter wird es dir fallen. Dein Körper wird auf diese Anerkennung reagieren und immer schöner werden.

Es ist uns zur Gewohnheit geworden, nur das zu sehen, was wir an uns verändern wollen. Wir warten darauf, vollkommen zu sein, bevor wir uns wirklich lieben. Du kannst diese selbstkritische Haltung dadurch verändern, dass du dem Aufmerksamkeit schenkst, was du an dir magst, und dir selbst ein positives Feedback gibst.

Wenn es dir Schwierigkeiten bereitet, dich selbst zu lieben und anzuerkennen, fange erst einmal bei anderen Menschen an, die die gleichen Eigenschaften besitzen wie du, und bewundere sie.

Eine meiner Freundinnen, die zwanzig Pfund Übergewicht hatte, nörgelte ständig wegen ihres Aussehens an sich selbst herum. Sie hatte das Gefühl, die einzige Möglichkeit, dass sie sich irgendwann einmal akzeptieren und gefallen könnte, wäre, schlank zu sein. Weil sie ihre eigene Schönheit nicht erkennen konnte, versuchte sie bei anderen übergewichtigen Frauen zu beginnen und zu lernen, diese Frauen anzuerkennen. Sie erkannte, wie schön diese dicken Frauen waren und wie sinnlich und lebendig sie wirkten. Sie machte anderen Frauen Komplimente über ihr Aussehen. Auf diese Weise konnte sie auch ihren eigenen Körper mit neuen Augen betrachten. Sie begann, sich zu akzeptieren und zu schätzen. Ihr Körper reagierte darauf mit mehr Lebendigkeit und Energie. Sie verlor allmählich einige überflüssige Pfunde und behielt die Einstellung bei, ihren Körper so zu lieben, wie er ist.

Ein Ritual, bei dem du deinen Körper lieben lernst

Stelle dich nackt vor einen großen Spiegel. Sende jedem Körperteil positive Gedanken. Auch wenn du deinen Körper nicht magst oder dir bestimmte Körperpartien nicht gefallen, suche in jedem Körperteil nach etwas Schönem. Erkenne, dass dir dein Körper jahrelang zu Diensten war. Danke ihm für den Dienst, den er dir erwiesen hat.

Sage beispielsweise zu dir: »Du hast wunderschöne, feste, glänzende Haare.« Schau in den Spiegel und betrachte, wie schön dein Haar aussieht und wie es schimmert und glänzt. Auch wenn es nicht so glänzt, wie du es gern hättest, betrachte dich weiterhin und liebe dich so, wie du gerade bist. Sage zu dir: »Du gefällst mir. Du hast schöne Hände. Du hast feste und gesunde Beine. Du hast eine schöne, reine Haut. Du hast strahlende Augen.«

Verfahre mit jedem Teil deines Körpers auf diese Weise und sende ihm deine Liebe und Anerkennung. Finde eine Art, jeden Teil deiner selbst zu schätzen. Danke deinem Körper, dass er dir nun schon so viele Jahre zur Verfügung steht. Danke ihm, dass er deinen Bedürfnissen entsprochen und sie dir erfüllt hat. Er hat dir all das gegeben, worum du ihn gebeten hast.

Wenn du willst, kannst du bei diesem Ritual Musik anstellen, die du magst, Kerzen anzünden und das Zimmer mit Blumen schmecken. Mache dieses Ritual ein- bis zweimal am Tag und mindestens eine Woche lang. Es zeigt deinem Körper, wie sehr du ihn liebst und achtest. Jahrelang hast du ihn nur kritisiert, verachtet oder abgelehnt. Er wird auf die Liebe und Energie, die du ihm gibst, sehr schnell reagieren. Du wirst dich leichter und energiegeladener fühlen. Du wirst viel schöner aussehen. Die Falten in deinem Gesicht werden sich entspannen. Du wirst vor lauter Kraft und Gesundheit sprühen. Und du wirst erstaunt sein, welche Wirkung es hat, deinen Körper zu lieben!

Übung

1. Schreib alle Dinge auf, auf die du ›wartest‹ (und deshalb Übergewicht ansetzt). Was zögerst du hinaus (zu sagen, zu tun oder zu werden)?

2. Schreib neben jeden Punkt in deiner Aufstellung, wie du in dieser Beziehung aktiv werden könntest. Wie kannst du dein Warten in die Tat umsetzen, indem du etwas unternimmst, aussprichst oder dir etwas verschaffst, was du gerne hättest?

Kapitel 21

Leben und Tod

Leben ist die Entscheidung, seinem inneren Energiefluss zu folgen. Tod ist die Entscheidung, die Lebensenergie zu blockieren oder gegen sie zu arbeiten. In jedem Augenblick unseres Seins stehen wir vor der Wahl, zu leben oder zu sterben.

Jedes Mal, wenn wir uns dazu entscheiden, unserer Intuition zu vertrauen und uns von ihr leiten zu lassen, öffnet sich unser Kanal für die kosmische Energie mehr und mehr und wir werden von immer mehr Lebenskraft durchströmt. Unsere Körperzellen erhalten tatsächlich mehr Energie und können sich viel schneller regenerieren. Wir fühlen uns körperlich, emotional und geistig viel lebendiger und strahlen viel mehr Licht aus. Unser Körper bleibt jung, gesund und schön und sprüht vor Vitalität.

Wenn wir uns aber dazu entschließen, nicht unserer Intuition zu folgen, verschließen wir unseren Kanal und unsere Zellen erhalten weniger Energie. Der körperliche Verfall schreitet viel schneller voran. Wenn wir dem Fluss der Energie nicht folgen, wird unser Leben zum Kampf. Stress und Überanstrengung fordern ihren Tribut von unserem Körper und der Kampf hinterlässt seine Spuren in unserem Gesicht. Sorgenfalten prägen sich in unsere Haut und unser Körper bricht vor lauter Anstrengung fast zusammen. Wenn wir uns laufend, tagein tagaus, jahrein jahraus, von unserer Energie abspalten, wird unser Körper vorzeitig alt, verfällt und stirbt. Wenn wir unser Verhalten ändern und beginnen, uns selbst zu vertrauen, wird sich der Körper wieder regenerieren.

Ein Teil von uns will leben, will sich dem Leben verpflichten und ist bereit, der Intuition zu vertrauen und ihr in jedem Augenblick zu folgen. Ein anderer Teil wiederum misstraut sich selbst: »Ich kann das nicht. Es ist zuviel für mich – zu intensiv. Ich möchte mich nicht hingeben.« Wenn wir uns gegen uns stellen, erleben wir nur Anstrengung und Kampf. Wenn wir uns dem Leben hingeben, erfahren wir Leidenschaft, Lebendigkeit und fließen mit der Energie des Kosmos.

Jedes Mal, wenn ein Mensch stirbt, hat er sich bewusst oder unbewusst entschieden, seinen physischen Körper zu verlassen. Es mag nach außen hin so scheinen, als sei er das Opfer einer Katastrophe oder einer unheilbaren Krankheit geworden. Doch jeder Mensch bestimmt seinen Weg selbst und legt seine Reise fest. Die Seele weiß, was sie tut, auch wenn der Mensch nicht daran glaubt. Manche Menschen kommen auf die Welt, um ein bestimmtes Ziel zu vollenden, und wenn sie ihre Aufgabe hier auf Erden erledigt haben, verlassen sie sie wieder. Wenn sie ihr Ziel nicht erreichen, entscheiden sie sich vielleicht, in einem nächsten Leben diese Sache noch einmal in Angriff zu nehmen. Manche Menschen haben das Gefühl, dass sie sich festgefahren haben und ihr Leben nicht funktioniert. »Dieses Leben begann mit zu vielen Widerwärtigkeiten. Ich möchte mich damit nicht länger belasten und lieber noch einmal von vorne beginnen.«

Wenn du dich bewusst für das Leben entscheidest, beeinflusst du auch die Wahl deiner Mitmenschen. In jedem Augenblick, in dem du dich entschließt, deiner Intuition zu vertrauen und danach zu handeln, wählst du Lebendigkeit anstatt Tod. Du verstärkst dadurch die Lebendigkeit in deiner Umgebung, weil du Lebenskraft ausstrahlst. Jeder Mensch, der mit dir in Verbindung steht, wird dies spüren. Er wird in seiner eigenen Entscheidung, das Leben zu bejahen, bestärkt.

Je mehr wir uns dazu entscheiden, im Licht zu leben, desto gesünder und vitaler wird unser Körper. Wenn wir als Kanal für die kosmische Energie leben, wird es möglich, auch im Alter immer mehr Energie, Lebendigkeit und Schönheit zu entfalten, anstatt weniger. Wir werden unseren Körper nicht mehr unbewusst durch einen Unfall oder eine Krankheit verlassen. Wir werden so lange in unserem physischen Körper leben, wie wir wollen, und werden ihn bewusst verlassen, wann immer es an der Zeit für uns ist, etwas Neues zu beginnen. Der Tod wird keine Tragödie mehr sein, wenn wir auf diese Weise mit ihm umgehen. Vielmehr wird er zu einem bewussten Übergang in eine andere Dimension des Seins.

MEDITATION

Setze oder lege dich bequem hin. Schließe deine Augen, atme ein paarmal tief ein und aus und entspanne deinen Körper. Lass mit jedem Atemzug alles los, was dich daran hindert, ganz bei dir selbst zu sein. Entspanne dich langsam in dein Zentrum hinein.

Rufe dir eine Situation aus jüngster Vergangenheit ins Gedächtnis zurück, in der du dich entschieden hast, nicht deiner Energie zu folgen, und nicht getan hast, was du eigentlich wolltest. Spiel diese Szene im Geist noch einmal durch. Erkenne, wie du dich gegen deine eigene Wahrheit gewandt hast. Spüre nun nach, wie du dich dabei gefühlt hast. Beobachte deinen Körper und schau nach, wie du dabei ausgesehen und dich körperlich, emotional und spirituell gefühlt hast.

Geh jetzt noch einmal in dieselbe Situation zurück und stell dir vor, dass du genau das machst, was du möchtest. Stell dir vor, du entscheidest dich, deiner Energie zu folgen. Achte nun wieder darauf, wie du dich körperlich fühlst und wie du aussiehst. Verwende ein paar Minuten darauf zu fühlen, wie es ist, wenn du dir selbst vertraust und so handelst, wie du wirklich willst.

Übung

Führe ein Tagebuch über Entscheidungen, die du im Lauf des Tages triffst. Achte darauf, wann du getan hast, was du wolltest, und wann nicht. Schreibe dann auf, wie du dich bei den einzelnen Entscheidungen gefühlt hast. Achte darauf, wie du dich körperlich und emotional gefühlt hast.

Sobald du dir bewusster wirst, wann du deiner Energie folgst und wann du gegen sie arbeitest und was die jeweiligen Folgen sind, wirst du dich zunehmend für das Leben und die Lebendigkeit im Hier und Jetzt entscheiden.

KAPITEL 22

Die Veränderung unserer Welt

Die Transformation der Welt beginnt in jedem Einzelnen von uns. Je mehr ich lerne, meiner Intuition zu vertrauen und nach ihr zu handeln und je mehr ich bereit bin, alle meine Gefühle zuzulassen und zu akzeptieren, desto mehr kosmische Energie kann sich durch mich manifestieren. Durch diese Energie werden ich und meine gesamte Umwelt transformiert.

Diese Wahrheit gilt für jeden von uns. Je mehr du bereit bist, zu dir selbst zu stehen, umso mehr lebst du im Licht. Jeder Mensch in deiner Umgebung wird von deiner Energie profitieren und beginnen, sich selbst mehr zu vertrauen und auch authentischer zu leben. Dadurch werden diese Menschen wiederum selbst zu einem Kanal für die kosmische Energie und beeinflussen somit auch wieder ihre Umwelt. Auf diese Weise verbreitet sich die Veränderung mit großer Geschwindigkeit über die ganze Welt.

Vielleicht hast du schon einmal von dem ›Syndrom des hundertsten Affen‹ gehört. Im Jahr 1952 erforschten Wissenschaftler in Japan das Verhalten wilder Affen. Das Hauptnahrungsmittel dieser Affen waren Süßkartoffeln. Eines Tages beobachteten die Wissenschaftler, wie ein Affenweibchen etwas tat, was sie noch nie zuvor gesehen hatten: Sie wusch ihre Kartoffel, bevor sie sie verzehrte.

Dieses Verhalten wiederholte sie auch an den darauffolgenden Tagen und bald darauf wuschen auch andere Affen ihre Kartoffeln, bevor sie sie aßen. Immer mehr Affen übernahmen dieses Verhalten. 1958 zeigten alle Affen auf der Insel diese neue Verhaltensweise. Wissenschaftler berichteten bald darauf, dass die Affen auf benachbarten Inseln ebenfalls begonnen hatten, ihre Kartoffeln zu waschen. Zwischen den Inseln gab es keine feste Verbindung und niemand hatte Affen von einer Insel zur anderen gebracht.

Diese Studie birgt eine überaus wichtige Erkenntnis für die Menschheit und unseren Planeten. Durch das Waschen ihrer Kartoffeln entwickelten die Affen eine neue Bewusstseinsebene und nachdem eine genügend große Anzahl Affen dieses Verhalten akzeptiert hatte, sprang es offensichtlich auch auf die Affen der umliegenden Inseln über, ohne dass ein physischer Kontakt oder eine direkte Kommunikation stattgefunden hatte.

Meiner Meinung nach ist dies die Art und Weise, in der die Evolution des Bewusstseins vonstatten geht. Das Bewusstsein jedes Individuums ist mit dem Massenbewusstsein verbunden und ist ein Teil desselben. Wenn eine kleine, aber signifikante Anzahl Individuen eine neue Bewusstseinsebene erreicht und ihr Verhalten deutlich verändert, beeinflusst diese Veränderung das gesamte Massenbewusstsein. Die Entwicklung jedes Einzelnen bewegt sich dadurch in Richtung dieser Veränderung. Dieses Schneeball-System kann durch einen einzigen Menschen ausgelöst werden, der als erster diesen Sprung gewagt hat.

Oft betrachten wir die Welt mit einem schrecklichen Gefühl der Hilflosigkeit. Wir fühlen uns nicht in der Lage, irgendeine positive Veränderung zu bewirken. Die Welt erscheint uns so riesig und das Chaos, in dem sie sich befindet, so kolossal, dass wir uns dagegen klein und hilflos empfinden. Die Geschichte mit den japanischen Affen hilft uns, zu erkennen, wie mächtig ein Einzelner oder eine kleine Anzahl Individuen in Bezug auf die Transformation der Welt sein kann.

Da die Welt in Wahrheit nur unser Spiegel ist, muss sie sich im selben Maß verändern wie wir. Dies kann jeder an seinem eigenen Leben erkennen. Wenn du Selbstvertrauen entwickelst und gut zu dir selbst bist, lösen sich deine alten Verhaltensmuster allmählich auf. Bald wirst du bemerken, dass sich auch deine Freunde, deine Familie und deine Arbeitskollegen anders zu fühlen scheinen und sich anders verhalten. Dinge, die dich früher in Aufruhr oder Angst versetzt haben, scheinen ihr emotionales ›Gewicht‹ verloren zu haben. Auch die schweren Probleme der Welt erscheinen dir vielleicht nicht mehr so erschreckend wie früher, obwohl sie dich nach wie vor beschäftigen.

Der Grund dieser Veränderung liegt darin, dass du begonnen hast, die Kraft des Universums in deinem Innern zu fühlen. Deine Angst nimmt in dem Maß ab, wie du die Gegenwart des Kosmos in deinem eigenen Körper wahrnimmst. Immer wenn du dich für die kosmische Kraft öffnest, kommen aber auch die alten Ängste an die Oberfläche, so dass du während dieses Heilungsprozesses abwechselnd Zustände der Kraft und der Angst erfahren wirst. Doch allmählich baust du dir in deinem Innern eine solide Vertrauensbasis auf. Andere fühlen dies und finden darin die Unterstützung, um sich selbst mehr für ihre eigene Kraft und Wahrheit zu öffnen. Deine Mitmenschen und deine Umwelt werden dir dies auf immer positivere Weise widerspiegeln. Je mehr Licht du in dein Inneres eindringen lässt, umso heller wird die Welt, in der du lebst.

WIE WIR DIE VERÄNDERUNG HERBEIFÜHREN KÖNNEN

Besonders in spirituell orientierten Gruppen finde ich häufig die Vorstellung, dass positives Denken und das Visualisieren der Veränderungen, die wir uns wünschen, ausreichen, um die Welt zu verändern. Visualisieren und Affirmationen sind sicherlich ein wichtiges Hilfsmittel. Ich benutze sie oft und empfehle sie als Bestandteil des Transformationsprozesses (schließlich habe ich das Buch ›Gesund denken. Kreativ visualisieren‹ deswegen geschrieben, weil ich von der Wirkung der darin beschriebenen Techniken zutiefst überzeugt bin). Jedoch gehört zur Transformation noch ein anderer, ebenso wichtiger Teil, der häufig übersehen wird.

Wenn die Welt unser Spiegel ist, dann ist alles, was wir außen sehen, ein Spiegelbild unseres Innern. Wir müssen die Verantwortung dafür übernehmen und bereit sein, unser Inneres zu transformieren, wenn wir unsere Außenwelt verändern wollen. Wenn wir also die Armut, das Leid, die Gewalt und das Chaos in der Welt betrachten, müssen wir bereit sein, uns selbst zu fragen: »Was ist die Armut, das Leid, die Gewalt und das Chaos in mir, das sich dort draußen spiegelt? Ich weiß, dass diese Welt mein Spiegel ist und damit in gewisser Weise auch meine eigene Schöpfung. Wenn die Dinge, die ich dort sehe, nicht in mir wären, könnten sie in meiner Welt nicht existieren.«

Wichtig ist dabei, dass man sich keine Schuld für die Probleme der Welt gibt. Keiner von uns ist wirklich verantwortlich für das Leben eines anderen. Wir alle erschaffen diese Welt gemeinsam. Und wir alle tun dies nach unserem besten Wissen und Gewissen. Wir sind hier auf der Erde, um zu lernen, und wir müssen aus der Unvollkommenheit lernen, anstatt uns dafür die Schuld zu geben. Wir müssen eine positive Einstellung von Verantwortlichkeit gewinnen, die folgendermaßen lauten könnte: »Ich bin bereit zu lernen, meiner inneren Wahrheit zu vertrauen und nach ihr zu leben. Ich weiß, dass ich dadurch mein inneres Leid und meine Angst überwinde und auf diese Weise die Welt von Leid und Angst befreie.«

Dies ist ein sehr mächtiges Gelübde, und es ist keine leichte Aufgabe, es auf Dauer zu befolgen. Um das zu tun, müssen wir die Bereitschaft haben, uns auf unsere tiefsten Bewusstseinsebenen einzulassen und nicht nur unsere eigenen Ängste zu erkennen, sondern uns auch mit den jahrhundertealten Negativ-Vorstellungen der Menschheit zu konfrontieren, die in unserem Körper gespeichert sind. Um diese negativen Wesensanteile auszumerzen, müssen wir alle Ängste zulassen können in dem Bewusstsein, dass sie sich im Licht auflösen werden.

Wenn ich gefragt werde, was man in Bezug auf die Probleme der Welt tun kann, antworte ich meist, dass alles mit der Erkenntnis beginnt, dass man die Welt verändert, indem man seine eigenen inneren Probleme bewältigt. Ich rate dazu, dass man sich mit den sozialen Problemen beschäftigt, die einen ängstigen oder in Aufruhr versetzen, und herausfindet, welche Angst oder welchen Schmerz diese Probleme in einem selbst anrühren.

Wenn jemand beispielsweise durch Berichte über Gewalttätigkeit sehr stark berührt wird, veranlasse ich ihn dazu herauszufinden, welche Rolle Gewalt in seinem eigenen Leben gespielt hat. War er in seiner Kindheit Gewalttätigkeit ausgesetzt? Hat er selbst gewalttätige Gedanken oder Gefühle? Hat er seine eigenen gewalttätigen Gefühle unterdrückt oder verleugnet? In welcher Form hat er sich selbst Gewalt angetan (durch harte Selbstkritik usw.)?

Ich habe die Erfahrung gemacht, dass viele von uns therapeutische Hilfe und Beratung brauchen, um mit ihren emotionalen Konflikten fertig zu werden und wieder geheilt werden zu können. Manche Menschen haben eine gewisse Abneigung gegenüber Therapien, vielleicht aus Angst, man könnte sie für krank oder verrückt halten. Ich persönlich habe zu verschiedenen Zeiten in meinem Leben therapeutische Hilfe in Anspruch genommen, was mir außerordentlich gut getan hat, solange ich in Bezug auf den Therapeuten, die Dauer der Therapie usw. meiner Intuition gefolgt bin.

Wenn dich die Armut betroffen macht, in der viele Völker der Erde leben, fühlst du dich vielleicht veranlasst, durch eine äußere Geste dabei zu helfen, das Leid anderer Menschen zu lindern (z. B. Geld spenden, sich sozial oder politisch betätigen). Geh aber gleichzeitig nach innen, um zu erkennen, in welcher Weise du an die Armut in deinem eigenen Leben glaubst oder sie unterstützt. Dies muss nicht nur eine Frage des Geldes sein, du kannst auch in emotionaler oder spiritueller Armut leben, während du von materiellem Luxus umgeben bist. Oder du lebst zwar in emotionaler und spiritueller Zufriedenheit, hast aber die Vorstellung, dass Geld schlecht ist, und lebst deshalb weiterhin in einem Zustand der finanziellen Armut.

Armut sowohl auf persönlicher als auch auf weltweiter Ebene wird durch unser Massenbewusstsein bedingt, das an den Mangel glaubt. Wir befürchten tief innerlich, dass nicht genug da ist, um unsere Bedürfnisse zu erfüllen – Geld, Nahrung, Liebe, Energie, Anerkennung. So erschaffen wir eine Welt, die diesen Glauben unterstützt. Es gibt Studien darüber, die beweisen, dass auf der Erde genügend Nahrung produziert wird, um jeden Erdbewohner ausreichend zu ernähren. Doch aufgrund unseres inneren Glaubens an Armut lassen wir zu, dass in einigen Ländern Nahrung in Unmengen auf den Müll geworfen wird, während in anderen Teilen der Erde Millionen von Menschen den Hungertod sterben.

Wenn dich Fragen des Umweltschutzes beschäftigen, überdenke einmal folgenden Gesichtspunkt. Mutter Natur ist ein Symbol für den nährenden, femininen Wesensanteil unseres Selbst. Missachtung und Disharmonie mit der Natur sind nur in einer Gesellschaft möglich, die ihre eigene feminine intuitive Natur missachtet. Wenn du in Einklang mit deiner inneren Führung bist, wirst du niemals ernsthaft aus dem Gleichgewicht mit deiner natürlichen Umgebung geraten.

So wie unser Körper die physische Manifestation unseres Bewusstseins ist, ist die Erde die Manifestation unseres Massenbewusstseins. In gewissem Sinn ist die Erde unser kollektiver ›Körper‹. Die Art und Weise, wie wir sie behandeln, spiegelt, wie wir mit unserem eigenen Körper umgehen.

Der Mangel an Respekt und Harmonie gegenüber unserem Körper zeigt sich auf globaler Ebene in der Art, wie wir unsere Erde behandeln. Wenn wir lernen, unseren Körper zu lieben und ihm zu vertrauen, wenn wir auf seine Signale achten, ihm die Nahrung, Ruhe und Fürsorge geben, die er braucht, damit aufhören, ihn mit Drogen und ungesunder Nahrung zu verschmutzen und zu vergiften und ihn in unsere Klischees von ›richtig‹ und ›falsch‹ zu zwängen, werden wir auch aufhören, unseren ›Erd-Körper‹ zu misshandeln.

Wir müssen bereit sein, jede Form von Gewalt, Armut und Disharmonie in uns als Individuum zu erkennen und zu heilen, wenn wir darauf hoffen wollen, diese Probleme aus unserer Welt zu schaffen. Die Heilung auf persönlicher und globaler Ebene kann sich so lange nicht vollziehen, wie wir unsere Gefühle verstecken oder verleugnen. Alle Gefühle, Überzeugungen und emotionalen Verhaltensmuster müssens ans Licht des Bewusstseins gebracht werden, damit sie aufgelöst werden können. Das Licht löst die Dunkelheit auf.

Die Heilung der Welt

Häufig wird darüber gesprochen, in welch schrecklichem Zustand sich die Welt befindet. In vieler Hinsicht scheinen sich die Dinge immer mehr zu verschlimmern. Dies kann sehr beängstigend sein. Mir hat die Erkenntnis sehr geholfen, dass die Welt augenblicklich eine elementare Krise der Heilung durchmacht, die dem individuellen Heilungsprozess sehr ähnlich ist, den viele Menschen erleben.

Wenn wir als Individuen zu neuem Bewusstsein erwachen und beginnen, Licht in unser Sein zu bringen, werden wir uns auch der Dunkelheit bewusst, in der wir bisher gelebt haben. Vom Standpunkt unserer neu erlangten ›Gesundheit‹ aus betrachtet, erscheint die Lebensweise, die bisher für ›normal‹ gehalten wurde, immer verrückter. Die Ängste und Verhaltensstörungen, die verdrängt wurden, weil sie zu schmerzlich waren, um sich damit zu konfrontieren, dringen nun in unser Bewusstsein, um verarbeitet zu werden. Probleme, die wir ›unter den Teppich gekehrt‹ hatten, kommen an die Oberfläche, damit wir sie lösen können.

Mir scheint, dass dies im Augenblick auf weltweiter Ebene geschieht. Wenn wir das scheinbare Chaos und das Leid in der Welt als eine gigantische Manifestation unseres individuellen Heilungsprozesses begreifen, können wir erkennen, dass es sich dabei um eine sehr positive Entwicklung handelt. Anstatt uns als Opfer zu fühlen, erkennen wir, dass hier die Kraft des Universums am Werk ist. Wir schätzen uns als die Kanäle, durch die sich die Heilung der Welt manifestiert. Mehr zu diesem Thema findet sich in meinem Buch ›Wege der Wandlung‹.

Soziales und politisches Engagement

Manche Menschen sind über meine Vorstellungen erbost, weil sie glauben, ich würde einer narzisstischen Selbstbezogenheit das Wort reden, die die Probleme der Welt verleugnet und die Notwendigkeit sozialer und politischer Aktivitäten verneint. Nach längerer Diskussion kann ich solchen Menschen meist (wenn auch nicht immer!) begreiflich machen, dass dies nicht der Fall ist. Die Bereitschaft, sich innerlich und individuell mit der Wurzel des Problems auseinanderzusetzen, ist die effektivste Art, eine Veränderung herbeizuführen. Dies steht in keinem Widerspruch dazu, dass in großem Rahmen äußere Maßnahmen getroffen werden müssen.

Für mich besteht die Frage jedoch darin, wo die Quelle und die Motivation für dieses Engagement zu suchen sind. Ich habe festgestellt, dass viele Menschen oft mehr von ihren ›guten Absichten‹ bestimmt werden als vom Universum in ihrem Innern. Häufig werden sie von ihren Ängsten und Schuldgefühlen motiviert, etwas ›besser machen‹ zu wollen. Doch hier kämpft das Ego aus der Position der Hilflosigkeit und Angst heraus vergeblich darum, diese Gefühle auszumerzen. Leider bedingt dieser Versuch, dass die Lösung der Probleme im Ansatz steckenbleibt.

Die Ursache unserer globalen Probleme liegt in dem Schmerz, der Angst und der Unwissenheit, die daraus resultieren, dass wir die Verbindung mit der Kraft des Universums verloren haben. Wenn wir weiterhin unsere Probleme nach außen projizieren und unsere tatsächliche innere Kraft nicht erkennen, glaube ich, dass wir gerade die Übel unterstützen, die wir bekämpfen wollen.

Wenn wir andererseits bereit sind, die Verantwortung für unsere Ängste zu übernehmen und mit ihnen fertig zu werden, öffnen wir uns dafür, die Stimme des Universums in uns vernehmen zu können. Wenn es uns zu einer Aktivität drängt, können wir sicher sein, dass unser Handeln kraftvoll und wirklich effektiv sein wird.

Eine meiner Freundinnen war beispielsweise in der Bewegung für nukleare Abrüstung sehr engagiert. Wenn sie über dieses Thema und ihre Arbeit in der Bewegung sprach, zeigte sich ganz offensichtlich, dass sie wirklich große Angst vor der Möglichkeit eines Atomkrieges hatte. Diese Reaktion ist absolut verständlich, doch für mich lag das Problem meiner Freundin darin, dass sie ihren eigenen Terror und ihre Hilflosigkeit sowie die Angst vor dem Tod nicht erkannte, gegen die sie in ihrem Innern kämpfte. Ihre Aktionen und Worte hatten daher einen zwanghaften Charakter – sie kämpfte wie ein Ertrinkender, der vergeblich nach einem Strohhalm sucht, an dem er sich festhalten kann.

Über einige Jahre hinweg konnte ich beobachten, wie sie diese Phase in ihrem Entwicklungsprozess durchmachte. Ich glaube, dass ihr Vertrauen in das Universum stärker geworden ist. Sie setzte ihre Arbeit in der Anti-Atomkriegs-Bewegung fort, weil sie sehr stark an ihre Sache glaubte und tiefe Befriedigung aus ihrer Arbeit zog, aber die Energie war völlig anders. Ihre Aktivitäten waren von Kraft und Energie durchdrungen und ich bin sicher, dass ihre Arbeit dadurch viel effektiver geworden ist.

Dasselbe Prinzip gilt für den sozialen und politischen sowie jeden anderen Bereich des Lebens. Wenn du etwas nur tust, weil du glaubst, du ›solltest eigentlich‹, wenn du nur von Angst- und Schuldgefühlen motiviert bist, dann wirst du, gleich, was du tust, nicht die Wirkung erzielen, die du dir gewünscht hast. Es kann sogar sein, dass du mehr Schlechtes als Gutes erreichst.

Wenn du auf der anderen Seite aber deiner Intuition vertraust und deinem Herzen folgst – und dorthin gehst, wohin dich deine Energie führt, und das tust, was du wirklich willst –, wirst du feststellen, dass alles, was du tust, eine positive Wirkung auf die Veränderung der Welt hat. Du wirst den transformierenden Charakter deiner Handlungen erkennen. Für viele wird dies mit konkretem sozialem und politischem Engagement einhergehen. Die Menschen in deiner Umgebung werden sogar mehr von deiner Energie und Vitalität angesteckt als von deinen Worten und Taten.

Im Augenblick hat mich meine innere Stimme dazu geführt, dass die Gestaltung meines Lebens – Bücher schreiben, Workshops veranstalten, meine Kreativität entdecken und ich selbst sein – genau das ist, was ich persönlich brauche, um ein Maximum an Veränderung in meinem Leben und in der Welt zu bewirken. Ich habe auch das starke Gefühl, dass ich mich eines Tages politisch engagieren werde (wie früher schon) – vielleicht übernehme ich sogar irgendein politisches Amt! Ich weiß, dass dies ein aufregendes Abenteuer für mich werden wird, wenn ich wirklich dazu bestimmt bin. Ich bin neugierig, was das Universum mit mir noch alles vorhat!

Die Massenmedien

Meine innere Führung übermittelte mir einmal, dass das Fernsehen der Retter der Welt sei! Ich verwarf diesen Gedanken, weil ich kein Fernseh-Fan bin. Dennoch wurde mir klar, dass das Fernsehen, so idiotisch unser Fernsehprogramm im Augenblick auch noch sein mag, ein machtvolles Instrument ist, um Millionen von Menschen im gleichen Augenblick zu erreichen. Ich glaube, dass es kein Zufall ist, dass das Fernsehen in unserer Zeit entwickelt wurde. Bald wird es in fast jedem Haushalt der Welt ein Fernsehgerät geben.

Auch wenn das Fernsehen im Augenblick hauptsächlich der Kontrolle von Menschen unterliegt, die bewusstseinsmäßig noch sehr in der alten Welt verhaftet sind, gibt es sogar heute schon einige Lichtblicke. Es ist nur noch eine Frage der Zeit, bis das Bewusstsein der neuen Welt die Programmgestaltung infiltriert und eine bedeutende Rolle im Fernsehen spielt.

Das Fernsehen besitzt zweifellos eine elementare Funktion in Bezug auf die Bildung. Wenn es vom Universum gestaltet wird, wird es buchstäblich zu einem ›Kanal‹. Es könnte dann als System dienen, um die Mehrheit der Weltbevölkerung gleichzeitig zu erreichen und neue positive Gedanken zu verbreiten.

Kannst du dir vorstellen, dass sich eine Hausfrau ein rührseliges Fernsehspiel anschaut, in dem die Menschen all die gewöhnlichen Dramen durchleben, aber anstatt der üblichen Verzweiflung und Schicksalsergebenheit am Schluss aus dem Wechselspiel des Lebens lernen und daran wachsen? Ein solcher Film könnte sehr unterhaltsam sein. Sex und Romantik, Geburt und Tod, Drogen und Krankheit, Heirat und Scheidung, all das könnte weiterhin Thema des Films bleiben, aber die Darsteller wurden ihre Prüfungen und ihr Leiden in positiver Weise nutzen, um ihr Bewusstsein zu entwickeln, so wie wir es gerade lernen. Wenn die Hausfrau dies einmal begriffen hat, dauert es nicht mehr lange, bis auch ihr Mann und ihre Kinder diese Einstellung übernehmen!

Es ist offensichtlich, dass der Einfluss der Medien – Radio, Zeitungen, Illustrierten, Bücher, sowie das Fernsehen – in Bezug auf schnelle positive Veränderungen kaum zu übertreffen ist, sobald unser Massenbewusstsein für diese Wandlung bereit ist.

Ein Fünf-Schritte-Programm für die Heilung unserer Persönlichkeit und unseres Planeten:

1. Sag folgende Affirmation zu dir: Die Kraft des Universums heilt und transformiert mich. In dem Maß, wie ich geheilt und transformiert werde, wird auch die Welt geheilt und transformiert.

2. Achte auf die sozialen, politischen und ökologischen Gegebenheiten, in denen du lebst. Schenke den Themen besondere Aufmerksamkeit, die die stärkste emotionale Reaktion in dir auslösen. Finde heraus, wie sie deine persönlichen Konflikte, Ängste, Überzeugungen und Verhaltensmuster widerspiegeln. Vielleicht kannst du nicht sofort

einen Zusammenhang erkennen. Bleibe aber offen, diese Information mittels deiner Intuition zu erlangen.

3. Bitte das Licht des Universums, die Dunkelheit der Unwissenheit, Angst und Beschränktheit in dir und der Welt zu erhellen und aufzulösen. Sei offen für jede Botschaft aus deinem Innern, die du zur Unterstützung deines Heilungsprozesses erhältst, sei dies in Form eines Therapeuten, eines Freundes, eines Workshops oder einer Gruppe.

4. Stell dir die Welt und dein Leben regelmäßig so vor, wie du sie gerne hättest (siehe dazu die Meditation am Ende dieses Kapitels).

5. Bitte deine innere Führung, dir ganz klar mitzuteilen, wenn es irgendeine bestimmte Aktivität gibt, die du für deine eigene Heilung und die Heilung der Welt unternehmen sollst. Vertraue und folge deiner Intuition in dem Wissen, dass du zu allem hingeführt wirst, was du tun musst.

Meditation

Setze oder lege dich bequem hin. Atme ein paarmal tief ein und aus und entspanne deinen Körper. Fühle, wie du an einen ruhigen Ort tief in deinem Innern sinkst. Fühle, wie du mit diesem Ort der Kraft und Kreativität, der Quelle deiner Kraft, in Kontakt kommst.

Projiziere dich von dieser Kraftquelle aus in die Zukunft, einen Monat, sechs Monate, ein Jahr oder mehrere Jahre später. Sieh dich in dieser Projektion genau so, wie du sein möchtest. Du bist der Schöpfer deines Universums und dein Leben ist so, wie du es geschaffen hast.

Beginne, indem du dir bewusst wirst, wie du dich spirituell und emotional fühlst. Fühle die Kraft in dir. Du vertraust deiner Intuition und folgst deiner inneren Führung. Deshalb geschehen Wunder in deinem Leben.

Schau dir nun deinen Körper an. Wie siehst du aus und wie fühlst du dich körperlich? Du hast jetzt einen Körper, der deinem spirituellen Bewusstsein entspricht – er ist stark, mutig, schön, lebendig und voller Energie. Spüre, wie sich dein Körper anfühlt.

Achte nun darauf, wie du dich kleidest. Stell dir vor, dass du genauso gekleidet bist, wie du es dir wünschst. Du bist wunderschön gekleidet. Wenn du deine Schränke und Schubladen öffnest, befinden sich darin genau die Kleidungsstücke, die du gerne besitzen möchtest.

Wie sieht deine Wohnung aus? Stell dir vor, dass du genauso wohnst, wie du es dir wünschst. Du hast dir deine Umgebung geschaffen, wie du sie haben möchtest. Sieh dich darin wohnen. Fühle, wie es ist, so zu wohnen, wie es deinem Geschmack entspricht.

Du hast deinen Traumberuf gefunden und hast eine Möglichkeit, deine Kreativität zu leben. Stell dir vor, wie deine Arbeit dich erfüllt und befriedigt und du reichlich Geld für das bekommst, was du am liebsten tust.

Deine Beziehungen sind jetzt lebendig, leidenschaftlich und kreativ. Die Menschen lieben und umsorgen dich. Wenn du einen bestimmten Partner hast (oder dir einen wünschst), stell dir diese Beziehung so vor, wie du sie gerne hättest.

Erinnere dich nun daran, dass die Welt dein Spiegel ist. So wie du dich selbst entwickelst und veränderst, verändert sich auch die Welt um dich herum. Du bist ein Teil des kollektiven Bewusstseins, das unsere Welt erschafft. Stell dir also vor, wie diese Welt Heilung und Transformation erfährt, wie sie ausgeglichen, ganz und harmonisch wird, ebenso wie du.

KAPITEL 23

Eine Vision

Aus dem Fenster meiner Wohnung schaue ich über die San Francisco Bay auf die herrliche Stadt San Francisco. Das Licht über dem Meer und der Stadt verändert sich ständig. Manchmal ist es bewölkt und dunstig, dann wieder strahlend und klar. Aber es verbreitet immer eine mystische Atmosphäre. Vielleicht hat mich diese Aussicht aus meinem Fenster zu einer Vision inspiriert, zu einem Bild, das ich oft vor Augen habe:

Ich sehe eine alte graue Stadt vor mir, die am Verfallen ist. Sie fällt buchstäblich auseinander. Von ihren alten Strukturen sind nur noch Schutthaufen übrig. Doch der Schutt wird abgetragen und eine wunderschöne neue Stadt erwächst an ihrer Stelle. Diese neue Stadt hat etwas Magisches an sich und ein Zauber geht von ihr aus – sie scheint alle Farben des Universums in sich zu spiegeln. Ich weiß, dass diese Stadt in unserem Inneren entsteht. Sie wird aus dem Licht erschaffen.

Literatur

Bücher

GAWAIN, SHAKTI, *Im Garten der Seele. Auf Entdeckungsreise zum Selbst.* Heyne Verlag, München 1991

–, *Das Leben-im-Licht-Programm.* Heyne Verlag, München 1993

–, *Meditationen im Licht.* Heyne Verlag, München 1992

–, *Erwachen.* Heyne Verlag, München 1993

–, *Gesund denken. Kreativ visualisieren.* Heyne Verlag, München 1994

–, *Wege der Wandlung.* Heyne Verlag, München 1994

–, *Reflektionen im Licht.* Heyne Verlag, München 1996

–, *Das Geheimnis wahren Reichtums.* Heyne Verlag, München 1999

ROBERTS, JANE: *Die Natur der persönlichen Realität.* Hugendubel Verlag, München 1991

STONE, HAL und SIDRA: *Du bist viele. Das hundertfache Selbst und seine Entdeckung durch die Voice-Dialogue-Methode.* Heyne Verlag, München 1994

–, *Du bist richtig. Mit der Voice-Dialogue-Methode den inneren Kritiker zum Freund gewinnen.* Heyne Verlag, München 1995

–, *Abenteuer Liebe, lebendige Partnerschaft.* Kösel Verlag, München 1997

STONE SIDRA: *Es ist Zeit, dass du gehst. Frauen befreien sich vom Inneren Patriarchen.* Kösel Verlag, München 1997

Audiokassetten

deutsch:

GAWAIN, SHAKTI: *Meditationen im Licht.* Zwei Audiokassetten. Verlag Hugendubel, München

–, *Stell dir vor.* Eine Audiokassette. Sphinx Audio, Basel

–, *Leben im Licht. Praktische Übungen.* Zwei Audiokassetten. Axent-Verlag, Augsburg

englisch:

GAWAIN, SHAKTI: Lehr- und Meditationskassetten in englischer Sprache (z. B. *The Four Levels of Healing, The Path of Transformation, Developing Intuition*) von New World Library und Nataraj Publishing

STONE, HAL und SIDRA: Audiokassetten in englischer Sprache (z. B. *Meeting Your Selves, The Child Within, Meet Your Inner Critic, Decoding Your Dreams*) von Delos, Kalifornien

Kataloge mit dem vollständigen Lieferprogramm von Nataraj Publishing, New World Library und Delos erhalten Sie bei

Nataraj Publishing
P. O. Box 2430, Mill Valley
CA 94942, USA

Adressen

Vorträge und Seminare mit Shakti Gawain finden überall in den Vereinigten Staaten und in vielen anderen Ländern statt. Sie leitet außerdem Retreats, Intensivkurse und Schulungen. Wenn Sie in ihren Adressverteiler aufgenommen und über ihre Seminare informiert werden möchten, wenden Sie sich an:

Shakti Gawain, Inc.
P. O. Box 377, Mill Valley, CA 94942, USA
Fax: 001-415-388-7196
e-mail: sg@natarja.com

oder in Deutschland:

WRAGE Seminar Service
Schlüterstraße 4, 20146 Hamburg
Tel.: 040-45 52 40

Shakti Gawain und ihr Mann, Jim Burns, vermieten Zimmer und ein Gästehaus auf ihrem wunderschönen Anwesen auf der Hawaii-Insel Kauai an Einzelreisende oder Paare, die zu persönlichen Retreats dort hinkommen möchten. Informationen und Reservierungen bei:

Kai Mana
P. O. Box 612, Kilauea, Hawaii 96754, USA
Fax: 001-808-828-6670